MONTENEGRO

DUMONT REISE-TASCHENBUCH

Dietrich Höllhuber
MONTENEGRO

LAND & LEUTE

Montenegros Küsten und Gebirge

Kultur und Leben

Tipps für Ihren Urlaub

UNTERWEGS IN MONTENEGRO

Die Bucht von Kotor

Inhalt

Die Adriaküste

Das Mittelland

Der Norden

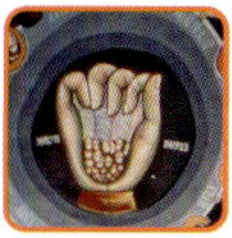

LAND & LEUTE

»Unmittelbar unter uns versinkt der tiefblaue Fjord. Das große Dampfboot … gleitet nur noch wie eine Wasserspinne über den Meeresspiegel. Aber die Ferne, die schneebedeckte Gora bianca, wie man hier den Orjen nennt, die Höhen der Kriwoschíe … die Kessel der Bocche im Westen und der unendliche Meereshorizont liegen landkartenartig vor uns ausgebreitet.«

Louis Passarge

Wohlverdiente Pause
bei der Heuernte
in der Nähe von Plav

Montenegros Küsten und Gebirge

Die grüne Schleife
der Rijeka Crnojevića

IM LAND DER SCHWARZEN BERGE

Montenegro oder Crna Gora, die beiden Namen des jungen und gleichzeitig alten Staates bedeuten ›schwarzer Berg‹, ›dunkles Gebirge‹. Wer lediglich den sonnenglänzenden mediterranen Küstenstreifen des Landes besucht, wird diesen Namen nur verstehen, wenn er weiß, dass dieser ursprünglich nur für das Land im Inneren galt, für die Berglandschaft hinter den Küstengebirgen, für die Karstberge zwischen Lovćen und Durmitor. Nur das Gebirgsland war Montenegro, denn vom Spätmittelalter bis 1918 gehörte die Küste fremden Mächten, Venezianern und Österreichern vor allem.

Montenegro wurde erst im Mai 2006 in die Gemeinschaft unabhängiger Staaten aufgenommen, aber seine Tradition der Unabhängigkeit geht bereits auf das erste Jahrtausend unserer Zeitrechnung zurück, als die Serben zwei Reiche gründeten, Raška im Osten, aus dem das heutige Serbien hervorgehen sollte, und Zeta im Westen, auf das sich Montenegro beruft. Zwar wurden die beiden Reiche unter serbischer Herrschaft verschmolzen, musste sich Montenegro fast ein halbes Jahrtausend lang gegen die Türken wehren und war formell bis in das 19. Jh. Teil der Türkei, aber de facto war das Land seit dem Beginn der Türkenkriege im späten 17. Jh. autonom, spätestens seit 1878 ein international anerkannter Staat und von 1910 bis 1918 ein Königreich. Autonomie und Unabhängigkeit haben sich die Montenegriner nur mit Hilfe Russlands ganz allein erkämpft, von ihren Kämpfen gegen die Türken berichten Heldensagen und ihr Nationalepos, der ›Bergkranz‹.

Montenegro ist ein kleines Land, die meisten deutschen Bundesländer sind größer, aber es hat eine Vielzahl an Naturlandschaften und einen Reichtum an Kultur- und Kunstdenkmälern. Zum einen ist Montenegro sowohl Mittelmeerland als auch Balkan, Adriaküste und Hochgebirge, mild-mediterran und wild-alpin. Zum zweiten wölbt sich ein Spannungsbogen zwischen dem Küstenstreifen mit katholisch-venezianischer Tradition, der gebirgigen Mitte mit ihrer staatsbildenden serbischstämmigen, orthodoxen Bevölkerung, den ›stolzen Montenegrinern‹, und dem muslimischen und in ein paar Gemeinden albanischen Südosten und äußerstem Osten. Und schließlich hat das Staatsvolk ein Bewusstsein der eigenen Identität, eine bis auf das 12. Jh. zurückgehende Geschichte der Eigenständigkeit, die als immer wieder notwendiger Kampf gegen Feinde auf allen Seiten gesehen wird – Byzantiner, Venezianer, Ragusaner, Türken, Österreicher, Italiener, Albaner, Muslime jeder Herkunft und großmachtsüchtige Serben (was nicht ausschließt, dass sich eine bedeutende Minderheit im Staat als Serben sicht).

In diesem komplexen Gefüge natürlicher Gegebenheiten und kultureller Abhängigkeiten gibt es deutlich abgrenzbare Regionen, die dem unvoreingenommenen Besucher des Landes auf den ersten Blick als einheitlich

STECKBRIEF MONTENEGRO (CRNA GORA)

Lage und Fläche: Montenegro grenzt an Kroatien und Bosnien-Herzegowina im Westen, an Serbien im Norden sowie an den Kosovo und Albanien im Osten; Fläche 13 812 km^2 (zum Vergleich: Schleswig-Holstein 15 763 km^2, Tirol 12 648 km^2); höchster Berg: Zla kolata (Prokletije) mit 2534 m.

Die größten Städte: Podgorica (ca. 173 000 Einw.), Nikšić (70 000 Einw.), Bijelo Polje (62 000 Einw.), Berane (38 000 Einw.).

Bevölkerung: Die 658 000 Einwohner des Landes (2004) leben vor allem in den großen Städten und den fruchtbaren Flusstälern, wogegen sich an der touristisch fast ausschließlich relevanten Küste nur kleine Siedlungen finden. Die Bevölkerung setzt sich zusammen aus 43 % Montenegrinern, 32 % Serben, 15 % Bosniaken (vor allem im Norden), 7 % Albanern (vor allem um Plav und Ulcinj) und 1 % Kroaten (vor allem in der Bucht von Kotor). 92 % der Bevölkerung sprechen Montenegrinisch (Serbisch), 7 % Albanisch. Ca. 75 % der Bevölkerung sind orthodoxe Christen, 22 % Muslime (vor allem Bosniaken und Albaner) und 1 % Katholiken (vor allem Kroaten).

Sprache und Schrift: Amtssprache ist Montenegrinisch (Serbisch), das von allen Staatsbürgern gesprochen wird, im Kreis Ulcinj ist Albanisch amtliche Zweitsprache. Derzeit werden noch zwei Alphabete verwendet, das lateinische und das kyrillische, das letztere vor allem im Binnenland. Auf lange Sicht dürfte sich das lateinische Alphabet durchsetzen.

Staat und Verwaltung: Montenegro ist eine parlamentarische Demokratie. Es wurde nach einem Referendum, das 55 % Zustimmung ergab, mit dem 3. Juni 2006 unabhängig (formal durch den Austritt aus dem Staatenbund Serbien-Montenegro). Präsident ist Filip Vujanović, die Nachfolge des langjährigen Regierungschefs Milo Đukanović, der als wichtigster Promotor hinter dem Unabhängigkeitsreferendum stand, trat im Herbst 2006 zurück und wurde durch Željko Šturanović abgelöst, dessen Regierung seit Oktober amtiert und die EU- und NATO-Mitgliedschaft als Hauptziele auf ihre Fahnen geheftet hat.

Wirtschaft: Montenegros Währung ist der Euro, das Bruttoinlandsprodukt betrug 2200 US-$ pro Kopf (2004; zum Vergleich: Österreich 32 300 US-$), die Arbeitslosigkeit lag ein Jahr später bei 32,5 %, während die Inflation 15,2 % erreichte (offiziell 6,2 %).

Tourismus: Vor der Jugoslawienkrise in den 1900er-Jahren war Montenegro ein beliebtes Reiseland. Nach dem Krieg und der NATO-Blockade hat sich das Land inzwischen erholt, sogar einen Teil seiner Hotellerie modernisiert und in einigen Fällen auf internationalen Hochglanz-Stand gebracht. Bei jährlichen Zuwachsraten von 15 % bei den Übernachtungen und steigenden Investitionen durch ausländische Gesellschaften wird Montenegro wohl bis 2010 wieder seine Vorkriegswerte erreicht haben – bei komplett erneuerter Bausubstanz im Hotelsektor.

erscheinen. Die Boka Kotorska ist eine dieser Landschaften. Wie ein Fjord präsentiert sich die die von Bergen gerahmte Doppelbucht mit den alten Städten an ihren Ufern, allen voran Kotor, dessen Altstadt unter dem Schutz der Unesco steht. Katholizismus, venezianisches Barock, Schiffsbau und Seefahrt sind hier die Leitbegriffe. Oder die Küste südlich der Bucht, der schmale eigentliche Küstenstreifen, eine Bucht nach der anderen, auf Vorsprüngen, Felsenplateaus oder Inselchen alte Städte wie Alt-Budva, Sveti Stefan, Stari Bar, Alt-Ulcinj: Gemeinsam ist ihnen eine wechselhafte Geschichte von Piratenangriffen und immer wieder neuen Besitzern. Und die Berge im Hintergrund, in denen die Clans das Sagen hatten und einsame Klöster, die Zentren waren und nicht die Orte unten an der Küste.

Die Region um den Skadarsee (Skadarsko jezero), in Schulbüchern und Atlanten im deutschen Sprachraum immer noch als Skutarisee verzeichnet, ist eine andere dieser klar umrissenen Regionen: der See mit seinem Gürtel aus Sumpfvegetation und der reichen Vogelwelt, die Fischer, die Karpfen und Aal nach Hause bringen, die schwülfeuchte Atmosphäre. Der See und seine Umgebung sind Nationalpark, der auch von der Ramsar-Konvention über Feuchtgebiete geschützt wird.

Die Hauptstadt Podgorica ist mit ihrer Umgebung eine eigene Region, eine Großstadt, die plötzlich Hauptstadt eines souveränen Staates wurde. An allen Ecken und Enden wird gebaut, man spürt den Atem der Zukunft, aber

man nimmt auch die Spannungen wahr, im Zentrum die überteuerten Businesshotels, am Stadtrand die heruntergekommenen Roma-Slums. Dagegen ist das Mittelland mit der alten Hauptstadt Cetinje mit einer ehemaligen deutschen und österreichisch-ungarischen Botschaft, noch mehr das Dorf Njeguši, aus dem die Montenegro bis 1918 regierende Dynastie kam, und der Lovćen-Nationalpark mit seinem Mausoleum für einen Dichter-Fürsten, von dem aus man das ganze Land überblickt, eine für das nationale Selbstverständnis bedeutende Region.

Der Durmitor ist der bekannteste Gebirgsstock im Norden des Landes. Der Nationalpark, durch den sich auch die bis zu 1300 m tiefe Tara-Schlucht – die tiefste Europas – zieht, umfasst eine der großartigsten Gebirgslandschaften nördlich von Nikšić, deren verkarstete Felswildnisse und von riesigen Almweiden überzogene Plateaus fast unbekannte und unerschlossene Bergwanderer- und Mountainbikerparadiese darstellen. Auch das weiter östlich gelegene Gebirgsmassiv der Bjelasica mit dem Nationalpark Bijela gora und einem der größten verbliebenen Urwälder Europas ist nur ein kleiner Teil des noch weniger bekannten oder erschlossenen Gebirgslandes im Osten Montenegros. Das Prokletije-Gebirge an der Grenze zu Albanien, wo sich auch die drei höchsten Gipfel Montenegros erheben, ist eine der letzten großen Gebirgsregionen, die es für Wanderer und Bergsteiger in Europa noch zu entdecken gilt.

Am Stadtstrand von Budva

LANDSCHAFTEN UND NATURRAUM

Montenegro lässt sich in vier Großlandschaften einteilen: die Bucht von Kotor, die Küstenlandschaft südlich davon samt dem dahinter aufragenden Küstengebirge, die Tiefebene von Podgorica und das Becken des Skadarsees sowie die Berge im Norden und Nordosten des Landes.

Wildes Gebirge, freundliche Küste

Montenegros 293 km lange Meeresküste wird zumeist unmittelbar von Bergen überragt, die in großen Teilen ein wildes, abenteuerlich zu erkundendes Hochgebirge sind. Bisher durchziehen wenige, gleichwohl faszinierende Wanderwege diese Berglandschaft. Umso einladender ist die Mittelmeerküste, die tief ins Land greifende Bucht von Kotor im Norden und das lange Küstenstück zwischen der Halbinsel Luštica und der Mündung des Flusses Bojana.

Die Erhebungen Montenegros sind Teil des geologisch jungen Dinarischen Gebirgssystems, das sich in etwa parallel zur Küste der Ostadria von Slowenien bis Griechenland erstreckt und durch Störungszonen in parallele Ketten aufgeteilt ist. Seine Gesteine bestehen meist aus Kalk. Die Talungen zwischen den einzelnen Gebirgsketten liegen entlang massiver sog. Störungslinien, die noch sehr aktiv sind: So ziehen sich Störungslinien am Ostrand der Äußeren sowie der Inneren Bucht von Kotor entlang, eine andere zwischen Bar und Ulcinj, eine dritte zwischen Nikšić und Podgorica. Die schwersten Erdbeben haben sich 1667 und 1979 entlang ebendieser Störungslinien abgespielt, wobei jeweils keine der Küstenstädte von Zerstörungen verschont blieb.

Wilde und steil eingetiefte Schluchten wie jene der zur Adria strömenden Morača und der zur Drina, Donau und zum Schwarzen Meer fließenden Tara durchschneiden das Land. Heute überqueren Brücken diese Schluchten, und moderne Verkehrswege wurden in die Flanken gesprengt, aber immer noch stellen diese Einschnitte Kommunikationshindernisse dar. Kaum verwunderlich also, dass es den Montenegrinern so oft gelang, ihre Feinde im eigenen Lande zu besiegen: Sie kannten schließlich die Schleichwege, die Gegner waren hier hilflos.

Einsame Hochplateaus

Große Teile Montenegros sind ausgedehnte Hochplateaus, die meisten verkarstet und heute kaum noch genutzt, die wenigen kleinen Siedlungen verlassen. Andere wie die Hochflächen zwischen Nikšić und Šavnik, Teile der Sinjavina und der Bijela gora sowie das Plateau um Žabljak am bis zu 1500 m hohen Fuß des Durmitor sind Graslandschaften, Almregionen wie die Seiser Alm in Südtirol, nur wesentlich ausgedehnter.

Klima

Mediterran: die Küste

Die Bucht von Kotor ist im Bereich der Äußeren Bucht besonders sonnenscheinreich. Herceg Novi gilt als Ort mit den meisten Sonnenstunden, entsprechend mild ist das Klima – die Mimosenblüte setzt hier früher ein als irgendwo anders im Lande. Die Bucht geht auf ein steil eingetieftes Flusstal zurück, das nach den Eiszeiten vom Meer überflutet wurde. Auch das Klima der Inneren Bucht ist entlang der Küste mediterran, die Winter sind mild. Dass aber die steilen Bergflanken zu beiden Seiten den Tag sehr kurz machen – an der Westseite der Inneren Bucht geht die Sonne im Winter einen ganzen Monat überhaupt nicht auf –, trübt die Freude darüber ein wenig. Die Küste südlich der Bucht von Kotor ist voll mediterran, die Sommer sind also heiß und trocken, die Winter mild, vor allem im November und Dezember fällt das Gros der Niederschläge. Das Wasser erwärmt sich in geschützten Buchten bis auf 27 °C, und bis in den Oktober hinein ist Baden ein Vergnügen.

Küstenwinde: Jugo, Bura und Mistral

Allerdings hat man an der Küste mit drei wiederkehrenden Winden zu rechnen, dem aus dem Süden kommenden Jugo und der von den Bergen herunterstürzenden Bura. Der **Jugo** ist feucht und warm. Er drückt auf empfindliche Gemüter, die Sicht ist meist stark eingeschränkt, Windsurfer allerdings sind von ihm begeistert. Dagegen peppt die **Bura** die Atmosphäre auf und reinigt sie, so dass man weit sieht, aber ihre oft stoßartigen und bis zu Orkanstärke reichenden, meist kalten und manchmal eiskalten Luftmassen setzen Wassersportaktivitäten ein schnelles Ende. Nur der **Maestral** aus dem Nordwesten ist immer angenehm. Er bringt frische, klare und milde Luft und beschert Wassersportlern paradiesische Zustände.

Windstill: die Ebene

In der Ebene von Podgorica und am Skadarsee, beide nur wenige Meter über dem Meeresspiegel, herrscht ein abgewandeltes mediterranes Klima. Die Winter sind nicht ganz so mild, die Sommer oft sehr schwül und drückend, die Winde blasen über die Ebene und den See hinweg, die Luft unten rührt sich kaum.

Alpin: das Gebirge

Im Gebirge herrscht ein gemäßigtes, in den höchsten Lagen alpines Klima. Die Sommer sind warm, die Winter recht kalt, es herrschen klare Übergänge zwischen den Jahreszeiten. Hier gedeihen Äpfel statt Feigen, Kraut statt Artischocken. Der Schnee hält sich sehr lange, in den höchsten Gipfelzonen gibt es gar permanente Schneefelder (im Durmitor und im Prokletije). So kann sich Montenegro nicht nur Sommer-, sondern auch Wintertourismus leisten, und wer die richtige Jahreszeit wählt, könnte sogar am Vormittag bei Kolašin Ski laufen und am Nachmittag bei Budva im Meer baden.

Pflanzenwelt

Zwei Vegetationszonen charakterisieren Montenegro, die mediterrane Region an den Küsten und am Skadarsee, die sich in Ausläufern bis in die Hänge unter dem Kloster Ostrog hinzieht, und eine mitteleuropäisch-alpine Region, die den Rest des Landes umfasst. In Montenegro wurden mehr als 2800 Pflanzenarten gezählt, 212 davon kommen nur auf dem Balkan vor, 22 gar nur in Montenegro.

An den **Küsten** sieht man in Gärten und Parks zwar vor allem eingeführte Pflanzen wie Palmen, Oleander, Agaven, den duftenden Pittosporum-Baum, Orangen, Judasbaum und Mimosen, Bougainvillea und Eukalyptus, aber auch die alten ›Küstenbewohner‹ haben einen Platz behalten: Ölbaum und Feige, wilder Granatapfel, Steineiche und etwas höher an den Hängen Flaumeiche, Myrthe, Erdbeerbaum und Lorbeerbaum. Allerdings gibt es kaum noch zusammenhängende mediterrane Wälder, damit haben die Venezianer, denen die Küste lange gehörte, ziemlich aufgeräumt. Verbreiteter ist niedriges Gebüsch, die Macchia, und ebenso oft die aus trockenheitsresistenten Zwergsträuchern wie Thymian gebildete Garrigue. Besonders in der Garrigue ist die Vegetationszeit sehr kurz, meist nur von Januar bis Mai oder Mitte Juni, die anschließend folgende Trockenheit und der Untergrund aus Kalk, der keine Flüssigkeit speichert, zwingen die Pflanzen zu dieser Vegetationsphase. Dafür blühen vom März bis Mai Anemonen und Hyazinthen, Iris und Erdorchideen.

Im **Gebirge** ähneln die Pflanzen stark unseren mitteleuropäischen alpinen Arten, aber man sollte sich nicht täuschen lassen: Manche sind identisch wie das Edelweiß und der stengellose Koch'sche Enzian, andere sind aber endemische Arten. Am Orjen bewundert man die Bosnische Kiefer, die mit tiefen Wurzeln aus Felsspalten wächst, in denen man vermuten würde, dass dort nicht einmal Gras wachsen könnte. Die beste Zeit, um die Blumenpracht der Berge zu erkunden, sind Mai und Juni.

Tierwelt

Nicht wenige **Bären** leben noch in den einsamen Urwäldern im Norden Montenegros. Vielleicht 150 dürften es sein, die sich zwischen dem Nationalpark Durmitor und dem Prokletije-Gebirge die zivilisationsfernsten und unzugänglichsten Waldzonen ausgesucht haben. Trotzdem stellt die montenegrinische Regierung immer wieder (meist italienischen) Jägern Abschusslizenzen aus, was für einen Staat, der sich in der Grundsatzerklärung von Žabljak als ›Ökologischen Staat‹ erklärt hat, eine Schande ist. Angriffe durch Braunbären sind extrem selten. Bei den bescheidenen Werten, die Bären durch ein gerissenes Schaf, ein paar Hühner, einen Bienenkorb vernichten, wäre eine Entschädigung durch den Staat, wie in Kroatien der Fall, die beste Lösung.

Auch **Wölfe** gibt es noch, 200–300 sollen sich in den nördlichen Plateauzonen herumtreiben. Wölfe sind nicht geschützt, im Gegenteil, es gibt regio-

HÖHLEN, SCHLUCKLÖCHER UND VERSCHWINDENDE FLÜSSE

Kotors Altstadt liegt zwischen zwei Flüssen, die oberirdisch nicht sehr weit fließen. Die Škurda im Norden kommt immerhin 400 m weit, bis sie ins Meer mündet, die starke Gurdić-Quelle im Süden mündet gleich direkt ins Meer. Beide sind Karstquellen, beide sind typisch für ein Land, das fast ausschließlich aus Kalkgestein aufgebaut ist und seine Wasseradern auf langen Strecken unter und nicht über der Erde hat. Gespeist werden die beiden Flüsse nicht aus der unmittelbaren Umgebung der Stadt. Da fällt zwar eine Menge Regen, aber für diese Wasserschüttung würde es keinesfalls reichen. Nein, die Quellen werden unterirdisch von zahllosen Schlucklöchern **(Ponoren)** gespeist, die sich auf dem Gebirgsplateau hoch über der Stadt befinden, manche in blankem Kalkfels, manche in Senken, die durch Einbrüche im Gestein über Hohlräumen **(Dolinen)** entstanden sind, manche an den tiefsten Stellen weiträumiger Wannen, in denen undurchlässiger Ton eingeschwemmt wurde **(Poljen),** wo das kurze Zeit oberirdisch fließende Wasser aber dann doch einen Weg in das darunter liegende Kalkgestein gefunden hat. So kommt es, dass ein Gebirge, das für seine Rekordregenfälle bekannt ist, wie das Orjen-Massiv oberhalb der Äußeren Bucht von Kotor, sich auch durch seine Wasserarmut auszeichnet, denn alles Regenwasser versickert sofort und kommt erst am Bergfuß in mehr oder weniger starken Quellen wieder an die Oberfläche wie die beiden Zwergflüsse Škurda und Gurdić, die Kotors Altstadt im Norden und Süden begrenzen – manche von ihnen sogar erst unter dem Meeresspiegel, wie an vielen Stellen der Inneren Bucht von Kotor. Ganze Flüsse verschwinden in Schlucklöchern, das spektakulärste Verschwinden ist vielleicht jenes der Rijeka Skakovica im Ponor Grija im Prokletije-Gebirge bei Plav.

Kalkgestein wird durch Regenwasser zersetzt, da es zu einer chemischen Reaktion kommt (zwischen Regenwasser H_2O und Kalk $CaCO_2$, dem wesentlichen Bestandteil des Kalkgesteins), die einen Bestandteil des Gesteins löst, der dann durch das Wasser abgeschwemmt wird. Dabei entstehen nicht nur Hohlräume an der Oberfläche und unterirdische Höhlen, Klüfte und Wasserläufe, die eine andere Welt unter Montenegros Oberfläche bilden. Die Gesteinsoberfläche selbst wird ebenfalls überformt, denn das rinnende Regenwasser schürft tiefe Rinnen (Rillenkarren, Karren) aus, deren Ränder oft messerscharf sind. Manche Gesteinsplatten im montenegrinischen Karst, wie der ›Hexentanzplatz‹ im Orjengebirge, wirken aus der Ferne wie glatte Gesteinsplatten. Tritt man näher, erkennt man, dass sie von feinsten Rillen überzogen und von tiefen Spalten durchsetzt sind, durch die das Wasser in ein bisher nur ungenügend erforschtes, riesiges Höhlensystem abläuft.

nale Abschussprämien. Auch hier gilt: Wenn Montenegro seinen Status als ›Ökologischer Staat‹ ernst nehmen will, müssen Wölfe geschützt und nicht abgeschossen werden.

Luchse bevölkern die Berge um das untere Piva-Tal, im äußersten Südosten des Landes soll es noch **Schakale** geben. **Marder** und **Hermelin** sind zwar über das ganze Land verbreitet, aber selten.

Gämsen sind in den Kettengebirgen des Nordens keine Seltenheit, in den Wäldern gibt es **Rothirsche** und **Rehe**, auf den Hochalmen sieht man häufig **Hasen**. In vielen dichten Wäldern treiben **Wildschweinherden** ihr Unwesen.

Viele Menschen haben Angst, in mediterranen Gebieten zu wandern, weil sie die Schlangen fürchten. Tatsächlich gibt es nur zwei Giftschlangen, die beide auch in den Alpen vorkommen, **Kreuzotter** und **Sandviper**. Wer mit hohen Bergstiefeln, langen Hosen und möglichst mit Wanderstöcken unterwegs ist, hat fast nichts zu befürchten, denn erstens nehmen die Schlangen schnell Reißaus, wenn sie die Bodenbewegung durch den Herannahenden spüren und wenn sie mal zubeißen, dann erwischen sie das Schuhleder und haben Pech. Wer etwa an der Küste ungeschützt gebissen wird, braucht dennoch nicht zu verzweifeln, denn erst nach 24 Stunden wird's brenzlich und bis dahin sollte man einen Arzt gefunden haben, der die entsprechende Spritze verabreicht.

Zahlreiche Raubvogelarten, auch **Steinadler** und **Gänsegeier** bevölkern sowohl die Hochgebirge als auch die Zone um den Skadarsee. **Adler** haben ihre Horste in Steilwänden der unzugänglichen Schluchten der Tara und ihrer Nebentäler, wie auch, allerdings in geringerem Maße, in den Komovi- und Prokletije-Bergen. Alle Raubvögel (bis auf eine Falkenart) sind geschützt und dürfen nicht gejagt werden.

Am Skadarsee und in den ihn umgebenden Sumpfgebieten sind Pelikane, Reiher, Kormorane, Störche, Schwäne, Entenarten und weitere Wasservögel wie Löffler und Haubentaucher geschützt, im Nationalpark Skadarsko jezero sowieso (obwohl dort gefischt werden darf). Die besondere Seltenheit am See ist der **Dalmatinische Pelikan,** mit einer Flügelspannweite bis 180 cm ein gewaltiger Vogel. Er kommt heute noch im Osten des Skadarsees vor, in einigen wenigen anderen See- und Sumpfgebieten des südöstlichen Balkan und Griechenlands sowie in Ägypten und im obersten Persischen Golf.

Nationalparks

Montenegro besitzt vier Nationalparks, denjenigen um den Skadarsee im Tiefland und drei Gebirgsnationalparks, die das Lovćen-Massiv (s. S. 145), den Durmitor (s. S. 178) und einen Teil der Bijela gora um den Biogradsko jezero schützen (s. S. 198). Diese Nationalparks sollen ganzheitlichen Schutz gewährleisten. Gleichwohl sind in ihnen bisweilen sehr naturabträgliche Freizeitaktivitäten erlaubt und die Ziele der Nationalparks nur sehr schwammig definiert, so dass man sich fragt, warum sie eigentlich geschützt sind.

Die berühmte Brücke über die Tara im Nationalpark Durmitor

In diesem Zusammenhang ist so interessant wie überlegenswert, was die Leitung des Nationalparks Durmitor den Gästen des Parks anbietet und als dringlichste Maßnahmen sieht. Unter den Angeboten steht Rafting auf der Tara ganz vorne, gefolgt von Sportfischerei und Bootfahren auf dem Crno jezero. Wandern, Bergsteigen und Trekking werden hingegen mit keinem Wort erwähnt, auch der Wintersport fällt komplett durch. Unter den Dringlichkeiten werden zwei Straßenbaumaßnahmen von der Wiedereröffnung eines Motels gefolgt, erst dann wird die Verbesserung des Rafting-Angebots samt Erweiterung der Nächtigungsmöglichkeiten an der Tara genannt, auch hier fehlt jede Erwähnung von Wandern und Bergsteigen, obwohl doch gerade der Mangel an Berghütten die stärkste Barriere für eine Erweiterung dieses Angebots ist. Man gewinnt den Eindruck, dass der Leitung des Nationalparks Durmitor die Übernachtungsgäste, die in den Hotels in Žabljak wohnen, an den See fahren und dort ein Boot mieten und auch einen Tara-Ausflug mit Rafting buchen wollen, mehr am Herzen liegen als Wanderer, Bergsteiger und Kletterer, die den Durmitor individuell erkunden wollen. Verträgt sich das mit den Zielen eines Gebirgs-Nationalparks?

WIRTSCHAFT UND UMWELT

Das neue Zeitalter

Das bis 1945 im Inneren landwirtschaftlich orientierte, an der Küste von Schifffahrt, Schiffs- und Bootsbau und Fischfang lebende Montenegro wurde nach dem Zweiten Weltkrieg und vor allem ab Mitte der 50er Jahre nach dem Willen der jugoslawischen Wirtschaftspropheten ein Industrieland. Das Heil der Nation lag für Belgrad eindeutig in der Industrialisierung, und wenn man Schwermetallbetriebe und Chemieanlagen mitten in bisher ländliche Abgeschiedenheit stellte, umso besser. Nikšić entwickelte sich zum Neu-Birmingham, Podgorica bekam ein riesiges Aluminiumkombinat, Großindustrie entstand in Pljevlja, Bijelo Polje, Berane, sogar über Cetinje ergoss sich das Füllhorn neuer Industrien. Die Arbeitskräfte wurden aus den Dörfern und Weilern angeworben, wo man bisher von der Hand in den Mund gelebt hatte, die Lockung des schnellen Geldes in der Fabrik war zu groß. Ganze Landstriche, vor allem die höheren Bergzonen, verödeten. Kraftwerke wurden gebaut, Starkstromleitungen, neue Straßen und die weltweit bewunderte Bahn von Belgrad nach Bar. Alle Planungen gingen davon aus, dass innerhalb Jugoslawiens eine Arbeitsteilung zu herrschen hatte, also keine interne Konkurrenz geduldet war, dass die Waren im Wesentlichen für den internen Markt produziert und Zollbarrieren die Produktion vor dem Weltmarkt schützen würden.

Gleichzeitig investierte das Land in den **Tourismus** und an der Küste entstanden innerhalb weniger Jahre riesige Bettenburgen, die bald noch größere Schwärme von Mittel- und Nordeuropäern anzogen. In Montenegro waren es vor allem Herceg Novi und Budva, in denen sich dieser Tourismus konzentrierte, aber auch Orte wie Sutomore, Ulcinj, Ada Bojana mit seiner großen FKK-Anlage (Jugoslawiens vor allem an deutsche Urlauber gerichtete Offerte, sich nackt auf goldenen Stränden zu aalen) und andere bekamen ihren Hotelkomplex. Private Investitionen waren in Montenegro jedoch von sekundärer Bedeutung. Das Land lebte gut von diesen Geldern, und wer nicht von Industrie oder Tourismus profitieren konnte, ging für ein paar Jahre als Gastarbeiter nach Mitteleuropa.

Nach dem Bürgerkrieg

In den 1990er-Jahren löste sich Jugoslawien auf und verwickelte sich in einen zwei Jahrzehnte währenden Bürgerkrieg, der erst vor wenigen Jahren endete, nachdem eine fünfjährige Blockade Serbien und Montenegro isoliert und die Schwerindustrie, die Werften und fast jede andere Industrie obsolet gemacht hatte. Der innerjugoslawische Markt war schon vorher weggebrochen, und mit der Hinwendung Montenegros zur freien Marktwirtschaft samt Privatisierung und dem Abbau von Zollsperren wurden auch noch die letzten industriellen Produkte

Am Durmitor wird das Heu zu charakteristischen Haufen geschichtet

des Landes nicht mehr absetzbar. Selbst die Montenegriner kauften und kaufen lieber die bunte und neue ausländische Ware. Die veralteten Tourismuspaläste waren inzwischen gerade noch für sonnenhungrige Serben einsetzbar, die wenig besseres kannten, aber für die luxusverwöhnten Kunden aus Mitteleuropa nicht mehr zumutbar. Das Straßennetz war dem plötzlich stark ansteigenden Autoverkehr nicht mehr gewachsen, die Bahnverbindung viel zu langsam, die beiden Flughäfen des Landes hoffnungslos veraltet.

Nach gerade mal fünf Jahren sieht die Situation schon ganz anders aus, obwohl sehr viele Probleme noch keineswegs gelöst sind und insbesondere im Landesinneren noch Verhältnisse herrschen, die nur als tragisch bezeichnet werden können. Der Euro wurde (nachdem es vorher kurz die D-Mark gewesen war) Landeswährung und hat die Inflation einigermaßen im Rahmen gehalten. Dass sich bei 200 € durchschnittlichem Monatseinkommen die wenigsten Familien auch nur das Nötigste leisten können, da die Preise in vielen Bereichen durchaus der Euronorm entsprechen, ist die negative Seite dieser Entscheidung. Das Straßennetz wurde verbessert, der Sozina-Tunnel zwischen Podgorica und Sutomore kostete auf seinen 4188 m Länge satte 50 Mio. €, aber Podgorica ist jetzt nur noch 37 km vom Meer entfernt. Zahlreiche Straßen werden derzeit (die meisten mit Hilfe der EU) ausgebessert und erweitert. Für einige der industriellen Großbetriebe haben sich ausländische

NACHHALTIGE LANDWIRTSCHAFT UND DIE SITUATION DER KLEINBAUERN

Für so manchen Mitteleuropäer scheinen nachhaltige Landwirtschaft und Bioprodukte ein Privileg reicher Staaten zu sein. Wer für den Markt produziere, müsse billig produzieren, meint man hierzulande, noch billiger als die Konkurrenz, auf die Qualität oder gar die Naturverträglichkeit komme es nicht an. Und Bioware sei etwas für diejenigen, die sich das leisten können.

In Montenegro, das keineswegs zu den reichen Ländern gehört (es ist, ganz im Gegenteil, eines von Europas ärmsten), sieht man das anders. Einmal weil vieles, das auf den Markt kommt, auch wirklich auf den Markt kommt und nicht in den Supermarkt, denn Obst und Gemüse, aber auch Fleisch und Fisch kauft die Hausfrau in Montenegro auf dem täglichen Grünmarkt oder Wochenmarkt. Und in der Mehrzahl der Angebote ist diese Ware nicht oder kaum behandelt, ohne deshalb schon ein Bio- oder anderes Gütesiegel zu erhalten. Die kleinen Produzenten haben sich noch nicht auf teure Düngemittel, Pestizide und Herbizide eingestellt, sie wirtschaften traditionell, naturnah und nachhaltig. Es gibt noch 113 einheimische Obst- und Gemüsesorten in Montenegro, darunter allein acht Kartoffelsorten. Wenn erst einmal die großen Discounter zuschlagen, ist es mit der Vielfalt – wie in Deutschland – bald vorbei. Aber noch gibt es sie, noch gibt es die unbehandelte Ware.

Wer einen Bauernmarkt besucht, kann die Fülle des Angebots besonders gut abschätzen. Auf dem täglichen Grünmarkt in Nikšić gibt es etwa im Herbst – zur gleichen Zeit! – Gurken, Tomaten, Kürbisse, Kohl, Kraut, Grüne Bohnen, Zwiebeln, verschiedene Arten Paprika, verschiedene Kräuter und Salate, alle aus den Gärten der Umgebung, vor allem der Šupa, Löwenzahn (für Salate) von Wintersaatäckern, von dort auch die letzten Gartenerdbeeren (gesehen an einem 6. Oktober!). Aus den Bergen östlich der Stadt kommen die späten Kartoffeln von den auf den Höhen liegenden Feldern erst im Oktober auf den Markt. Weintrauben,

Interessenten gefunden, die Privatisierung hat begonnen und soll demnächst sogar die beiden Internationalen Flughäfen in Podgorica und Tivat umfassen, die bereits aufwendig auf den neuesten Stand der Technik gebracht wurden. An den Küsten wurden zahlreiche Hotels modernisiert, andere wurden neu errichtet und glänzen mit einem Luxus, der sie in die erste europäische Riege stellt. Das Regierungsziel ist ein Angebot für die gehobene Einkommensschicht, diejenige, die weniger nach dem Preis fragt als nach dem Komfort. Dass Campingplätze nicht ausreichend erneuert, in vielen Fällen aufgelöst und nicht einer neu gebaut wurden, passt zu dieser Politik. Ob sie allerdings den gewünschten Erfolg bringen wird, wird sich erst erweisen müssen.

auch solche aus einheimischen Sorten, Kakifrüchte und Kiwi, Äpfel, Birnen, Feigen, Quitten, Zwetschgen, Pflaumen, Kornellkirschen von wilden Bäumen und von Gartenbäumen. Auch sie sind etwa Mitte Oktober vollreif, man isst sie frisch oder verarbeitet sie zu Saft, Marmeladen und Kompott. Aber auch Granatäpfel, Walnüsse, Oliven und Steinpilze kommen aus der Region, das wenigste im Angebot ist irgendwie behandelt. Honig, Met, Schnäpse aus Trester und Zwetschgen, Milch, Butter, Kaymak, Frischkäse, halbfeste Schnittkäse, Schinken, Speck, Würste sind andere Produkte, die oft von Hausfrauen angeboten und in der Familie hergestellt werden, alles gibt es frisch und meist unbehandelt auf dem Markt.

Dass es so bleibt und sich die Gewichte nicht zugunsten der Großproduzenten verschieben (die schon in den Markt drängen oder diesen, wie im Weinbau, seit sozialistischen Zeiten dominieren), kann man zwar hoffen, aber Initiativen sind effektiver: Zum einen geht es der Gruppe ›Proizvodna Zdrave Hrane‹ mit Sitz in der Nähe von Nikšić um Werbung für biologische Landwirtschaft, Verbreitung von Methoden nachhaltiger Landwirtschaft in Montenegro, verbessertes Marketing für Bioprodukte (ein Gütesiegel wie die in der EU gültigen Bezeichnungen ›BIO nach EG-Öko-Verordnung‹, ›Bioland‹, ›Demeter‹, ›Naturland‹ etc. gibt es noch nicht) und Tipps und Hilfen für Mechanisierung und Verbesserung innerbetrieblicher Abläufe. Zum anderen ist das Ziel der Gruppe, den kleinen Privatbetrieben, die große Cash-Probleme haben, auf die Sprünge zu helfen, wofür sich der in Mitteleuropa etablierte und in den letzten Jahren auch im Nachbarland Kroatien erfolgreich begonnene ›Urlaub auf dem Bauernhof‹ besonders eignet. Nur: Auch dafür braucht man Geld, ein Zimmer für Gäste hat man bald, aber es mit einem Bad und modernen Möbeln auszustatten, ist eine andere und vor allem kostspielige Sache.

Die Gruppe gibt das Blatt ›Eko Hrana‹ heraus, der auch Englisch sprechende Herausgeber, selbst Biobauer, ist telefonisch oder per Email zu erreichen: Dipl. ecc. Jovo Radulović, Miolje Polje, Nikšić, Tel. 069-54 00 62 oder 083-43 57 85, pzhnk @cg.yu. Für die nähere Zukunft ist geplant, Zimmer auf dem Bauernhof und Häuschen auf den Almen anzubieten, vielleicht ist es schon 2007 so weit.

Auch wenn sich Montenegro in der Deklaration von Žabljak am 20. September 1991 als ›Ökologischer Staat‹ erklärt und damit die Verpflichtung des Staates zum Schutz von Natur und Umwelt als eine Grundbedingung seines Staatswesens niedergelegt hat, sieht die Wirklichkeit bisweilen recht traurig aus: Wilde Müllkippen zieren die Hänge der Bergstraßen, Müll wird von den Kommunen unbeaufsichtigt auf offenen Müllhalden abgefackelt. Mülltrennung ist weitestgehend noch immer ein Fremdwort, Glas, Plastik, Papier und andere Wertstoffe werden alle in den gleichen Eimer entsorgt und vernichtet. Lärmverschmutzung ist noch keinen Nebensatz wert, obwohl diese Form von Beeinträchtigung in Montenegro weit verbreitet ist.

GESCHICHTE IM ÜBERBLICK

Vor- und Frühgeschichte und Illyrer

Die Küstenregionen Montenegros und großen Talschaften wie das Becken von Nikšić sind seit der Altsteinzeit besiedelt, wie viele Funde belegen. Ab der frühen Bronzezeit (ca. 2000 v. Chr.) leben an der östlichen Adriaküste Illyrer. Deren Stammesorganisation entwickelte sich nach dem Kontakt mit den Griechen (Gründung von Risan vermutlich im 5. Jh. v. Chr.) zu einem Staat.

Römische Herrschaft

229/228 v. Chr. In den Kriegen gegen illyrische Piraten wird auch das Königreich der Teuta einbezogen, deren Hauptstadt sich nahe dem heutigen Risan befand. Teuta zahlt Tribute an das Römische Reich. Rom bindet die illyrischen Machthaber in kleinen Schritten an sich, ab 168 v. Chr. steht die gesamte östliche Adriaküste unter römischer Oberhoheit.

6 n. Chr. Schaffung der römische Provinz Illyricum.

ab 2. Jh. Große Provinz Dalmatia mit den wichtigsten Städten Salonae (Solin bei Split) und Narona, im Gebiet des heutigen Montenegro ist nur Doclea (Duklija bei Podgorica) eine städtische Siedlung.

395 Reichsteilung, der Raum des heutigen Montenegro wird Teil des Oströmischen, später des Byzantinischen Reiches.

Slawische Landnahme und Byzanz

6./7. Jh. Landnahme der Slawen auf der Balkanhalbinsel, als letzte slawische Völker wandern die Kroaten und Serben ein, endgültige Sesshaftwerdung etwa zwischen 600 und 626.

9. Jh. Christianisierung unter den ›Slawenaposteln‹ Kyrill und Method.

um 1000 Venedig beginnt seinen Einflussbereich an der östlichen Adria auszubauen, erste Flottenexpedition.

Der erste montenegrinische Staat

9./10. Jh. Serbische Stämme bilden im 9. Jh. in der Raška (Sandschak) und in der Zeta (Montenegro) de facto unabhängige Fürstentümer, die im 10. Jh. unter dem ersten bulgarischen Zarenreich, nach dessen Niederwerfung durch Byzanz 1018 unter byzantinischen Einfluss kommen. Das Fürstentum Zeta reicht damals von den Kämmen der Küstenkette oberhalb Kotor und Budva bis östlich des oberen Teiles des Skadarsees, wo sich auf einer Insel der Sitz des Herrschers befand: Žabljak. Im Norden reichte Zeta nicht ganz bis in die fruchtbare Ebene Onopoć (heute Nikšić).

1054 Schisma, Kirchenspaltung zwischen West- und Ostkirche.

1080 Fürst Michael von Zeta nimmt aus der Hand des Papstes die Königskrone an (als historisches Faktum umstritten), in Bar wird ein katholisches Erzbistum eingerichtet. In der Folge kann der König auch das Fürstentum Raška seinem Reich angliedern.

1116 Zeta zerfällt unter dem schwachen Nachfolger Michaels in seine einzelnen Herrschaften.

Der Nemanjiden-Staat

ab 1166 Zusammenfassung der serbischen Fürstentümer unter Stephan aus dem Hause Nemanja, einer rascischen (binnenserbischen) Dynastie. Zeta (Montenegro) wird ein Teil des serbischen Reiches unter der Dynastie der Nemanjiden. Stephan Nemanja erhält zwar die Königskrone aus päpstlicher Hand (1217) gründet aber ein eigenes orthodoxes Erzbistum (Kloster Žica, später Peć). Erster Metropolit ist sein Bruder Sava, beide werden zu serbischen Nationalheiligen. Montenegro wird endgültig orthodox bis auf die adriatischen Küstenorte zwischen Kotor und Bar, die katholisch bleiben.

1217 Königreich Serbien.

1282–1321 König Stefan Milutin (Stefan Uroš II. Milutin, Mutter Jelena aus dem Haus Anjou) verlegt seinen Hauptsitz nach Skopje, Montenegro ist nur noch Randprovinz des serbischen Reiches, von den vielen Kirchen- und Klosterstiftungen des Herrschers liegt nur eine einzige im heutigen Montenegro (Sv. Stefan bei Bijelo Polje).

1346 Zarenkrönung Stefan Dušans (1331–55) in Skopje, das Großserbische Reich stellt Serbiens historischen Machthöhepunkt dar. Wie schon unter seinen Vorgängern wird die Zeta sich selbst überlassen.

Die Crnojević-Dynastie

1389 Niederlage der Serben gegen die Osmanen auf dem Amselfeld.

bis 1459 Schrittweise Eroberung Serbiens durch das Osmanische Reich.

1468 Ganz Albanien ist osmanisch, die Türken beherrschen aber nur wenige Orte außerhalb der Berggebiete.

um 1479 Die Türken, die schon 1455 einen Großteil des Reiches (und 1463 Bosnien, 1465 die Herzegowina) erobert hatten, besetzen die gesamte Tiefebene um den Skadarsee. Ivan Crnojević, der flüchten konnte, verliert seinen Hauptsitz Žabljak, der neue Herrschersitz liegt im Polje von Cetinje. Ivan Crnojević kann die direkte türkische Herrschaft verhindern, indem er als Vasall Tribute zahlt.

1481 Herceg Novi wird türkisch und bleibt es bis 1687.

1496 Ivan Crnojevićs Nachfolger muss ins Exil gehen, der türkische Bey von Shkodër gliedert den Besitz der Crnojević seinem Sandschak ein.

Die Türken-Herrschaft

17. Jh. Immer wieder kommt es zu Aufständen der Montenegriner gegen die türkische Herrschaft, die sich der Besteuerung entziehen und interne Autonomie bewahren können.

1683 Die zweite Türkenbelagerung Wiens endet mit der Flucht der Angreifer, österreichische Heere beginnen nach einer Sammlungsphase den Angriff auf türkisches Gebiet, die Venezianer ergreifen die gute Gelegenheit und vertreiben ab 1687 die türkische Besatzung in den meisten Küstenorten (z. B. in Herceg Novi).

1688 Österreichische Truppen dringen unter Prinz Eugen nach Serbien vor, ab 1690 kommt es in der Erwartung österreichischer Hilfe in der südserbischen Raška (Sandschak und Kosovo) zu einem Aufstand gegen die Türken, der niedergeschlagen wird und zur Flucht der Serben führt – das Kosovo wird allmählich von Albanern aufgesiedelt.

1699 Venedig erhält im Frieden von Karlowitz den Großteil des heutigen montenegrinischen Küstengebietes.

Die Petrović-Vladikas

1701 Vladika Danilo Petrović (1670–1735) gründet nach Zerstörung des alten Klosters das jetzige Kloster Cetinje. Der Bischof und Landesfürst (Vladika) steht auch hinter der brutalen Ausrottung der ›Türken‹, zum Islam übergetretener Montenegriner, im folgenden Jahr.

1774 Frieden von Kücük Kainarca zwischen dem russischen Zarenreich und dem Osmanenreich. Russland erhält das Protektorat über die orthodoxen Gläubigen im Osmanischen Reich.

1797 Frieden von Campoformio. Venedig und Dalmatien (bis Budva) werden zuerst französisch, dann österreichisch.

1815 Dalmatien (bis Budva) wird im Wiener Kongress als Teil des Kaisertums Österreich bestätigt und kommt zu Dalmatien (österreichischer Reichsteil).

1830 Fürstentum Serbien.

1831 Petar II. Njegoš tritt das Amt als Bischof und Landesfürst an (bis 1851). Sein Epos über den Türkenkampf, ›Der Bergkranz‹, wird zum Nationalepos Montenegros.

Fürstentum und Königreich Montenegro

1852 Fürstentum Montenegro.

1878 Bestätigung der Unabhängigkeit Montenegros und Serbiens auf dem Berliner Kongress, damit ist Montenegro der 27. unabhängige Staat (von heute mehr als 200). Österreichische Truppen stehen an den Grenzen Montenegros, das sich noch stärker an Russland anzulehnen beginnt als bisher.

1882	Königreich Serbien.
1908	Österreich annektiert Bosnien-Herzegowina.
1910	Fürst Nikola (1841–1921) nimmt den Königstitel an.
1912	Erster Balkankrieg (Serbien, Montenegro, Griechenland und Bulgarien gegen die Türkei).
1913	Zweiter Balkankrieg (Serbien gegen Bulgarien, Griechenland und Rumänien, Montenegro bleibt offiziell neutral). Im Frieden von Bukarest werden u. a. die Gebietszuwächse Montenegros – das Land hatte Teile des Sandschaks gewonnen, nämlich den Raum Pljevlja, Bijelo Polje, Berane, Rožaje und Plav – bestätigt.
1914–18	Erster Weltkrieg, Montenegro schließt sich Serbien gegen den Dreibund an und wird von österreichisch-ungarischen Truppen besetzt.
1917	Die von Exilserben ausgehende Deklaration von Korfu sieht die Vereinigung der Südslawen unter serbischer Führung vor.
1918	Am 16. Oktober endet die österreichisch-ungarische Monarchie.

Montenegro als Teil des ersten Südslawenstaates

1918	Am 1. Dezember Proklamation des Königreichs der Serben, Kroaten und Slowenen (SHS) in Belgrad, Montenegro wird übergangen, ein Aufstand 1919 wird von serbischen Truppen niedergeschlagen.
1921	Serbisch-zentralistische Verfassung für das SHS.
1923	Loslösung der Boka von Dalmatien und Vereinigung mit dem Verwaltungsbezirk Zeta – das Ziel der Vereinigung der beiden Gebiete, das die Abgesandten der Boka und Montenegros bereits vor dem Wiener Kongress beschlossen hatten, ist nun endlich erreicht.
1929	Königsdiktatur im SHS, das in Königreich Jugoslawien umbenannt wird.

Zweiter Weltkrieg und Volksrepublik Jugoslawien

1941	Dem erzwungenen Beitritt Jugoslawiens zu den Achsenmächten (Deutschland, Italien, Rumänien, Bulgarien) folgen Militärputsch und Kriegserklärung, in einem Blitzkrieg wird Jugoslawien von deutschen Truppen überrollt und besetzt. Beginn des Partisanenkrieges.
1942	Der Antifaschistische Volksbefreiungsrat (AVNOJ) konstituiert sich im November unter Leitung Titos in Bihać.
1943	Am 3. September Kapitulation Italiens.
1946	Föderative Verfassung der Volksrepublik Jugoslawien.
1948	Konflikt zwischen Moskau und Belgrad, Jugoslawien wird aus dem sowjettreuen Bündnis Kominform ausgeschlossen: Jugoslawien geht einen eigenen Weg (›Blockfreie Staaten‹), u. a. in Montenegro entstehen große Staatsbetriebe und Touristeneinrichtungen.
1980	Tod Präsident Titos.

Bürgerkrieg und Nato-Blockade

1991 Unabhängigkeitserklärung Sloweniens und Kroatiens, Beginn des jugoslawischen Bürgerkrieges.

1992 Im Januar Anerkennung Sloweniens und Kroatiens durch die EU, im März Unabhängigkeitserklärung Bosnien-Herzegowinas, im April Anerkennung durch die EU. Der Bürgerkrieg weitet sich auf Bosnien-Herzegowina aus. Im September Militärintervention der NATO in Bosnien.

1999 Kosovo-Konflikt, Massenflucht der Albaner aus dem Kosovo, Luftangriffe der NATO auf Serbien, im August erste Spannungen zwischen Serbien unter Milošević und Montenegro unter dem 1997 gewählten Präsidenten Milo Đukanović, dessen Regierungspartei DPS (Demokratische Partei der Sozialisten) das Land bis heute dominiert.

Die Gegenwart

2000/01 Präsident Milo Đukanović schlägt einen bewusst gegen Serbien gerichteten pro-westlichen Kurs ein. So wird zunächst die D-Mark, nach Einführung des Euro auch dieser eingeführt.

2003 Gründung des Staatenbundes Serbien-Montenegro (SCG) auf Druck der EU, um eine weitere Zersplitterung des Balkans zu vermeiden. Die Staatengemeinschaft hat nur in der Außenpolitik und im Sicherheits- bzw. Verteidigungsressort gemeinsame Einrichtungen, alle anderen Funktionen sollen von Belgrad bzw. Podgorica autonom ausgeübt werden. Montenegro erhält die Option eines Referendums über die Unabhängigkeit, dessen Ergebnis vom Partner Serbien unbedingt akzeptiert werden muss. Das Referendum ist innerhalb von drei Jahren abzuhalten.

2006 In Montenegro wird am 21. Mai über die Unabhängigkeit abgestimmt. Zwar stimmen nur 55 % für ein unabhängiges Montenegro, aber das reicht für die Weichenstellung in die Unabhängigkeit (die EU hatte ein Minimum von 55 % gefordert). Am 3. Juni erklärt sich Montenegro offiziell für unabhängig, drei Täge später erkennt Serbien die Trennung von Montenegro de facto an. Das Parlament in Belgrad ›konstatiert‹ die Loslösung Montenegros aus der Doppelrepublik Serbien-Montenegro. Bei den Parlamentswahlen am 10. September erhält die Partei von Premier Milo Đukanović die absolute Mehrheit, OSZE und EU-Erweiterungsbüro bescheinigen einen fairen Wahlverlauf. Am 3. Oktober tritt Milo Đukanović überraschend von seinem Amt als Ministerpräsident zurück.

Željko Šturanović, der neue Premierminister, Justizminister in der letzten Regierung Đukanović, stellt am 10. November seine neue Regierung vor.

EIN MONTENEGRINISCHES FAMILIENEPOS

›Montenegro‹, die Autobiografie des 1929 geborenen Bato Tomašević, trägt nicht von ungefähr den Untertitel ›Eine Familiensaga im Jahrhundert der Konflikte‹: Die aus dem Dorf Bukovik in der Crmnica, dem montenegrinischen Küstengebirge, stammende Familie zieht nach der Ausrufung des Königsreiches der Serben, Kroaten und Slowenen im Rahmen der Serbisierungskampagne vor dem Zweiten Weltkrieg ins Kosovo, wo sie sich in Mitrovica niederlässt. Die albanische Mehrheit der Bevölkerung ist mit der geplanten Serbisierung keineswegs einverstanden und wehrt sich im wahrsten Sinne des Wortes bis aufs Messer. Der Familienvater, Polizist im Staatsdienst, versucht den Zwist zwischen den beiden Volksgruppen auf persönlicher Ebene zu mildern, indem er direkten Kontakt mit den Clanchefs der Gegend aufnimmt. Er wird aber nach einer internen Ehrensache nach Plav strafversetzt (»Zu jener Zeit bestand Plav aus rund fünfzig Häusern im türkischen Stil, rechteckig mit einem hölzernen Dach«), wo es wieder Probleme mit der albanischen Mehrheit der Bewohner der Region gibt. Der Großteil der Familie bleibt weiterhin in Mitrovica.

Die Versetzung nach Kolašin ist eine teilweise Rehabilitierung. Dort gibt es bei Wahlen blutige Kämpfe zwischen Vertretern der einzelnen Parteien. Es folgt die Versetzung des Vaters nach Nova Varoš in den Sandschak, zu Anfang des Zweiten Weltkriegs dann endlich nach Cetinje – in die Heimat. Als die Belgrader Regierung in die Enge getrieben die Beitrittserklärung zum Dreimächtepakt unterschreibt, gibt es Proteste (nicht nur) in Cetinje und kurz darauf den Staatstreich in Belgrad, König Petar wird für volljährig erklärt, der Pakt gekündigt. Italiener rücken in Montenegro, Deutsche von Norden und Osten in Jugoslawien ein und teilen es (zusammen mit Ungarn und Bulgarien) auf. Die Albaner im Kosovo, von den Italienern unterstützt, sehen Morgenrot. Die Situation wird für alle Serben potenziell lebensgefährlich, und der Rest der Familie zieht wieder zurück nach Montenegro. Das Familienoberhaupt, der Vater des Autors, wird von den Italienern seines Postens enthoben.

Der zweite Teil des Buches berichtet von den Erlebnissen des 14 Jahre jungen Bato als zunächst unfreiwilliger Partisan und seiner späteren Karriere im kommunistischen Jugoslawien. Die brutalen Kämpfe zwischen italienischen Truppen und Partisanen, Tschetniks und Grünen werden lapidar erzählt, die Karriere seiner Schwester in der Leitung der kommunistischen Partei Jugoslawiens (sie ist nach dem Krieg erste Botschafterin des Landes in Norwegen), die verübten Gräuel auf Seiten aller Beteiligten, aber auch die Zeit des Friedens und die allmähliche Titoisierung der Partei werden neutral und immer aus dem Blickwinkel des Erzählers berichtet. Bato heiratet eine Engländerin, die er während des Studiums kennen lernt. Kurz vor dem Zusammenbruch Jugoslawiens wird er Direktor des das ganze Land umspannenden Fernsehsenders Yutel mit Sitz in Sarajevo und lebt jetzt in England.

Kultur und Leben

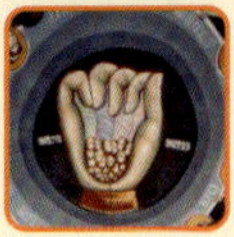

Junge Frauen in Montenegro haben die alten Zöpfe abgeschnitten

MONTENEGRINISCHE LEBENSART

Veränderter Alltag

Das Leben ist nicht leicht in Montenegro. Die Einführung des Euro mit seinen Preissteigerungen, die hohe Arbeitslosigkeit nach der Schließung vieler Betriebe während der Blockade 1995–2000 und vor allem nach Kriegsende, als Montenegro in den freien Markt eintrat, der Kontrast zwischen einer von den Touristen profitierenden Küste, der Hauptstadt, in der alle wichtigen Geschäfte abgewickelt werden, und dem armen Rest des Landes haben eine Zweiklassengesellschaft geschaffen, die über alle bisherigen sozialen und schichtentypischen Strukturen hinweggreift. Religionszugehörigkeit, Stammesbeziehungen, Herkunft von der Küste oder aus dem Gebirge. Das ist alles nur noch in einem viel geringeren Maße relevant als noch während des sozialistischen Jugoslawien. Es zählt nur noch das Einkommen: Euro-Kapitalisten hier, arme Schlucker dort. Die Auffangmechanismen der sozialistischen Zeit, die gesicherten Arbeitsplätze, die Billigspeisungen und Gratisurlaube in staatlichen Hotels sind nun weggefallen. Tendenz: Klufterweiterung.

Für den Touristen ist das nicht so deutlich, in Budva oder Herceg Novi trifft er vor allem andere Touristen. Nach Pljevlja, Berane, Bijelo Polje, in die äußeren Stadtviertel von Podgorica oder in der Dörfer irgendwo in der Mitte oder im Norden kommt er wahrscheinlich nicht, die Konfrontation mit dem Leben des Großteils der Montenegriner bleibt ihm erspart. Wer mit dem Bus unterwegs ist, bekommt mehr vom Lande zu sehen als derjenige, der sich einen Mietwagen zugelegt hat, auf jeden Fall mehr vom Alltag. Tipp: Auch wenn man das eigene Fahrzeug dabei hat oder mit dem Mietwagen unterwegs ist, sollte man einmal auf diese verzichten und eine Busreise unternehmen. Erst dann wird man ein Gefühl dafür bekommen, was in Montenegro wirklich vor sich geht.

Küstenbewohner, Bergbewohner

»Die physische Schönheit dieser Bergrasse, welche fast ohne Ausnahme bei jedem Einzelnen in Erscheinung tritt, der ungewöhnlich hohe, ebenmäßige Körperbau, das ausgeprägte Gesicht mit dem scharfen Profil und die angeborene Zurückhaltung und Höflichkeit dem Fremden gegenüber … nehmen den Besucher völlig für diese Menschen ein«, schreibt 1960 Zoran Konstantinović fast so altmodisch wie die Zeit, über die er berichtet – nämlich die Mitte des 19. Jh. (s. Lesetipps, S. 220). Dabei greift er eine ganze Reihe von Klischees auf, die sich traditionell mit den Montenegrinern verbinden, bzw. mit den Bergbewohnern – jene an der Küste waren ja bis 1918 als Dalmatiner bekannt und grenzen sich heute noch ab von den rauen Burschen von jenseits des Küstengebirges. Die außergewöhnliche Körpergröße und der schlanke ebenmäßige Körperbau vieler Montenegriner ist aber kein Klischee, man begegnet ihnen tagtäglich. Sieht man zu Korzo-Zeiten, wenn die halbe Bevölkerung eines Ortes die Hauptstraße auf und ab flaniert, den jungen Frauen zu, wird man sich kaum des Eindrucks erwehren können, einem Casting für die neue Fernsehserie ›Supermodel‹ beizuwohnen. Aber auch Zurückhaltung, Höflichkeit, Gastfreundschaft fallen dem Besucher ins Auge.

Während die Küste kulturell stark durch die lange Zugehörigkeit zu Venedig und Österreich geprägt ist und die dortige Bevölkerung, die sich ja auch in einigen Orten mehrheitlich als ›kroatisch‹ betrachtet, eher an andere mediterrane Völker erinnert, sind die eigentlichen Montenegriner, das Bergvolk jenseits des Küstengebirges, serbischen und allgemein altbalkanischen Traditionen verhaftet. Stammeszugehörigkeit, Familienüberlieferung, Sitten und Zwänge gelten dort noch heute – Milovan Đilas' Roman ›Land ohne Recht‹ vermittelt hiervon einen guten Eindruck (s. Lesetipps, S. 219). Äußerlich lässt sich das nicht mehr erkennen, die malerische Tracht ist längst in Museen verschwunden, Gewehre und Dolch trägt man nicht mehr, Blutrache ist selten geworden, Frauen haben gelernt, den Mund gegen Männer aufzumachen, und vereinzelt sieht man sogar einen Mann auf dem Feld, aber im Zweifelsfall sind es immer noch die Frauen, die die Arbeit erledigen. Eine alte Anekdote sei in diesem Zusammenhang nochmals erwähnt: Ein Besucher des Landes sieht einen Mann und eine Frau gehen, die Frau schleppt sich nur noch. »Was ist los«, fragt der Fremde. »Meine Frau ist krank, ich muss sie zum Krankenhaus begleiten«, sagt der Mann. »Ich kann dir mein Maultier leihen«, sagt der Fremde. »Da danke ich dir für dein Angebot und nehme es gerne an«, meint der Mann und setzt sich auf das Maultier.

Orthodoxe Kirche

Montenegro hat als ein Land, das räumlich zwischen dem katholischen Kroatien und dem orthodoxen Serbien liegt, an beiden Religionen Anteil. Während die Küstenregion nördlich von Bar, aber vor allem die Bucht von Kotor eine starke katholische Minderheit haben (an der Bucht selbst z. T. Bevölkerungsmehrheit), ist der Rest des Landes (bis auf islamische Randgebiete) orthodoxen Glaubens. Wie Serbien wurde Montenegro (zu dem es damals gehörte) unter Stefan II., dem Sohn des Reichsgründers Stefan Nemanja, endgültig orthodox, wobei die Hauptrolle bei dieser Entscheidung (die eine bewusste Wahl zwischen Rom und Byzanz war) dem hl. Sava zufällt, dem Bruder des Herrschers und serbischen Nationalheiligen. Sein Namenstag, der 14. Januar, ist ein wichtiger Tag im Kalender der serbisch-orthodoxen Kirche, zu der Montenegro gehört.

Montenegro hatte bis zum Anschluss an Serbien nach dem Ersten Weltkrieg eine eigene, unabhängige (autokephale) Kirche. Nicht nur das: Die Vladikas als höchste Würdenträger dieser Kirche

Albanisches Paar in traditioneller Kleidung

waren auch die Begründer der montenegrinischen Autonomie und späteren Eigenstaatlichkeit in der Neuzeit. Man versteht, dass viele Bürger des Landes gerne wieder eine unabhängige montenegrinische Kirche sehen würden und andere aus genauso guten Gründen den Verbleib in der serbisch-orthodoxen Kirche favorisieren. Die Auseinandersetzung wird von beiden Seiten mit Unterstützung politischer Parteien lautstark ausgetragen, die Waage neigt sich derzeit eher der montenegrinischen autokephalen Kirche zu.

Bosniaken und Albaner

Das Montenegro der Vladikas hat seit dem frühen 18. Jh. außer den gelegentlichen türkischen Geldeintreibern, Diplomaten und Soldaten keine Muslime mehr gekannt. Wie sie verschwanden, ob sie freiwillig wegzogen oder, was wahrscheinlicher ist, ob sie umgebracht wurden, darüber streiten die Historiker. Auf jeden Fall war Montenegro zur Mitte des 19. Jh. ein zu 100 % christliches Land mit orthodoxer Kirche. Dann kamen jedoch Gebietszuwächse und mit ihnen Muslime, die man nur teilweise aus dem Land bekam, obwohl auch nach 1878 und 1912/13 durchaus zu Gewalt und Blutvergießen gegriffen wurde, wenn die ›Türken‹, wie sie genannt wurden, auch wenn es slawische Familien serbischer Sprache waren, nicht freiwillig gingen. Sie blieben nördlich und nordöstlich der Tara, vor allem in Pljevlja und in Rožaje sowie in Plav und Gusinje und im Südosten um Ulcinj und stellen dort eine gewichtige Minderheit oder sogar die Mehrheit. Heute heißen sie nicht mehr ›Türken‹, und man nennt sie auch nicht mehr Muslime, sie sind ›Bosniaken‹ (so genannt, um sie von den Bosniern zu unterscheiden). Sie haben sich kulturell stark an ihre christlichen Mitbürger angeglichen, aber von einem immer friedlichen Zusammenleben dieser beiden Weltreligionen in Montenegro zu schreiben, wie dies nicht wenige Autoren tun, ist schlechthin Geschichtsklitterung.

In Gusinje, teilweise auch in Plav sowie in und um Ulcinj sind die Muslime jedoch keine Bosniaken (diese Bezeichnung wird nur für serbischsprachige Muslime verwendet), sondern Albaner. In der Regel perfekt zweisprachig, unterscheiden sie sich durch eine andere Kultur und vor allem über ihre intensiven Auslandsbeziehungen stark von anderen Montenegrinern. In Ulcinj sind viele Stadtbewohner des Italienischen mächtig oder haben Familie in Italien, das verbindet sie mit den Bürgern des nahen Albanien. In Gusinje und Plav sind es vor allem Auslandsalbaner in den USA, Australien und Südamerika, die den Kontakt zur Heimat wahren und diesen Orten besonders im Sommer, wenn sie den Urlaub hier verbringen, ein besonderes Gepräge geben. Nicht alle montenegrinischen Albaner sind übrigens Muslime, wie große Teile Nordalbaniens sind auch ganze Dörfer rund um Ulcinj katholisch. So ist die neue große katholische Kirche auf dem Weg zwischen Ulcinj und Ada Bojana für die dort ansässige albanische Glaubensgemeinschaft errichtet worden.

Feste und Traditionen

Je nach Religionszugehörigkeit wird in Montenegro unterschiedlich gefeiert. Für Katholiken sind der Karneval, das westliche Osterfest, Mariä Himmelfahrt (15. August) und das westliche Weihnachten die Hauptfeste. Muslime feiern das Ende des Fastenmonats Ramadan und den Geburtstag ihres Religionsstifters. Orthodoxe Christen feiern den ›Sava‹, den Tag des Familienheiligen, an dem ein Tag Urlaub gewährt wird und ein Festessen mit der Großfamilie ansteht (oft ist dies der 27. Januar, der Tag des hl. Sava). Das Orthodoxe Osterfest ist ebenfalls ein bedeutendes Fest, weniger das orthodoxe Weihnachtsfest. Bis auf wenige alte Traditionen sind alle heutigen Feste, Festivals und Musiksommer neueren oder neuesten Datums. An alten Festen seien jedoch die beiden Feste in Perast in der Bucht von Kotor erwähnt: die auf das 15. bzw. 17. Jh. zurückgehen, das Hahnenstechen und die Barkenprozession Fašinada zur Madonna auf dem Felsen (s. S. 88).

MONTENEGROS STAMMESGESELLSCHAFT

»Jede Familiengeschichte in Montenegro besteht aus den überlieferten Lebensläufen jener Vorfahren, die sich in irgendeiner Weise ausgezeichnet haben, meist durch Heldentaten. ... da es – vor allem in den Augen ihrer Angehörigen – keine unheroischen Stämme und Sippen gibt, so gibt es auch keine Familie, deren Vorfahren nicht berühmte Helden und Häuptlinge gewesen sind«. So schreibt der Montenegriner Milovan Đilas, zeitweise Weggefährte Titos zu Beginn seines autobiografischen Romans ›Besudna Zemlja‹ (Land ohne Recht; s. auch S. 157).

Die Montenegriner haben von allen südslawischen Völkern die alte balkanische Stammesgesellschaft wohl am längsten bewahrt. Blutsverwandtschaft in der Sippe, dem Clan, der Großfamilie war die Grundlage der sozialen Gliederung. Die Geburt und das Geschlecht bestimmten ein für allemal die Rangordnung eines Menschen in der Gesellschaft.

Nur die Verwandtschaftsbeziehungen auf der männlichen Seite bestimmten die Gesellschaft, Frauen und weibliche Verwandtschaftsbeziehungen waren bedeutungslos. Zur Hausgemeinschaft zählten immer nur die Männer, die Frauen wurden immer zu ihrer Herkunftssippe gezählt, auch wenn sie als Großmütter ihr ganzes Leben in der Sippe ihres Mannes verbracht hatten. Nicht nur im Islam wurden die Frauen als minderwertig angesehen. »Helden arbeiten nicht« war ein Kernwort der Montenegriner. Heiratsfähige Frauen wurden von anderen Clans eingekauft, um die Arbeit zu verrichten und männliche Nachkommen zu produzieren. Frauen, die dieser Verpflichtung nicht nachkommen konnten, wurden verstoßen oder an den Rand des Haushalts gedrängt und durch Nebenfrauen ersetzt.

Familienehre war und ist ein Grundpfeiler des sozialen Gefüges. Wo es keinen Staat und keine Hilfe von außen gibt, wo jeder sich nur selbst helfen kann, erlaubt die Wiederherstellung der Ehre jede Art von Selbsthilfe bis hin zur Blutrache. Auf höchstem Niveau konnte ein ganzer Clan, ein Stamm in seiner Ehre verletzt werden, Krieg und die Ausrottung eines anderen Stammes war dann nur Wiederherstellung der Ehre des eigenen Stammes.

Der moderne Staat, ob Nationalstaat oder nicht, kann mit diesem Stammesgesellschaftssystem nichts mehr anfangen. Im Gegenteil, er muss es bekämpfen, will er als Rechtsstaat erfolgreich sein. Dass dies in den meisten Staaten des Balkans nicht geglückt ist, wurde in den Kriegen der beiden letzten Jahrzehnte augenfällig. Der balkanische Nationalismus stellt dazu keinen Widerspruch dar, der Staat wird als höchste Form der Stammesgesellschaft angesehen, und eine Beleidigung muss durch Blutvergießen gerächt, die Ehre des Staates wiederhergestellt werden – auch dafür gibt es Beispiele genug auf dem Balkan.

KUNST UND ARCHITEKTUR

Montenegro hat starken Anteil an der durch Venedigs und generell italienischen Einfluss geprägten Kunst Westeuropas und der durch Byzanz und die Tradition der Ostkirche geprägte Kunst des Balkans. Nur in einigen wenigen Fällen haben sich in Form von Moscheen und Hammams (türkischen Bädern) Elemente eines dritten, nämlich des islamischen Kunstkreises erhalten: Beispiele hierzu finden sich in Stari Bar (s. S. 124), Ulcinj (s. S. 129) und Pljevlja (s. S. 188).

Vom westlichen Kulturkreis beeinflusst war zwar vor allem der Küstenraum mit seinen direkten Beziehungen nach Italien. Aber auch das Innere des Landes hatte immer wieder Kontakte nach Westen, die sich auch in der Bildenden Kunst und Architektur niederschlugen. So sind die Bauten der Nemanjiden-Dynastie, die als Höhepunkt der serbischen Kunst gelten, nicht nur dem byzantinischen Kulturkreis verpflichtet, sondern sie besitzen auch durchaus westliche, im konkreten Fall romanische Merkmale. Umgekehrt blieb der Küstenbereich nicht unberührt vom innerbalkanischen Kunstschaffen, und byzantinische Architekturdetails wurden über serbische Vermittlung auch in barocke Kirchen aufgenommen.

Der bedeutendste Bau der westeuropäischen Romanik Montenegros ist die Kathedrale des hl. Trifon (Sv. Tripuna) von **Kotor,** die unter den Wechselfällen der Geschichte stark zu leiden hatte. Sie ist ein Meisterwerk lombardischen Stils, vermittelt über Apulien. Das spätromanische Ziborium kann sich mit seinen ebenfalls süditalienischen Vorbildern absolut messen. Im Barock ist es dann Venedig, das die Einflüsse vermittelt, in den Stadtpalästen von **Perast** und Kotor, in der späten Pfarrkirche von Perast und der ebenfalls erst im späten 18. Jh. entstandenen Klosterkirche von **Savina** bei Herceg Novi. Auch die Malerei des Barock hat vorwiegend venezianische Wurzeln, Perasts Sohn Tripo Kokolja, der bedeutendste Barockmaler Montenegros, findet seine Vorbilder fast ausschließlich im venezianischen Malstil seiner Zeit (s. S. 40).

Aus der ersten Phase der Selbstständigkeit Montenegros hat sich wenig erhalten, aber das wenige zeigt die starke Abhängigkeit von der mittelbyzantinischen Kunst der Zeit. Die Hauptwerke sind leider verloren gegangen, so hat der Fluss die Grabkirche der Herrscher von Doclea in Skhodër (Albanien) weggespült. Nur die Ende des 12. Jh. erbaute Kirche Sveti Petar in **Bijelo Polje** ist ein Beispiel für die Architektur der damaligen Zeit, für die Fresken gibt es außer wenigen Resten im kroatischen Ston keine Belege.

Unter den Nemanjiden, die den Bau fast aller berühmten Klöster Serbiens veranlassten, war Montenegro Randprovinz, einzig das **Kloster Morača** stammt aus dieser Zeit. Auch hier ist von den Fresken wenig erhalten geblieben, aber genug, um in Erstaunen

DER MALER TRIPO KOKOLJA

Einer der bemerkenswertesten Künstler, die Dalmatien hervorgebracht hat, war der aus Perast stammende Tripo Kokolja (Trifun Cocoglia/Kokoljić). Über sein Leben ist kaum mehr bekannt, als dass er 1661 in Perast geboren wurde und 1713 in Korčula verstarb. Dass er wohl keine der damaligen Akademien besucht hat, sondern als Autodidakt zum Malen kam, wird aus seinen Bildern geschlossen. Sein Hauptwerk, die Gemälde in der Kirche Gospa od Škrpelja auf der Insel vor Perast, verraten in ihrer Bewegtheit und der leuchtenden Farbgebung den Einfluss des venezianischen Barocks, im Detail der Zeichnung und vor allem in der Perspektive sind sie jedoch amateurhaft und bisweilen etwas ungelenk. Die Bilder wurden 1883 nicht sachgemäß restauriert, ein Teil der Kritik mag also auch auf den unbeholfenen Restaurierer zurückfallen.

Neben den Gemälden der Gospa od Škrpelja haben sich in Perast drei weitere Arbeiten des Meisters erhalten. Sie hängen alle im örtlichen Heimatmuseum: ein Selbstporträt und die Porträts des Vičko Bujović und des Admirals Zmajević. Von seinen Fresken in der Ruine des Zmajević-Palastes sind nur unbedeutende Reste erhalten. Ein Gemälde des Meisters befindet sich im Dom Sveti Tripuna in Kotor (die Gottesmutter und der hl. Dominik, über dem Eingang in die Sakristei), weitere vier Gemälde, darunter die eindrucksvolle Hochzeit von Kana, bewahrt die Gemäldegalerie im Vladin Dom in Cetinje auf.

Gegen Ende seines Lebens schuf Tripo Kokolja im Dominikanerkloster in Bol auf der Insel Brač (Kroatien) die Gemälde der Kassettendecke unter der Orgelempore. Besonders hervorzuheben sind die Apotheose des hl. Dominik und die detaillierten Blumenarrangements. Ein weiteres bedeutendes Werk des Meisters befindet sich in Korčula auf der gleichnamigen Insel, wo er die Kassettendecke der Kirche Svi Sveti ausmalte und wo er auch kurz nach der Vollendung dieser Arbeit starb.

zu geraten. Die ältesten Fresken entstanden um das Jahr 1260, darunter jenes bekannte Bild des Propheten Elias, der einen Raben füttert. Das Fresko entspricht in seiner Eleganz und der feinen Zeichnung den besten Leistungen der klassischen byzantinischen Monumentalmalerei, wie sie während der raszischen Kunstperiode gepflegt wurde.

Die Freskenmalerei hatte in Montenegro noch eine weitere bedeutende Phase, die bereits in die Türkenzeit fällt, denn in der 2. Hälfte des 16. Jh. wurden die Klöster bei Piva, Pljevlja, Bijelo Polje und Morača nach Schäden oder Erweiterungen neu ausgemalt. So aufwendig diese Malerei sich auch gab, neue Formen hat sie nicht mehr geschaffen.

ESSEN UND TRINKEN

Küchentraditionen

Das kleine Montenegro hat keine einheitliche Küche, sondern aufgrund der historischen und religiösen Zugehörigkeit der Volksgruppen, des landschaftlich bedingten Nahrungsmittelangebots, der Entfernung vom Meer oder dem großen Skadarsee vier unterschiedliche Küchentraditionen.

Die Speisen

An der Küste des Mittelmeeres werden Fisch, Krustentiere und Schalentiere auf eine Art zubereitet, die stark von der Küche Venetiens beeinflusst ist. Das betrifft sogar die Namen: Der in der Boka populäre Fischeintopf aus Sardellen oder Sprotten heißt **Brodetto,** der Rinderschmorbraten **Pašticada,** die selbst gemachten Nudeln aus den Paštrovići-Bergen sind **Makaruli,** und als Nachtisch gibt es in Öl gebackene **Ruštule** *(crostuli).* Beliebt ist auch die **Buzara,** in Olivenöl und Wein mit mediterranen Kräutern gedämpfte Muscheln oder andere Meeresfrüchte. Fisch wird zwar meist *na gradele* zubereitet, auf dem Grill, was man früher nur beim besten Weißfisch gemacht hat, während man den weniger guten Fisch (in Montenegro werden Fische in die Kategorien I und II eingeordnet) schmorte oder kochte, also *lešo* zubereitete und mit Salzkartoffeln und Mangold servierte.

Im alten Montenegro, also im Bergland des Inneren, hatte man Milchprodukte von Schaf und Ziege, heute vor allem von Kühen zur Verfügung. Das gab den Frischkäse **Domači sir** und halbfeste Schnittkäse wie den berühmten **Njeguši sir** aus dem Bergdorf Njeguši. **Kajmak** wird aus dem leicht gesäuerten Rahm gekochter Milch hergestellt, der fette **Skorup-Käse** wird statt der fast unbekannten Butter verwendet. Eines der bekanntesten Gerichte dieser Küche ist der **Kačamak,** ein mit Skorup-Käse überbackenes Gericht aus Kartoffelnocken.

Die **Küche der Muslime** verzichtet auf Schweinefleisch, aber nicht auf **Schinken,** er wird nach der Art des Bündner Fleisches aus der Rinderlende hergestellt. Im muslimischen (und um Ulcinj albanischen) Südosten haben sich einige türkische Gerichte erhalten wie die überbackenen Auberginen Imam Bayeldi und die Okra-Kalbfleisch-Pfanne. Ganz allgemein haben die muslimischen Gebiete Montenegros eine traditionellere Küche – man muss sich nur das Speisenangebot der Konoba Pod Volat im alt-türkischen Teil Podgoricas ansehen (s. S. 156). Zwar wird in muslimischen Landesteilen fast vollständig auf Wein verzichtet, aber Bier und Raki zählen anscheinend nicht zu den Alkoholika.

Die Montenegriner sind Fisch- und vor allem Fleischesser, Gemüse interessieren sie nicht, allenfalls als Hülle für eine Fleischfüllung wie bei den geschmorten Paprika. Als Beilage gibt es meist Pommes Frites. Immer wird eine Schale mit Weißbrot zum Essen serviert, Salate werden in der Hotelküche auch im Hochsommer gerne durch eingelegte Gurken und Kraut ersetzt.

Pizza und Pasta sind besonders in den einfacheren Lokalen im Vormarsch, wobei beide nur dem Namen nach dem italienischen Vorbild entsprechen. Die Pizza ist meist mit Ketchup statt mit Tomatenmark zubereitet. Sehr beliebt, schmackhaft und günstig sind die traditionellen **Hackfleischgerichte vom Grill,** vor allem die *ćevapi* und die *pljeskavica,* Hackfleischröllchen und Hamburger.

Die Getränke

Die beiden einheimischen Rebsorten Vranac (rot) und Krstać (weiß) sind die hauptsächlichen Reben für die gleichnamigen **Weine,** der Vranac erreicht laut Weinpapst Johnson Spitzenqualitäten. Weinanbaugebiete sind die Lagen um Podgorica und das Küstengebirge, wo in der Landschaft Crmnica auch die Rebsorte Kadarka angebaut wird. Duklija ist eine spät gelesene, liebliche Vranac-Variante.

Das ›Nikšićko‹ aus Nikšić ist das traditionelle **Bier** des Landes und ein ausgezeichnetes Bier, das sich als ›Nik‹ nun auch in der kleinen Flasche und außerhalb des Landes profilieren will.

Ohne **Rakija** (Raki) wird kaum ein Tag vergehen, denn es gibt kaum eine Gelegenheit, zu der Raki nicht passt. Als Gast des Landes wird man mit Raki bei jeder Einladung konfrontiert werden – in Montenegro sind Einladungen an Fremde eine Selbstverständlichkeit –, und es gehört zum guten Ton, den Raki nicht nur anzunehmen, sondern auch zu trinken, egal zu welcher Stunde.

Gastronomisches Glossar

Feste Essenzeiten, wie man sie in Mitteleuropa hat, kennt man in Montenegro nicht. Zwar gibt es wie bei uns Frühstück, Mittag- und Abendessen, aber wann und wie diese Mahlzeiten eingenommen werden, ist weniger festgelegt. Das Frühstück besteht für die Städter meist aus einem Kaffee, häufig außer Haus in der Kaffe-Bar eingenommen, während man auf dem Land ein Gericht aus Brot und Käse zu sich nimmt, die *popara.* Tagsüber geht man essen, wenn man Hunger hat. Noch ist die Arbeitskraft in Montenegro billig, die Lokale können es sich leisten, die Küche lange geöffnet zu halten. In den Küstenorten haben sich für das Abendessen spätere Zeiten durchgesetzt (ab etwa 20 Uhr), im Binnenland treffen sich die Männer nach dem Abendessen im Café bereits um 19 Uhr.

Restoran, Konoba und **Pizzerija** sind die wichtigsten Typen von Gaststätten, in denen man warme Mahlzeiten bekommt. Das Angebot ist nicht normiert. Der Autor hat in Restorans gegessen, die ein einziges Gericht anboten (Steak mit Pommes) und in Pizzerije, die köstliche Vorspeisen, guten Fisch und hervorragende hausgemachte Desserts anboten. Ein **Riblji restoran** ist ein Fischlokal, in einem **Nacionalni restoran** kommt traditionelle Küche auf den Tisch. Eine Konoba sollte ein auf Wein und rustikale Gerichte spezialisiertes Kellerlokal sein, auch Hotelrestaurants nennen sich so, wenn sie andeuten wollen, dass sie eher traditionelle Küche anbieten.

Der Himmel hängt voller Schinken in Njeguši

Kaffe-Bar oder **Kafana** nennt sich ein Lokal, in dem es nur Getränke gibt, das gleiche gilt für **Bife,** wo man aber auch gelegentlich was zu essen bekommt (Toast, Omelette). Viele Montenegriner bekommen ihre warme Mahlzeit beim Bäcker, denn dieser oder der Kiosk mit der Aufschrift **Bureginica** bietet *burek* an, den mit Weißkäse oder Hackfleisch gefüllten Strudel aus Filo-Teig. In der **Čevapčinica** bekommt man *čevapi* und *pljeskavica,* das Lokal kann ein Kiosk sein oder ein normales Restaurant.

Die Restaurantküche spiegelt die landschaftliche Vielfalt und unterschiedlichen Küchentraditionen Montenegros nur bedingt wider. Besonders in den Touristenorten an der Küste und generell in Hotels herrscht eine fantasielose ›internationale‹ Einheitsküche. In Fischrestaurants ist das Grillen Standard, verlangt man klassisch *lešo* zubereiteten Fisch der I. Kategorie, wird man oft verständnislos angesehen. Auf den Speisekarten erscheint Fisch häufig in diesen Kategorien: I ist sehr guter Edelfisch, II weniger guter Weißfisch. Manche Lokale berechnen, wie das an der Küste immer häufiger wird, Kilopreise. Wie viel vom teuren Fisch (I. Kat. 30–35 €/kg) man auf den Teller bekommt, ist dann dem Koch überlassen. Oft wird besonders in besseren Restaurants ein *kuver* verlangt (0,50–1 €). Ist dies nicht der Fall, werden pro Scheibe Brot 5–10 Cent fällig. Die Preise für Fisch und Fleisch gelten meist ohne Beilagen, die getrennt bestellt und berechnet werden.

Tipps für Ihren Urlaub

An den Stränden Montenegros
findet jeder seinen Platz an der Sonne

MONTENEGRO ALS REISEZIEL

Pauschal oder individuell?

Dank zahlreicher Ausflugsangebote kann man auch als Pauschalreisender, der in einem der Hotels in der Küste seinen Urlaub verbringt, einen guten Eindruck von den Sehenswürdigkeiten Montenegros bekommen. Echten Einblick in das, was das Land bewegt, und Einladungen durch seine Menschen bekommt nur, wer individuell unterwegs ist. Die beste Art, das Land kennen zu lernen, ist eine Kombination aus Pauschalaufenthalt und individuellen Unternehmungen: in einem guten Küstenhotel von zu Hause aus buchen (das ist auch meist billiger als im Lande) und selbst organisierte Ausflüge in die Umgebung machen, und vorher oder nachher eine Woche selbst organisierte Reise durch das Land.

Hotel oder Privatzimmer?

Noch dominieren die Hotels im Angebot, aber in einigen Orten wie Herceg Novi gibt es auch schon zahlreiche Privatzimmer von oft allerdings mäßigem Komfort: Zimmer mit Bad/WC sind rar, meist gibt es nur ein Bad auf dem Flur, das oft mit der Familie des Hauses geteilt werden muss. Das eigene Bad ist übrigens auch bei Ein- und Zweisterne-Hotels kein Muss! Frühstück ist meist nicht inbegriffen, man ist auf das Café nebenan angewiesen.

Wer fährt wohin?

Die touristischen Zentren Herceg Novi, Tivat, Budva, die Bucht von Bečići, Sutomore und Ulcinj mit seiner Velika plaža sind für Nightlife-hungrige Singles als auch für Familien mit Kindern erste Wahl. Wer die wunderschöne Küste ohne den Trubel kennen lernen möchte, quartiert sich vor allem in den kleineren privaten Hotels ein, die oft am Ortsrand liegen und besser zum Ausspannen geeignet sind als die Großhotels mit angeschlossener Disko.

Wer vor allem an Wassersport denkt, hat in Herceg Novi, Tivat, Budva und Bečići hervorragende Bedingungen. Wellness wird vor allem in Bečići groß geschrieben, aber auch im Hotel Maestral in Pržno und im Hotel Bianca in Kolašin im Inneren des Landes. *All inclusive* lässt es sich vor allem in den großen neueren Hotels um Budva und Bečići leben.

Wer das Land wegen seiner vielfältigen Aktivitäten aufsucht, wer wandern und mountainbiken, die Schluchten und Berge, Seen und Urwälder besuchen will, findet in Žabljak und Kolašin gut ausgestattete Basen mit guten bis sehr guten Hotels und touristischer Infrastruktur. Plav und Gusinje, von der Lage hervorragend für fast jede sportliche Betätigung in der umgebenden Berglandschaft, haben leider kaum Übernachtungsmöglichkeiten. Žabljak und Kolašin sind auch, im europäischen Vergleich gleichwohl bescheidene Wintersportziele.

HIGHLIGHTS

Städte: Kotor ist ein absolutes Muss, das Unesco-geschützte Stadtensemble ist Montenegros architekturhistorische Schatzkammer. Perast, die Stadt der reichen Kapitäne, und die Ruinenstadt Stari Bar sollte man ebenfalls besuchen.
Strände: Die 13 km lange Velika plaža südlich Ulcinj führt was Länge und Breite des Sandstrandes anbelangt, die beiden Mogren-Strände bei Budva in Bezug auf landschaftlich reizvolle Lage und die Mirište-Bucht samt Blauer Grotte auf der Luštica-Halbinsel, was den Gesamteindruck eines mediterranen Strandes anbelangt.
Berge: Der Durmitor-Nationalpark mit seinen guten Wanderwegen und Steigen und der überwältigenden Bergkulisse ist leicht zu erreichen und bietet eine gute touristische Infrastruktur, während das Prokletije-Massiv noch recht unerschlossen ist. Das Orjen-Massiv an der Äußeren Bucht von Kotor folgt dichtauf wegen seiner spektakulären Karsterscheinungen.
Hotels: Luxus pur bietet das neue Splendid in Bečići, die eindrucksvollste Lage hat das Panorama in Rijeka Crnojevića, und bei den kleineren Privathotels sollte man dem Perla in Herceg Novi die Palme überreichen.
Kunstdenkmäler: Die romanische Kathedrale in Kotor ist ein Muss wie die ganze Stadt, auf der Kircheninsel Gospa od Škrpelja sind die Gemälde des Tripo Kokolja wie die Fresken im Kloster Morača einen Umweg wert.
Straßen: Die eindrucksvollsten und atemberaubendsten Straßen sind die alte Straße von Kotor nach Njeguši über den Krstac-Pass und die neuere Straße von Podgorica durch die Schlucht der Morača nach Kolašin und Belgrad. Von den Ausblicken her steht ihnen die Straße von Cetinje nach Rijeka Crnojevića nicht nach.

Die pittoreske Steinbrücke von Rijeka Crnojevića

Montenegro mit Kindern

Kinder sind in Montenegro kein Problem im Hotel oder Restaurant: Kein Hotelier oder Restaurantbesitzer würde sich darüber erregen, dass die Kinder unter den Tischen spielen, während die Erwachsenen noch essen. Keinen der anderen Gäste stört das Kindergeschrei, man hört es wegen der lauten Musik, die in den meisten Restaurants gespielt wird, sowieso nicht. Hotels gewähren Ermäßigungen von ca. 50 % für unter 14-Jährige, Kinder unter zwei Jahren gehen meist frei.

Montenegros Strände sind nicht immer kindergerecht, oft fällt der Meeresboden steil ab, scharfkantige Felsen flankieren Grobkiesstrände und außerhalb der Hochsaison sind die meisten offiziellen Strände nicht überwacht. Für Kinder bieten sich eher die großartigen Sandstrände von Budva oder der 13 km lange, flache Traum-Sandstrand südlich Ulcinj an. Leider haben nur wenige Hotels Kinderbecken, sieht man von den Neubauten der letzten Jahre ab. Kindermenüs oder Kinderportionen finden sich nicht auf der Speisekarte (aber Pommes mit Ketchup). Für die ganz Kleinen gibt es jedoch ein großes Angebot an Babynahrung im Supermarkt.

Organisierte Ausflüge

Die Hotels an der Küste bieten alle ein ähnliches Ausflugsprogramm an. Tagesziele sind vor allem die Tara-Schlucht mit Rafting, eine Rundfahrt um die Bucht von Kotor, der Skadarsee, Njeguši und die alte Hauptstadt Cetinje sowie Dubrovnik in Kroatien und Nordalbanien mit Shkodër (Skutari). Für die beiden Letzteren ist ein gültiger Reisepass mitzunehmen. Halbtagesausflüge in die Umgebung sind ein weiteres Angebot, sie variieren je nach Lage des Anbieters bzw. Hotels. Nur im August kann man damit rechnen, eine deutschsprachige Führung zu bekommen, in anderen Monaten ist oft nicht mal Englisch die Sprache der Erklärungen. An Bootsausflügen (zahlreiche private Anbieter) wird vor allem ab Budva (Bar und Ulcinj liegen schon zu weit südlich) die Bucht von Kotor angeboten, dazu gibt es die beliebten Fisch-Picknicks, bei denen man auf einer schönen Strandabschnitt landet und schwimmen kann, bevor man dann gegrillten Fisch (und meist Wein) serviert bekommt.

Reisezeit und Kleidung

Wer vor allem wegen des Badens und Wassersports an die montenegrinische Küste reist, den erwarten zwischen Juli und September ausgezeichnete Wetterverhältnissen, lange trockene Phasen, hohe Luft- und Wassertemperaturen. Nur im August steht das gesamte Angebot an Wassersportmöglichkeiten zur Verfügung, bereits in der zweiten Septemberwoche werden z. B. die weniger beliebten Strände nicht mehr beaufsichtigt. Bergwanderer und Mountainbiker finden dann die besten Bedingungen im Landesinneren vor, an der Küste und um den Skadarsee ist es zumindest in den Mittagsstunden viel zu heiß für sportliche Ertüchtigung. Die wenigen Berghütten des Landes, die überhaupt beaufsichtigt sind, sind meist nur an Wochenenden geöffnet und das zwischen Mai und Oktober.

Das Land lernt man am besten während der Übergangsjahreszeiten kennen, wenn Montenegros Klima besonders mild ist. Im Frühjahr zwischen Mitte April und Juni ist das Land dann grün und bunt von Blüten, am Skadarsee herrscht noch nicht die drückende Schwüle des Sommers, aber in den Bergen kann es nachts noch sehr kalt sein. Dagegen ist der Herbst zwischen Mitte September und Ende Oktober für die Küste die ideale Jahreszeit, wenn die sommerliche Hitze vorüber ist und der Dunst, der im Sommer häufig über den Ebenen liegt, nur noch selten auftritt. Das Meer ist noch warm, aber leider haben die Verleiher von Wassersportgeräten ihr Angebot längst eingemottet.

Formelle Kleidung ist in Montenegro kein Muss. Aber schick und modisch kleiden sich die Einheimischen gerne selbst, und sie sehen das auch bei ihren Gästen nicht als Nachteil an. Besonders beim abendlichen Korzo, wenn jeder zwischen 17 und 19 Uhr die Fußgängerzone auf und ab spaziert, und beim späten Restaurantbesuch ist elegante Kleidung üblich. Zwar haben sich die Einheimischen mittlerweile an Touristen in Strandlatschen und saloppper Freizeitkleidung in ihren Städten gewöhnt, aber begeistert sind sie nicht davon. Kirchen und Moscheen betritt man keinesfalls im Stranddress.

Sportlich und aktiv

Montenegros 293 km lange Adriaküste hat insgesamt 73 km Strand, verteilt auf 95 ausgewiesene Einzelstrände. Die kleinsten sind unter 100 m kurz, der längste, die Velika plaža südlich Ulcinj, fast 13 km lang und ein Sandstrand noch dazu! Vor diesem üppigen Angebot an Wassersport und Strandvergnügen übersieht man vielleicht, was Montenegros Anziehungskraft auf aktive Urlauber sonst noch ausmacht. Hinter den Stränden sind die Küstengebirge für Wandern, Bergsteigen, Mountainbiken, Paragleiten, Reiten und so banal erholsame Vergnügungen wie das Sammeln von Beeren, wilden Kornellkirschen und – besonders in lichten Laubwäldern – Parasolpilzen das erste Ziel. Und die Seen der Nie-

Spezialveranstalter

Auf Aktivurlaub spezialisiert ist das Unternehmen **Montenegro Mountain Adventures** (81000 Podgorica, Vaka Đurovica 84, Tel. 069-31 56 01, www.adventures.cg.yu, www.mn adventures.cg.yu). Das Unternehmen stellt sich ganz auf die Wünsche des Kunden ein und kann insbesondere für kleine Gruppen, also durchaus auch für Familien, maßgeschneiderte Angebote entwerfen: etwa eine Trekkingtour durch wegloses Gelände, ein Picknick an einem See, oder Vogelbeobachtung im Sumpf, wo man sonst nicht hinkäme.

Mit dem Rad unterwegs

Die wenigen Radsportgeschäfte Montenegros bieten nur eine bescheidene Auswahl an Rädern und Zubehör, Rent-a-Bike ist fast noch ein Fremdwort. Man bringt sich besser sein Rad und alles, was man unterwegs brauchen könnte, von zu Hause mit. Die Straßen Montenegros sind rau, oft von Schlaglöchern übersät und häufig steil. An den Straßenrändern gibt es immer wieder spitzen Abfall. Die meisten Nebenstraßen sind nicht asphaltiert, im Karstgebiet fährt man dann über oft messerscharfen Kalkschutt. Ein Mountainbike mit besonders festem Rahmen, sehr gute, möglichst pannensichere Reifen, eine gut gefüllte Werkzeugtasche mit Ersatzmaterial (Bremszüge!), unbedingt ein Fahrradhelm und im Sommer reichlich Trinkwasser gehören zur Grundversorgung.

derungen, vor allem der Skadarsee, locken mit Bootsfahrten, Vogelbeobachtung und Angelfreuden. Aber hinter den Küstenbergen bäumen sich nochmals höhere, wildere, einsamere Berge auf, die Bergsteiger und Trekker, Kletterer und Caver, Mountainbiker und alle diejenigen anziehen, die einfach ruhig am Waldrand in einer duftenden bunten Almwiese liegen und den lieben Gott einen guten Mann sein lassen wollen. Andere fahren mit Schlauchboot, Floß oder Kajak die Tara oder Morača hinunter, auf Wildwasser durch gewaltige Schluchten, sie durchsteigen Canyons oder ziehen mit ihrem Snowboard durch den späten Schnee im Durmitor oder auf der Bjelasica…

Angeln, Fischen und Jagd

Die **Montenegrinische Sportfischereivereinigung** gibt für das ganze Land Angelscheine aus (nicht in Nationalparks; Tagesschein 15 €, Tel. 081-62 10 07). Angeltörns auf hoher See vermittelt z. B. **Big Game Fishing** (Big Game Bojana; Ada Bojana, 85360 Ulcinj, Tel. 085-41 15 17, www.big-game.co.yu). Wer auf die Jagd gehen möchte, wendet sich an den **Nationalen Jagdverband** (Lovački savec Crne Gore (Podgorica, Tel. und Fax 081-24 30 66, lovsa@cg.yu).

Canyoning, Freeclimbing und Höhlenbegehungen

Canyoning und Freeclimbing sind im Land noch nicht so verbreitet, doch ist anzunehmen, dass die vielen bisher unzugänglichen Klammen des Landes allmählich begangen werden (Auskunft bei den örtlichen Bergsteigervereinen). Wer die Höhlen des Karstes erforschen will, muss sich einem Speläologischen Verein anschließen (siehe dazu Nikšić, S. 170, und Herceg Novi, S. 72). Noch nicht für die allgemeine Öffentlichkeit erschlossen ist die **Đalovića Pećina** im Bistrica-Canyon, 25 km von Bijelo Polje entfernt. Bisher wurden 12 km erforscht, man vermutet eine Gesamtlänge von nicht unter 200 km.

An der beeindruckenden Tara-Schlucht kann die Rast schon mal länger dauern

Paragliding

Mit spektakulären Absprüngen von den Küstengebirgen über Herceg Novi, Kotor, Budva und Sveti Stefan gleitet man im Angesicht der Küste fast tausend Meter tiefer an den Strand hinunter. Die Veranstalter bieten auch Tandem-Flüge an (siehe in den Ortskapiteln Budva, S. 110, und Ulcinj, S. 135).

Radfahren und Mountainbiking

Wer nicht gerade die Schnellstraße zwischen Podgorica und Nikšić oder die extrem überlasteten Straßen von Podgorica nach Bijelo Polje und nach Budva befahren will, findet in Montenegro eine Fülle hochinteressanter Mountainbikestrecken und für Rennräder mehrere wenig befahrene asphaltierte Bergstrecken (etwa Kotor–Njeguši–Cetinje, Nikšić–Žabljak, die alte Straße zwischen Petrovac und Virpazar). Vor allem die Mittelgebirge zwischen Nikšić und Šavnik, die Umrundung des Durmitor, die Fahrwege in der Bjelasica und den Komovi sind für Mountainbiker ideales Terrain. Es gibt aber weder eine geeignete Karte noch Beschreibungen für Mountainbiker, auch die Auskünfte beim Verband sind nicht umfassend, man muss sich sehr viel selbst erschließen oder gemeinsam mit einem Verein oder spezialisierten Anbietern auf Tour gehen (siehe unten und in den Orten Žabljak, Kolašin und Herceg Novi. Infos bei der **Cycling Association of Montenegro** (Biciklističkog savez Crne Gore, M. Kučevića bb., 84000 Bijelo Polje, Tel. 084-2 18 38, www.ciclomont.cg.yu).

Reiten

Der Reitsport entwickelt sich erst in Montenegro, Reitausflüge vermitteln die Agenturen in Kolašin (s. S. 197) und der **Reitklub Podgorica** (Tel. 067-50 51 98). Die Perspektiven sind viel versprechend, da in vielen Teilen des Landes auf größeren Bauernhöfen noch Reitpferde existieren und vor allem wohlhabende Urlauber aus Podgorica die Kunde vom Reitsport verbreiten, der für die Bauern eine zusätzliche Einkommensquelle darstellen könnte.

Rafting und Kajakfahren

Raften mit Schlauchboot oder Floß verbindet sich in Montenegro vor allem mit der spektakulären Tara-Schlucht. Andere Flüsse des Landes wie die Morača bieten hier auch herausragende Bedingungen, sind aber noch nicht so gut erschlossen oder vom Wasserstand her seltener für diese Sportart geeignet. Die eingesetzten Boote sind Wildwasser-Schlauchboote mit acht voneinander unabhängigen Luftkammern, die Touren gelten als sicher.

Rafting ist die beliebteste Sportart für Ausflüge von der Küste, und tatsächlich lässt sich eine ca. zweistündige Tour auf dem Fluss in einen allerdings langen Tag ab Budva oder Herceg Novi einpassen. Sinnvoller ist es, man beginnt die Tour in Žabljak oder Kolašin, wo die spezialisierten Anbieter ihren Sitz haben (Adressen von Veranstaltern siehe dort), und bucht eine längere Tour, möglichst mit Übernachtung. Das setzt dem Abenteuer noch die Krone auf, denn man verbringt die Nacht in der Schlucht im Camp in Zelten oder einfachen Hütten. Mit dem eigenen Kanu bieten sich noch mehr Möglichkeiten.

Vogelbeobachtung

Nicht nur auf den Skadarsee, die anderen Tieflandseen und die sie umgebenden Sümpfe beschränken sich die Möglichkeiten, Montenegros Vogelwelt zu beobachten. Aber nur dort sind sie organisiert und für den Interessierten sicher auch am lohnendsten (Informationen gibt das **Birdwatching Center** am Skadarsee, c/o Nationalpark Skadarsko jezero, Tel. 067-24 50 06, czip@cg.yu, Näheres zu Veranstaltern von Vogelbeobachtungstouren in Virpazar, s. S. 164).

DER WEITWANDERWEG PRIMORSKA PLANINARSKA TRANSVERSALA

Montenegros Küstengebirge können seit Herbst 2006 auf einem 138 km langen zusammenhängenden Wanderweg erkundet werden – einem fast durchwegs technisch leichten, wenn auch oft anstrengend zu begehenden Pfad durch eindrucksvollste Berglandschaft mit immer wieder neuen Ausblicken auf die Adriaküste und die Hochgebirge im Inneren des Landes. Vom Orjen-Gebirge im Nordwesten bei Herceg Novi bis zum Südende der Rumija bei Ulcinj im Südosten bleibt die Primorska planinarska transversala meist in Höhen zwischen 700 und 1000 m, auf einem Abstecher erreicht man 1894 m. Glanz- und Höhepunkte sind die Besteigung der Subra im Orjen-Gebirge (s. S. 74), die Wanderung hoch über dem Golf von Kotor zwischen Ledenice (oberhalb Risan) und dem Krstac-Pass, die Lovćen-Überschreitung (man passiert das Gebirge zwischen den beiden Hauptgipfeln), die alte Militärstraße von Fort Kosmać bis Novoselje (s. S. 118) und die Durchquerung des Rumija-Massivs zwischen dem Sutorman-Pass und Lunje mit Abstieg zur Straße zwischen Bar und Ulcinj. Bis vor kurzem waren diese Höhen noch Kulturland, sodass man nicht nur die gewaltigen Naturphänomene dieser Karstgebirge bewundern kann – Dolinen, Karrenfelder, Kalkfelswände und von Rinnen durchzogene Gesteinsplatten –, sondern auch die Werke des Menschen: alte Dörfer, Zisternen und Brunnen, Kapellen, Wege. Wasser ist rar, wo es in Zisternen zu finden ist, muss es aus Sicherheitsgründen meist aufbereitet werden.

Der Weg, der auf weiten Strecken auf wieder in Stand gesetzten österreichischen Militärstraßen (von vor 1918) verläuft, hat leider bis auf eine Hütte gleich zu Beginn keine ausgebauten Nächtigungsmöglichkeiten. Man muss also campieren oder an den das Küstengebirge und die Transversala querenden Straßen mit Bus oder Taxi zum meist nahen Nachtquartier fahren. Auch der Abstieg zur Küste und Wiederaufstieg am nächsten Tag sind eine (allerdings anstrengende und Zeit raubende) Möglichkeit. Für die Gesamttour sind 12–14 Tage zu veranschlagen, die meisten Etappen lassen sich auch in Ein- oder Zweitagestouren machen. Ein wenig Abenteuergeist, gute Kondition und komplette Berg-Ausrüstung sind Grundbedingung für diejenigen, die in unmittelbarer Nähe der Küste mit ihrem boomenden Badetourismus ein paar Tage fern der Zivilisation verbringen möchten.

Ein zum Zeitpunkt der Drucklegung dieses Buches offiziell noch nicht erschienener Führer mit Karte wird ab 2007 in Montenegro (im Buchhandel und bei den örtlichen Bergsteigervereinen) erhältlich sein:

Montenegro Mountaineering Association (Hrsg.), Coastal Mountaineering Transversal Route Orjen–Lovćen–Rumija, Podgorica 2006: Wanderführer und Karte (Maßstab 1:100 000), gute topografische Karten (1:25 000) mit Eintragung der Strecke, der Kontrollpunkte und der Wasserstellen.

Was der Wanderer im Gebirge braucht

Ob im Orjen oder im Durmitor: Im Karstgebirge Montenengros steht man einer harschen Natur gegenüber, deren Gefahren man nicht unterschätzen sollte. Wasser ist ein großes Problem, auf jeden Fall sollte man ein Mittel zur chemischen Wasserreinigung dabei haben (bei Expeditionsausstattern zu erhalten), um Zisternenwasser trinken zu können, und ein Trinkröhrchen (breiter Plastikstrohhalm), mit dem man auch tropfenweise Wasser aus kleinsten Spaltquellen aufnehmen kann. Im späten Frühjahr geben Schneereste Wasser – also Kocher mitnehmen! Auch für Tageswanderungen sollte man, falls man sich abseits frequentierter Wege begibt, einen Biwaksack dabei haben. Er verringert die Unterkühlungsgefahr für den Fall, dass man einmal unverhofft im Gelände nächtigen muss. Ein Fernglas ist sehr hilfreich, im unübersichtlichen Karstgelände kann man sich oft nur nach entfernteren, höheren Gipfeln richten. GPS-Gerät und Handy (für Notruf) sind ebenfalls sinnvoll und eventuell lebensrettend für jede Wanderung im Gebirge. Stöcke sind für viele Bergwanderer mittlerweile selbstverständlich geworden, im Karst helfen sie beim Überspringen breiterer Spalten.

Wandern und Trekking

Seit dem Ende des Bürgerkrieges und der Blockade haben die montenegrinischen Bergsteigerklubs ein gewaltiges Pensum geleistet: Überall wurden alte Wege in Stand gesetzt, Stützmauern repariert, es wurde ausgeholzt, vor allem ganz neu und sehr deutlich markiert, sodass man an kritischen Stellen kaum den Weg verlieren kann. Die Arbeit ist noch keineswegs getan, ganze Gebirgsmassive warten noch auf die fleißigen Vereinsmitglieder. Noch gibt es viel zu wenige Hütten, die meisten sind spartanisch und würden in Mitteleuropa nur als Notlager dienen. Ganz wenige (wie die gemütlich Hütte des Subra-Klubs aus Herceg Novi auf dem Vratlo-Pass) sind echte Berghütten, alle jedoch nur für Selbstversorger.

Bergsteigerparadies Montenegro: So viele Routen sind zu entdecken, Gipfel zu besteigen, einsame Natur mit Bächen und Bergseen, Quellen, Wäldern, Gebirgsblumen, Gämsen… Auch wer nur Tagesausflüge macht, kann den Reichtum der Berge Montenegros entdecken, selbst von der Küstenorten aus bieten sich direkt ab Hotel faszinierende Touren. Bergsteigen statt Strandtag? Das soll keine Alternative sein, beides ist auch in einem kurzen Urlaub möglich. Informmationen bei der **Mountaineering Association of Montenegro** (Planinarski savez Crne Gore, Ivana Crnojevića 54, 81000 Podgorica, Tel. 081-24 60 68, 069-07 73 92, pscg@cg.yu). Die Vereine in Herceg Novi, Podgorica, Kolašin, Kotor und Herceg Novi sind in den jeweiligen Ortskapiteln aufgeführt.

Wassersport

Die großen Strände wie die in der Bucht von Budva, die von Bečići und streckenweise die Velika plaža bei Ulcinj lassen kaum Wünsche offen, dass man durchaus den ganzen Urlaub am Strand verbringen kann. Die kleineren Strände sind nicht ganz so intensiv beschallt und naturnäher. Die kostenlose ›Map of Beaches ot the Montenegrin Coast‹ verzeichnet und beschreibt alle 95 offiziellen Strände. Sie ist ebenso bei den Touristen-Informationen erhältlich wie das Kärtchen ›Blue Flag in Montenegro‹, das jedes Jahr die Strände listet, über denen die Blaue Flagge weht (2006 waren dies 15).

Wind- und Kitesurfen sind vor allem in den südlichen Uferzonen der Adria bei Ulcinj und Bar interessant, weil dort die besten Windbedingungen herrschen. Doch auch der Rest der Küste, Tivat und Herceg Novi, also die Äußere Bucht von Kotor, eignen sich für diesen Sport, wogegen die Innere Bucht zu wenig Wind abbekommt oder gleich zu starken Wind, vor allem bei Bura. Die gleiche Bura wühlt die Wellen in der Äußeren Bucht weniger hoch auf und schafft dann auch für Könner gute Bedingungen. Auch der Skadarsee ist ein beliebtes Windsurferterrain!

Segler finden in Montenegro ausgezeichnete Verhältnisse, Stützpunkte sind vor allem Tivat, Kotor, Budva und Bar. Auskunft erteilt die **Sailing Association of Montenegro** (Kotor, Tel. 069-53 32 37, jscgkotor@cg.yu). Wer eine Jacht chartern möchte, hat neben mehreren kleinen Unternehmen die etwas größere Montenegro Yacht Charter zur Auswahl (Bulevar Sv. Petra Cetinjskog L-14 A ›Maxim‹, 81000 Podgorica, Tel. 081-20 24 70, Fax 081-20 24 71, www.montenegrocharter.com).

Tauchklubs gibt es in Bijela bei Herceg Novi, Kotor, Pržno, Sveti Stefan, Žanj, Bar, Ulcinj und in den Binnenorten Podgorica und Nikšić. Auch die staatliche Organisation ist im Binnenland beheimatet: **Diving Association of Montenegro** (Podgorica, Tel. 069-03 04 48, ww.mdiving.cg.yu). Einen kostenlosen Faltprospekt ›Divers Glossary – Diving in Montenegro‹ mit einer Karte, den Adressen der wichtigsten Tauchklubs und den in Montenegro gültigen Regeln (auch in Deutsch) gibt es bei den lokalen Touristeninformationen. **Aquanaut Podgorica** (Partizanski put bb., 81000 Podgorica, Tel. und Fax 081-21 12 12, www.aquanaut.cg.yu) bietet eine einwöchige Ausbildung in Herceg Novi, Kotor oder Podgorica an. Der Anbieter **Hobotnica** in Bar führt auf seiner Seite www.divemontenegro.com eine Karte mit Tauch-Locations (auch in Englisch).

Wintersport

Mit Žabljak und Kolašin besitzt Montenegro zwei größere sowie ein halbes Dutzend kleinere Wintersportzentren, die sich aber auch mit kleineren mitteleuropäischen Zentren nicht messen können und eher für lokale Skisportler und Snowboarder von Interesse sind. Nähere Informationen hierzu in den Kapiteln Žabljak (s. S. 186) und Kolašin (s. S. 197) sowie bei der **Montenegrinischen Skisportvereinigung** (Nika Miljanića 8, Nikšić, Tel. 083-24 46 49, www.montenegroexplorer.cg.yu).

UNTERWEGS IN MONTENEGRO

Ein Leitfaden für die Reise und viele Tipps für unterwegs.

Genaue Beschreibungen von Städten und Dörfern, Sehenswürdigkeiten und Stränden, Ausflugszielen und Reiserouten.

Montenegro erleben: Ausgesuchte Familienhotels und Pensionen, Konobas und Kaffe-Bars, Wanderungen und Bootstouren.

Kotor – junges Leben in einer alten Stadt

Die Bucht von Kotor

Die Bucht vor Perast

Reiseatlas S. 232/233

DIE ÄUSSERE BUCHT

Die Boka kotorska besteht eigentlich aus zwei völlig unterschiedlichen Meeresarmen. Die Äußere Bucht ist milder, sonniger, mehr dem offenen Meer zugewandt. Große Badeorte wie Herceg Novi und Tivat sowie die kaum erschlossene Halbinsel Luštica werden mit ihrer üppigen mediterranen Vegetation von Norden her durch das Orjen-Gebirgsmassiv vor kalten Winden geschützt.

Der äußere und der innere Teil der *Boka kotorska,* wie die Bucht von Kotor auf Serbisch heißt, sind so verschieden, dass sie beide ein eigenes Unterkapitel verdienen. Auf dem Weg von Herceg Novi nach Tivat, Budva oder Podgorica wird der Reisende sich für den Weg entlang den Küsten der äußeren Bucht entscheiden und an der Engstelle Verige zwischen den Buchten mit der Fähre übersetzen. Der Besucher Kotors wird hingegen die Küsten der inneren Bucht und den Weg über Risan und Perast vorziehen. Entsprechend sind die beiden Unterkapitel gegliedert.

Herceg Novi

Reiseatlas: S. 232, B 1/2
Die ›Neue Stadt des Herzogs‹ hat einen Ruf als Badeort, der sich in Montenegro nur mit jenem von Budva vergleichen lässt. Dabei sind es allenfalls kurze Grobkies- und Felsstrände, wozu sich die Küste aufschwingt. Aber die Lage am Fuß einer hohen Gebirgskette – der Orjen erreicht 1894 m – und die Südausrichtung, die eine üppige, um viele Exoten bereicherte Vegetation bewirken, erinnern an Opatija (Abbazia), das ja auch keinen Meter guten Strand besitzt und dennoch zu einem der bedeutendsten Badeorte der Ostadria wurde. Das Klima macht's, denn bis in den späten Oktober und manchmal bis in den November hinein kann man in der Bucht von Herceg Novi im warmen Meerwasser schwimmen und mit mehr als 2400 Sonnenscheinstunden pro Jahr, also 6,5 pro Tag, ziemlich sicher sein, schönes Wetter zu erwischen. Auch im milden Winter: Im Januar liegt die Durchschnittstemperatur an der Küste bei 8,7 °C, Ende Januar beginnt die Mimosenblüte. Das Orjen-Massiv hält die vor allem aus dem Nordwesten kommenden Regenwolken verlässlich ab, mit fast 2000 mm ist der Ort aber immer noch sehr niederschlagsreich. Doch fällt der Regen vor allem im späten Herbst und Frühjahr, der Sommer ist typisch mediterran trocken.

Ein Streifzug durch die Geschichte

Herceg Novi wurde 1382 durch den bosnischen Fürsten Tvrtko als Festung über dem Meer gegründet, strategisch sinnvoll an einer Stelle genau gegenüber dem Eingang in die Bucht von Kotor, doch erst ab 1435 entwickelte sich unter Fürst Stjepan Vukčić Kosača ein Ort. Er nannte sich nach deutschem Vorbild *herceg*, also Herzog (hierher hat Herzegowina seinen Namen), seine neue Ortsgründung sollte den gewieften Geschäftemachern in Ragusa (heute Dubrovnik) das Wasser abgraben. Da er mit einer Saline auch das Salzprivileg Ragusas für den Handel mit dem türkischen Ostmittelmeer angriff, machte er sich in dieser Stadt keine Freunde. Als 1469 die Türken erstmals angriffen und 1481 unter Bajezid II. Herceg Novi endgültig eroberten, weinte in Ragusa keiner der Konkurrentin eine Träne nach. Die Türken ließen sich für länger nieder: Vier Festungen entstanden (bzw. wurden im Falle des Forte Mare ausgebaut), die heute noch existieren. Bis 1482 eroberten die Türken die gesamte nördliche Bucht zwischen Herceg Novi und Risan.

Die spanischen Habsburger, die unter Leitung des Genueser Admirals Doria im Oktober 1538 die Türken vertrieben, hatten gerade Zeit, die beste Festung der Türken weiter zu verstärken (sie heißt heute noch nach ihnen Španjola wie auch jene über dem kroatischen Hvar, die zur gleichen Zeit entstand), dann erschien die Flotte des in türkischen Diensten stehenden Admirals Chaireddin Barbarossa vor der Stadt und die Spanier mussten gehen, in diesem Fall durften sie ehrenhaft abziehen. Die Ragusaner rieben sich die Hände und brachten Geschenke, Herceg Novi blieb 300 Jahre lang türkisch.

Im Jahr 1687 beschoss eine ›christliche Koalition‹ die türkische Stadt. Schiffe aus Perast, Venedig, Genua und Malta waren es, den Oberbefehl hatte ein venezianischer Admiral aus der Familie Correr, die Türken zogen ab und die Boka wurde venezianisch. Ab 1797 phasenweise und überall an der Küste folgenden Zwischenspielen von Österreichern, Russen und Franzosen wurde Herceg Novi nach dem Wiener Kongress 1815 wieder und endgültig (bis 1918) österreichisch.

Seit 1918 teilt die Boka und damit Herceg Novi das Schicksal Montenegros. Bereits 1924 formierte sich ein Fremdenverkehrsverein, der 1939 immerhin 300 Betten anbieten konnte, darunter jene des noch zu k. u. k. Zeiten gegründeten Hotels Boka im heutigen Boka-Park, das dem Erdbeben 1979 zum Opfer fiel. Mit Jugoslawiens Aufstieg zur europäischen Tourismusdestination in den 1950ern stieg Herceg Novi zum neben Budva bedeutendsten Zugpferd an Montenegros Küsten auf, mit Riesenhotels im Ort selbst, im nahen Igalo und allmählicher Zubetonierung der Küste. Vom Krieg nach dem Zerfall des Staates und der bis 2000 dauernden Blockade hat sich der Ort wie das ganze Land noch nicht erholt, die alten Gäste aus Mitteleuropa sind noch nicht zurückgekehrt, die neuen aus dem früheren Ostblock haben noch nicht das Geld für den angestrebten Qualitätstourismus.

Reiseatlas: S. 232

Sehenswürdigkeiten

1 Zitadelle (Citadela)
2 Forte Mare
3 Kanli kula (Blutturm)
4 Festung Španjola
5 Sv. Arhangela Mihaila
6 Sv. Jeronima
7 Sahat kula (Uhrturm)
8 Boka-Park
9 Villa Andrić
10 Villa Komnenović mit Heimatmuseum (Zavićaini muzej herceg novog)

Herceg Novi

Übernachten

- 11 Vila Aleksandar
- 12 Sun Resort
- 13 Perla
- 14 Plaža
- 15 Igalo

Essen und Trinken

- 16 Sport
- 17 Klub Književnika (Writers' Club)
- 18 Café-Pizzeria Lokanda
- 19 Konoba Herzegovina
- 20 Gradska kafana
- 21 Bife Žalo
- 22 Kaffe Bellavista
- 23 Nautilus

Die Altstadt und die Befestigungen

Herceg Novis Altstadt liegt auf einem felsigen Rücken, der an dieser Stelle einen besonders steilen Sporn in die Bucht sendet. Auf seinem untersten Absatz wacht die **Zitadelle** (Citadela) 1, eine kompakte, kleine Festung, die beim Erdbeben von 1979 so zerstört wurde, dass nur noch ein Teil der Außenmauern stehen blieb, der Großteil stürzte ins Meer.

Ebenfalls weit zum Meer vorgeschoben liegt die Festung **Forte Mare** 2 (den italienischen Namen aus venezianischer Zeit hat sie behalten), sie dürfte wohl die Reste der ersten Festungsanlage von 1382 umschließen. Sie ist im Prinzip über die Stadtmauer zugänglich, unter dem Zugang führt die einzige Autostraße durch, die Herceg Novi durchquert, denn die Šetalište Pet Danica am Ufer ist eine Fußgängerpromenade. Forte Mare ist wie die anderen drei Festungen nur von außen, innen nur selten und nicht nach einem festen Plan zu besichtigen, am ehesten hat man eine Chance während des Filmfestivals und bei größeren Veranstaltungen im Kanli kula. An der obersten Stelle der Altstadt liegt die größte der drei Stadtfestungen, **Kanli kula** 3, der Blutturm (das türkische Wort *kan* bedeutet Blut). Warum die ab 1539 von den Türken auf älteren Fundamenten errichtete Zwingfeste diesen Namen erhalten hat, wird man nicht lange rätseln müssen.

Noch höher liegt die Festung **Španjola** 4, die, obwohl nicht von Spaniern gebaut, sondern nur restauriert und erweitert und das gerade mal für ein paar Monate, den Namen ›die Spanische‹ behalten hat. Dieses Intermezzo der internationalen Großmacht muss in diesem Backwater des türkischen Ostmittelmeeres eine Sensation gewesen sein, die sich in den Gehirnen festsetzte. Der quadratische Bau mit Rundtürmen an den Ecken wurde unter Venezianern wie Österreichern als Gefängnis genutzt. Die Festung Španjola erreicht man über die links der Festung Kanli kula verlaufende Stiege, die in direkter Fortsetzung die Küstenhauptstraße (Jadranski put) unterquert und als Ulica Srbina jenseits weiter bergan führt. Wo sie den Namen wechselt (und zur Ul. Ustenićka wird) nach links, die Festung steht 163 m über dem Meeresspiegel, man geht von der Uferpromenade aus eine halbe Stunde.

Wenig sonst ist in der Altstadt zu sehen. Der Platz **Trg Herceg Stefana** (oder familiär Trg Belavista nach dem Namen eines der dortigen Cafés) um die gründerzeitliche orthodoxe Kirche **Sv. Arhangela Mihaila** (Erzengel Michael) 5 ist ein gemütlicher Treffpunkt mit drei Cafés. Noch ruhiger ist es im unteren Teil der Altstadt um die Kirche **Sv. Jeronima** (hl. Hieronymus Erzabt) 6. Die außen wie innen schlicht gehaltene Kirche besitzt einige ältere Stücke, darunter vor allem das Altarbild von 1687, eine Madonna mit Heiligen. Die Michaelskirche wurde übrigens nach Niederreißen einer Moschee neu errichtet, die Hieronymuskirche hat einen älteren, kleineren Pfarrkirchenbau auf dem Gewissen. Einen Blick und ein Foto sind die beiden Türme im Westen der Altstadt wert: Der halbrunde Turm

Von Herceg Novi aus hat man die Äußere Bucht fest im Blick

Zapadna kula überragt seine Umgebung um das Doppelte, und der runde **Uhrturm Sahat kula** [7] mit seinen Zinnen dient nicht nur der Zeitmessung, sondern auch als Tor in die Altstadt, das man über eine breite Treppe von der Hauptzugangsstraße Njegoševa erreicht. Trotz seines türkischen Namens ist er ein Produkt des Historismus: Er wurde erst 1850 errichtet.

Andere Sehenswürdigkeiten in und um Herceg Novi

Auf der Ulica Njegoševa, der alten Hauptstraße entlang der Küste, kommt man nach wenigen hundert Metern an der **Gradska kafana** [20] vorbei (s. u.), einem einzeln stehenden Renommierbau der österreichischen Architektur der Zeit vor 1914 mit Zügen des Sezessionsstils. Ebenfalls links liegt der angenehm schattige, mit exotischen Gewächsen prunkende **Boka-Park** [8], in dem das erste Hotel der Stadt stand, das Boka (das 1979 schwer beschädigte Gebäude wurden 1982 abgetragen). Und nochmals links, bereits im Stadtteil **Topla,** steht in einem parkgroßen Garten die **Villa Andrić** [9], in der einst Ivo Andrić (1892–1975) lebte, Jugoslawiens hochverehrter Literatur-Nobelpreisträger von 1961, seine Büste befindet sich im Garten. Das Anwesen hat im ersten Stock einen Gedächtnisraum für den Schriftsteller und wird ansonsten als Gaststätte genutzt.

Einen Abstecher (er beginnt unmittelbar vor der Villa Andrić in der Ulica Komnenovića) verdient die **Villa Komnenović** 10, in der sich das städtische **Heimatmuseum** (Zavićaini muzej herceg novog) befindet. Das spätbarocke Gebäude mit geschwungenem Giebel steht in einem kleinen Park direkt über dem Meer – die unterhalb verlaufende Uferpromenade muss durch einen Tunnel geführt werden. Das Heimatmuseum (Mo–Sa 9–17 Uhr) besitzt zwar die übliche Mischung von Objekten aus Ortsgeschichte und Landeskultur und -natur, aber sowohl die Ikonensammlung der Schule von Cattaro als auch die Kunstwerke und Andenken aus allen möglichen Ländern der Erde, die von Seeleuten aus der Boka gesammelt und nach Hause gebracht wurden, fallen aus dem üblichen Rahmen.

Igalo ist völlig mit Topla und damit Herceg Novi verwachsen, hat aber seinen eigenen Charakter. Überdimensionierte Hotels (2300 Betten in vier einfachen Großhotels), Kliniken und Apartmentblöcke bestimmen den optischen Eindruck. Der Ort hat einen Namen als Kurort, das leicht radioaktive Quellwasser und der mit diesem Wasser der Sutorina, die hier ins Meer mündet, vermischte Heilschlamm aus dem Strandbereich Blatna plaža werden zu Heilzwecken eingesetzt. Die riesige Villa Galeb oberhalb des Südendes von Igalo, ließ Jugoslawiens Staatschef Tito in den 70er-Jahren für sich, seinen Hofstaat und für Staatsgäste bauen. Sie war einer seiner favorisierten Repräsentationssitze und befindet sich heute wie gar nicht wenige größere Immobilien an montenegrinischen Küsten in russischem Privatbesitz.

Njivice ist der letzte Ort vor dem (nicht offiziell geöffneten) Grenzübergang in den kroatischen Teil der Halbinsel bzw. dem schmalen Eingang in die Bucht von Kotor am Kap Kobila. Felsstrand, ein Teil davon FKK, kaum Auslauf, denn nur die Straße nach Norden bleibt in Montenegro. Im Hochsommer macht das weniger aus, Bootsbesitzern sowieso nicht, und die regelmäßig nach Herceg Novi pendelnden Boote geben auch den anderen Besuchern von Njivice das Gefühl, nicht ganz am Ende der Welt gelandet zu sein.

Turistićka organizacija Herceg Novi: Jova Dabovića 12, 85340 Herceg Novi, Tel. 088-35 08 20, Fax 088-32 32 09, www.herzegnovi.cc, Mo–Sa 8–15 Uhr.

Privatzimmervermittlung in den Reisebüros an der Njegoševa, ein Verzeichnis der Privatvermieter (ohne Preise) gibt es bei der Touristeninformation, auch auf der Web-Seite.

Vila Aleksandar 11: Save Kovačevića 64, Tel. 088-34 58 06, Fax 34 58 04, www.hotelvilaaleksandar.com. Das attraktive private Hotel liegt an der Strandpromenade, hat Privatstrand, zwei Restaurants am Wasser und nur 16 Zimmer mit modernem Komfort. DZ/HP 90–110 €.

Sun Resort 12: Sveta Bubula bb., Tel. 088-35 06 50, Fax 088-35 06 51, www.hotelsunresort.hunguesthotels.com. Gebäude unterschiedlichen Alters und Typs – u. a. drei ehemalige Vorstadtvillen – in einem kleinen Park gleich oberhalb der Strandpromenade an der Westseite des Ortes. Die ungarische Hotelkette Hunguest bietet in ihrem Sun Resort moderne Zimmer und sehr komfortable Apartments an. DZ/FR 87–120 €.

Plaža [14]: Save Kovačevića 58, Tel. 088-34 61 51, Fax 088-34 60 72. Hinter der getreppten blauen Glasfront des riesigen Hotelbetriebs am Strand direkt unter der Altstadt gibt es anständige Zimmer (bessere Kategorie verlangen!) mit TV und Balkon, beliebt bei großen Gruppen. DZ/FR ab ca. 60 €. Im Restaurant sehr günstige Menüs (dreigängig mit Salat 6 €).

Igalo [15]: Igalo, Tel. 088-32 27 72, www.igalospa.com. Mit 531 Betten das zweitgrößte Hotel in Igalo, im Haus Therapiezentrum, schlichte Zimmer ohne TV. DZ/HP ab ca. 37 €.

An der Strandpromenade Šetalište Pet Danica gibt es zahlreiche Restaurants, Pizzerien. Cafés und alle Kombinationen und Zwischenglieder.

Sport [16]: Šetalište Pet Danica 34 (am Jachthafen), Tel. 088-32 20 18. Restaurant, Bar mit großer Terrasse unter weißen Segeln, unter dem Niveau der Strandpromenade Konoba – für jeden ist gesorgt, und das moderne Ambiente macht das nicht ganz billige Haus beim Jachtklub zur In-Adresse. 2 Gänge ab ca. 15 €.

Klub Književnika – Writers' Club [17]: Njegoševa bb. (nach der Abzweigung der Komnenovića, links). Die schöne Lage im Park und der Villenstandort werden vom Restaurant, das eher Standardgerichte bietet, nicht ganz komplementiert. Der Name bezieht sich auf den Schriftstellerklub, der hier im Haus Ivo Andrićs einst tagte. *Njeguši Pršut* und ein Fleischgericht ab ca. 12 €.

Café-Pizzeria Lokanda [18]: Trg Nikole Đurkovića. Die kleine Pizzeria auf dem Miniplatz oberhalb des eigentlichen Trg Đurkovića gibt den besten Blick aufs Gewühl frei und serviert anständige Pizzen und Pasta (ab 5 €).

Komfort in Luxuslage

Das moderne und komfortable Privathotel **Perla** [13] liegt gleich an der hier schon ruhigeren Strandpromenade. Mit einem großen eigenen Strandabschnitt (Betonplatten), Fitnessraum, Auto- und Radverleih (!) sowie Restaurant bietet es überdurchschnittlichen Komfort zu einem akzeptablen Preis. Zimmer gibt es in zwei Kategorien, die bessere mit DVD, Jacuzzi und großer Terrasse. Perla: Šetalište Pet Danica 98 (an der Strandpromenade am Ortsausgang in Richtung Meljine), Tel. 088-34 57 00, für Reservierungen Tel. 088-34 40 93, Fax 088-34 40 94, www.perla.cg.yu. DZ mit HP 66–110 €.

Konoba Herzegovina [19]: Trg Nikole Đurkovića bb. Bei Einheimischen beliebte Konoba auf dem Plätzchen gegenüber dem Markt, zu Marktzeiten kann es hier ganz schön trubelig werden, deftige bis fette, auf jeden Fall authentische Gerichte von Gulasch bis zu Grillwürsten (die gefüllten Paprika nur für Holzfäller genießbar). Hauptgerichte ab 2,60 €.

Gradska kafana [20]: Njegoševa 31. Wiener Kaffeehaus in repräsentativer Architektur mit Sezessions-Anklängen, in der Glasvitrine Mehlspeisen nicht ganz auf Wiener Niveau, und die Kellner können noch korrektere Umgangsformen lernen, aber für Kaffeehausliebhaber dennoch unwiderstehlich.

Bife Žalo [21]: Šetalište Pet Danica bb. Bewusst altmodisch *bife* nennt der Regisseur Emir Kusturica sein Bistro-Café, das er im Endbahnhof der früheren Schmal-

spurbahn nach Trebinje einrichtete (sie würde heute durch drei Staaten verlaufen, da sie im Mittelteil das kroatische Konavle berührt). Schicke Inneneinrichtung, die Bilder an den Wänden sind Originale.
Kaffe Belavista 22: Trg Herceg Stefana. Eines von drei Cafés auf dem Hauptplatz der Altstadt, große Terrasse, Gründerzeitausstattung und freundlicher Service.
Kaffe-Bar Restoran Nautilus 23: Nikola Kovačevića 9, Igalo, Tel. 088-33 18 83. Draußen die übliche Terrasse im Café- und Pizzeria-Stil, aber drinnen ein Speisesaal mit gediegener Ausstattung.

Supermarkt in der Njegoševa 46, täglicher **Markt** auf dem kleinen Platz oberhalb des Trg Nikole Đurkovića. Gut sortierte **Buchhandlung** So (Salt Bookstore, Trg Nikole Đurkovića 3, www.knjizaraso.com).

Viele Kaffe-Bars haben bis lange nach Mitternacht geöffnet, besonders intim ist die **Absynth Bar Skalun** an einem kleinen Platz gleich nach dem unteren Anfang der Stiege Ulica Jova Dabovića (Nr. 4). Die **Disko Babylon**, (Tel. 069-69 86 00) bietet vor allem Teenagern jede Menge Tuchfühlung mit ihresgleichen.

Mimosenfest im Februar zur Mimosenblüte, **Theaterfest** im April; **Festival ›Sunžane Skale‹** (Sonnige Treppen) im Sommer, **Filmtage** im August; **Musiktage** im Winter und zahlreiche weitere Veranstaltungen (Näheres über die Touristeninformation).

Ausflüge: Wie alle anderen Touristenorte an der Küste bietet Herceg Novi das volle Ausflugsprogramm von der Rundfahrt um die Bucht von Kotor bis

zum Rafting auf der Tara. Besonders nahe liegend, weil ganz nahe ist der Besuch des kroatischen Dubrovnik, das man am besten mit einem organisierten Tagesausflug besucht, der mindestens 6 Std. Aufenthalt in der Stadt einschließt. Öffentliche Busse fahren tgl. um 9 und 15 Uhr nach Dubrovnik, zurück zur selben Uhrzeit – ein selbst organisierter Tagesausflug mit Bus lässt also nur ca. 4 Std. Aufenthalt in Dubrovnik zu, zumal man am altstadtfernen Busbahnhof abgesetzt wird und von dort wieder abfahren muss.
Ausflugsboote auf die Halbinsel Luštica, zur Festungsinsel Mamula und in die Innere Bucht (Kotor) ab Uferpromenade.
Kuren und Wellness: Igalo bietet in Zusammenarbeit mit den Hotels (etwa dem Igalo) Krankenhäuser und Kureinrichtungen sowie ein im Aufbau begriffenes Wellness-Angebot.

Strände: An der langen Meerespromenade zwischen Igalo, Herceg Novi und Meljine gibt es wenig freien Strand, die Betonplatten und Grobkiesstrände sind meist von Hotels oder privaten Besitzern belegt, nur einige Felsabschnitte sind frei zugänglich, wenn man sich die Kletterei zutraut. Es gibt fünf öffentliche Strände mit saftigen Eintritten und Preisen (Igalo, Topla, Herceg Novi, Savina und Meljine), von denen man eigentlich nur den zur Altstadt nächsten, den Topla-Strand, empfehlen kann: Betonplatten gibt es auch dort, dazwischen aber Abschnitte mittelfeinen Sandes, um die während der Hautsaison gekämpft wird – nur wer früh kommt, setzt sich durch. Wer mehr Ruhe, mehr Platz und den Spaß einer Bootsfahrt haben möchte, sollte mit einem Ausflugsboot auf die Halbinsel Luštica hinüberfahren und dort den Tag am Strand verbringen oder sich auf der Insel Mamula absetzen und wieder abholen lassen (s. S. 79).
Segeln und Motorboote: Der Jachthafen von Herceg Novi (Gradska Luka, Tel. 069-64 40 97) liegt direkt unter der Altstadt, der Jachtklub ist unter Fax 088-32 39 81, ychn@hotmail.com zu erreichen; Motorboote und Segeljachten bei Spinnaker (Tel. 088-32 29 37, spinnaker@cg.yu).
Tauchen: Tauchklub (RC) Marina (Tel. 069-63 79 15, www.mcmarina.com).
Radfahren und Mountainbiking: Bis auf die Küstenpromenade, die aber wegen des starken Fußgängerverkehrs für Radfahrer nur sehr bedingt geeignet ist, verbindet sich Radfahren in Herceg Novi mit starken Steigungen. Wer diese nicht scheut, findet auf dem Plateau um den Ort Kameno oberhalb von Herceg Novi einige kaum befahrene Straßen mit geringerer Steigung, auf denen man an den

Die Insel Mamula wurde von den Österreichern schwer befestigt

Fuß des Orjen-Gebirges gelangt. Eine ausnehmend schöne, aber auch sehr anstrengende Tour ist die Umrundung des Orjen-Massivs auf der großenteils nicht asphaltierten Straße über den Vratlo-Pass (s. S. 72). Ab Crkivice nimmt man die zumeist asphaltierte, schmale und kaum befahrene Straße über Jasenovi do zurück nach Kameno. Obwohl die Rundtour nur ca. 77 km lang ist, sollte man mit einer Fahrzeit von 4–6 Std. rechnen, besonders der Anstieg auf den Vratlo-Pass ist kein Zuckerlecken.

Das Hotel Perla (s. o.) ist eine der wenigen Adressen in Montenegro, die Fahrräder vermieten – leider nur in der Hauptsaison: Tel. 088-34 57 00, perla@cg.yu, www.perla.cg.yu. Der Bergsteigerklub Subra (s. o.) hat auch eine Mountainbikergruppe, die gerne Auskunft gibt oder zu Ausflügen mitnimmt.

Besonders im Fall von Herceg Novi bietet sich die **Flug-Anreise** über das nahe Dubrovnik an – man bedenke aber, dass der letzte Bus zwischen den beiden Orten gegen 15 Uhr abfährt, bei Ankunft nach 12 Uhr also meist eine Übernachtung in Dubrovnik nötig ist!

Busverbindungen in alle größeren Orte Montenegros, der Busbahnhof (Tel. 088-32 12 55) befindet sich oberhalb der Altstadt am Jadranski put. Wer in die Innere Bucht möchte (Risan, Perast, Kotor), nimmt den Lokalbus oder einen der über Kotor verkehrenden Fernbusse (diese Busse haben auf der Anzeigetafel den Zusatz ›*zaliv*‹, die Busse über die Fähre und Tivat sind mit ›*trajekt*‹ gekennzeichnet). Weitere Busverbindungen gibt es mit Dubrovnik (tgl. 9 und 15 Uhr), Pula, Belgrad und anderen ausländischen Zielen.

Taxis stehen am Jadranski Put gegenüber dem Busbahnhof, Tel. 088-32 13 99 (bei starkem Verkehr besser die Unterführung nehmen!).

Orjen-Massiv

Reiseatlas: S. 238, A/B 4

Bei einer maximalen Höhe von 1894 m stellt der Orjen einen massiven Riegel zwischen Küste und Binnenland dar, denn bis auf wenige Straßen, ist dieses Karstgebirge wild und weglos. Der plattige Kalk des Orjen wurde durch das Regenwasser in den typischen Karstverwitterungsformen gestaltet: Die flachen Gesteinspakete wirken zunächst völlig kompakt, man hat den Eindruck, sie problemlos queren zu können. Wenn man sich dann auf einem dieser Karstplateaus befindet, erkennt man, dass dieses Terrain nicht ohne ist.

Die Oberfläche – etwa im Hexentanzplatz im Anstieg zur Subra – ist von tiefen Rillen zerschnitten. Manche kann man überspringen, wozu Mut und Erfahrung in diesem Gelände gehören, andere müssen umgangen werden, was zu Gehzeiten führt, die ein Vielfaches dessen betragen, was man zu benötigen schätzte. Tiefe Spalten im Gestein öffnen sich zu Höhlen, die in vielen Fällen noch nicht erforscht sind, nur die größeren, zugänglicheren sind bisher von Menschen betreten worden. Wasser an der Oberfläche ist extrem selten, Tropfquellen an Felswänden, die Schichten Wasser stauenden Tons enthalten, sind noch am ehesten zu finden. Nur in großen Poljen, runden und ellipsenförmigen Vertiefungen, in denen der Kalk abgetragen und eine das Wasser stauende Gesteinsschicht erreicht wurde, gibt es manchmal Wasser, aber meist nur im Frühjahr nach der Schneeschmelze.

Karstgestein im wilden Orjen-Gebirge

Die **Niederschläge** im Orjen sind die höchsten Montenegros – bis 6000 mm Niederschlag fallen pro Jahr – aber das ganze Wasser versickert sofort im Boden und ist im zerklüfteten Kalkgestein nicht mehr zu erreichen, es tritt erst am Gebirgsfuß in starken Quellen wieder ans Tageslicht. Bosnische Kiefern, genügsame, knorrige Bäume, die aus Felsspalten wachsen können, als ob sie kein Wasser benötigten, sind besonders in wenig zugänglichen Tälern und an Steilhängen erhalten geblieben. Den Großteil des Gebirges hat der Mensch jedoch abgeholzt und zu Weideland gemacht – der Unwirtlichkeit der Natur zum Trotz. Mehrere Enzianarten schmücken neben vielen anderen Blumen die Bergwiesen. Sie sind allesamt keine hochalpinen Pflanzen, dazu ist der Orjen nicht hoch genug und selbst auf den Gipfeln wird man die typischen Polsterpflanzen dieser Vegetationsstufe vergebens suchen. Die **Bergweiden und Almen** wachsen heute in den meisten Fällen wieder zu, nur wenige, wie die Almen im Kamenska ravan und Duboki do unter der Subra, werden heute noch bestockt. Die Bauern, die diese Almen betreiben, kommen aus Kameno am Fuß des Orjen-Massivs, ihr Transportmittel ist unverändert seit Jahrhunderten das Pferd.

Umso bewundernswerter ist die Arbeit, die der Bergsteigerklub Subra aus Herceg Novi geleistet hat und alljährlich mit der Erhaltung und wiederholten

Markierung von Wegen im Massiv leistet (teilweise gemeinsam mit anderen Klubs aus Montenegro, einem herzegowinischen Klub und einem aus dem kroatischen Dubrovnik). Das mehr als 60 km lange Wegenetz des Orjen ist nach Einschätzung des Autors das dichteste und am besten betreute des ganzen Landes, jenes im Nationalpark Durmitor eingeschlossen. Alle drei Hauptgipfel können auf gut markierten Wegen erreicht werden: Subra (1679 m), Zubački kabao (Orjen, 1893 m) und die Reovačka greda (1769 m), der Anstieg zu Letzteren ist jedoch nur langwierig auf Pisten zu erreichen und deshalb touristisch irrelevant.

Für die Subra gibt es als Stützpunkt die vom Klub Subra geführte **Hütte Za Vratlom** auf dem Vratlo-Pass (50 Plätze plus Lager). Sie ist in der Sommersaison an Wochenenden geöffnet, man erkundige sich auf jeden Fall vorher beim Planinarski klub Subra (Herceg Novi, Tel. 088-34 41 12, Fax 088-34 50 17, Tel. 067-52 58 79, www.subra.users.cg.yu). Der Klub hat vier geprüfte Bergführer, vermittelt aber auch Führer zur Höhlenerkundung und Mountainbiketouren. Das 2006 auch in Englisch erschienene Führerwerk des Klubs über den Orjen ist ein ausgezeichneter, detailgenauer Wegbegleiter mit hervorragender Karte im Maßstab 1:25.000 (Željko Starševič und Goran Komar: Guide to the Orjen massif; Herceg Novi 2006). An Höhlen Interessierte wenden sich an den Höhlenforscherklub Trebinje (Speleology society Zlena brda, c/o Dejan Janković, Trebinje, Bosna i Hercegovina, Mobiltel. 00387-65 49 84 12, dejantb@teol.net).

Von Herceg Novi auf den Vratlo-Pass

Heute noch fast komplett erhalten und nur im Mittelteil durch die moderne Straße überdeckt, ist die Militärstraße von Herceg Novi zum Vratlo-Pass unter der Subra. Wie eine erhaltene Plakette unter der Markovići-Brücke zeigt, wurde sie 1884 von der ›K. k. 13/II Genie-Feld-Compagnie‹ gebaut.

Der Wegverlauf ist sehr gut markiert und auch mit auf Steine oder Wände gemalten Schildern versehen (Details siehe Karte in o. g. Führer). Besonders im unteren Teil hält sie sich an einen älteren Wegverlauf, im Detail wurde sie jedoch komplett neu geplant und gebaut. Der Anfang ist in Herceg Novi am Jadranski put jenseits des Kanli kula (Unterführung), die dort beginnende Ul. Srbina, die sich nach Abzweigung zur Festung Španjola als Ulica Ustanička fortsetzt. Nach 2 km ab Jadranski put bei Gabelung auf den rechten Ast (richtungsmäßig geradeaus), am Siedlungsende Brunnen und Beginn der erhaltenen Militärstraße. Die folgende Brücke **Markovići most** ist die einzige auf der gesamten Straße. Im Wald nach Querung einer modernen Straße gelangt man an eine gefasste **Quelle** mit gutem Wasser (ca. 320 m), 30 Min. später (nach Linkskurve) auf die moderne Straße nach **Kameno** (mit Bife, Kaffe-Bar und kleinem Laden). Bei der Gabelung rechts (gute Beschilderung) und auf dieser Straße bis zu Kirche **Sveti Nikola** (542 m) mit Friedhof. Hier wieder rechts auf die alte Militärstraße, der man durch Niederwald und nach einer **Zisterne** (oberhalb Querung einer

WANDERN AUF ÖSTERREICHISCHEN MILITÄRSTRASSEN

Zwei Aufstände im Krivošije, der ehemals von wehrhaften Bauern besiedelten Berglandschaft östlich des Orjen (siehe auch Risan, S. 81), machten den Österreichern klar, dass sie ihre Grenze zu Montenegro, die vor 1918 quer durch die Bijela gora verlief (vom Orjen nach Osten, dann zwischen Han und Grahovo bis zur Bukovica, von dort südlich), nur würden halten können, wenn sie sie auch verteidigen konnten – und im Krivošije gab es nur Fußwege und Steige, die für militärische Operationen nicht geeignet waren. Auch das gerade erst 1878 von Österreich besetzte Bosnien, dessen Grenze damals bis 1918 über den Gipfel der Subra lief, war nicht unbedingt eine ruhige Region, auch dorthin musste man Aufmarschlinien schaffen. Mehrere Militärstraßen für die mit Maultieren transportierende Infanterie entstanden, und an strategisch wichtigen Stellen wurden starke Grenzforts errichtet. Dass aller militärische Aufwand 1914 zunichte war, als der österreichische Thronfolger in Sarajewo, also in Bosnien ermordet wurde, das ist eine andere Sache.

Wo diese Straßen vollständig erhalten sind, wie in den Serpentinen der Maultierstraße von Herceg Novi unter dem Vratlo-Pass, sieht man die hervorragende Arbeit, die von den Militär-Straßenbauern geleistet wurde. Typisch ist die regelmäßige, relativ geringe Steigung, die es Maultieren und Menschen erlaubte, ein gemeinsames Tempo zu halten, die seitliche Befestigung mit großen Decksteinen und die Treppung mit herausragenden Rippen, die den Hufen der Maultiere auch bei Regenwetter Halt gab. Spätere Straßen, die bereits für den motorisierten Verkehr errichtet wurden, wie die Straße oberhalb Risan verzichten auf die Treppung, behalten aber die ebenmäßige Steigung bei. Immer noch eindrucksvoll ist die geschickte Ausnutzung des Geländes für die Straßenführung, die Auffüllung von Unebenheiten durch Steinfundamente und die nur geringen Abtragungen, die für den Bau nötig waren. Wenn man dagegen die moderne, von Großfahrzeugen geschobene Straße ansieht, die sich als ein hässliches Band der Zerstörung über Risan hinauf ins Krivošije zieht, könnte man vor Wut fast heulen.

Österreichische Militärstraßen, die heute als großartige Wanderwege dienen, finden sich an mehreren Stellen der Küste: etwa die Maultierstraße von Herceg Novi auf den Vratlo-Pass (s. S. 72), die Maultierstraße von Kotor zum Krstac-Pass (s. S. 96), die Straße durch die Paštrovići-Berge (s. S. 118) und den zweiten Teil des Aufstiegs von Sutomore zur Vrsuta (s. S. 126). Eine weitere gut erhaltene, wenn auch nicht markierte Militärstraße führt von Perast über ein Fort auf 740 m Höhe zur Festung Šanik auf 877 m, die in den Jahren1882/83 errichtet wurde.

Asphaltstraße) durch ein sich wieder bewachsendes Waldbrandgebiet bis zu einer weiteren Asphaltstraße folgt (zuletzt scharfe Linkskurve). Man steht nun knapp unter dem ehemaligen **Motel Berići** (ca. 815 m), an dem vorbei ein Sträßchen in den tiefen Einschnitt zwischen den Bergen im Hintergrund führt, also zum Vratlo-Pass. Bald wird es zur Piste, schließlich weist Markierung nach links wieder auf die in diesem Abschnitt gut erhaltene Militärstraße. Zunächst leicht ansteigend, dann in Serpentinen über den steilen Hang hinauf zum **Vratlo-Pass** (1165 m) und jenseits gelangt man etwas weiter unten zur im Buchenwald versteckten **Hütte Za Vratlom** (1125 m).

Die Subra

Die von Süden und Osten eher sanfte Berggestalt der Subra (1679 m) wirkt von Norden unersteigbar: Das Subrin amfiteatar ist ein gewaltiges Felsen-Halbrund, das seine Form u. a. dem Gletscher verdankt, der sich während der Eiszeiten auf der Nordseite zu Tal wälzte und seine Endmoränen 500 m tiefer hinterlassen hat. Tatsächlich ist das Felsen-Amphitheater relativ leicht auf einem markierten Weg ersteigbar, der Hauptweg geht jedoch vom Bergsteigerheim Za Vratlom aus und führt über das oben erwähnte, wild verkarstete Plateau des **Hexentanzplatzes.** Die rasiermesserscharfen Kanten des Felsgesteins und die Schlangen (Hornvipern) sind wie die Stellen, an denen Spalten übersprungen werden müssen, insgesamt nicht ungefährlich, aber für gute Bergsteiger kein Problem (keineswegs für Anfänger geeignet!). Der aussichtsreiche Gipfel ist ein Wiesenplateau, das in früheren Zeiten von den Almbauern gemäht wurde; die dunklen Nadelbäume oberhalb der kleinen Buchenwaldbestände, die man am Fuß der Subra quert, sind Bosnische Kiefern. Man sollte nicht vom Weg abweichen, denn mehrere tiefe, senkrechte Schlunde und Schlucklöcher (Ponore) liegen in der Nähe, in ›Nikola's Schluckloch‹ wurde eine Tiefe von 188 m gemessen. Ab Hütte Za Vratlom ausgezeichnet markiert, hin/zurück 4 Std., Wasser als Tropfquelle in der **Drachenhöhle** (Zmajeva pećina, 10 Min. abseits des Weges, markiert).

Zwischen Herceg Novi und Tivat

Reiseatlas: S. 232, B/C 1/2
Nur wenige Teilstücke der Küste zwischen Herceg Novi und Kamanari, wo man mit der Fähre ans Südufer der Äußeren Bucht nach Lepetani quert, sind noch nicht zersiedelt. Weder die Hafenanlagen von Zelenika noch die von Bijela – auf beiden wird auch am Sonntag lautstark gearbeitet – sind geeignet, das etwas trübe Bild dieses Küstenstreifens aufzufrischen. Der Strand besteht meist aus Betonplattformen, Ferienhäuser und Siedlungshäuschen sind direkt daran gebaut. Auf dem Weg entlang der Äußeren Bucht hat man bis zur Fähre zwischen Kamenari und Lepetani an Wochenenden mit starkem Verkehr zu rechnen, in der Urlaubssaison ist an Wochenenden oft kilometerlanger Stau vor der Fähre.

Noch im Weichbild von Herceg Novi liegt auf einem bewaldeten Hügel über **Meljine** das **Kloster Savina** (bezeichnete Abzweigung vom Jadranski put, vom Ufer her schwer zu finden und nur zu Fuß). Es wurde gleichzeitig mit der Stadt Herceg Novi gegründet, stammt also wohl in den ältesten Teilen aus der Mitte des 15. Jh. Die drei Kirchen des Klosters, das als einziges rund um die Bucht von Kotor orthodox blieb, sind ganz unterschiedlich alt. Die kleine Marienkirche, die als erste über einem Vorgängerbau errichtet wurde, ist mit Fresken in mehreren Schichten bedeckt, die unterste stammt aus der Hand des spätmittelalterlichen Malers Lovro Marinov Dobričević, dem auch das Gnadenbild der Gospa od Škrpelja (s. S. 86) zu verdanken ist. Der Campanile der größeren Klosterkirche erinnert an einen Renaissancebau, er wurde jedoch wie der Großteil des Klosters und die Kirche selbst erst im späten 18. Jh. errichtet (1777–99), die Bauleitung hatte Nikola Foretić aus Korčula, die Ikonostase stammt von Simeon Lezović aus Bijelo Polje. Wie Montenegros Fürst Petar II. Petrović-Njegoš selbst berichtet, hat er im Kloster Savina zwei Jahre seiner Schulzeit verbracht. Die neuere kleine Kirche am Hang ist dem hl. Sava gewidmet, sie geht auf eine mittelalterliche Kirche zurück.

Die Küste ist östlich Herceg Novi fast vollständig zersiedelt, in **Zelenika** mit seinem unschönen Hafengelände, in **Kumbor, Đenovići** und **Baošići** füllen sich die letzten Lücken in Strandnähe mit Neubauten, Betonplatten, die als Badeplätze fungieren, erweitern die Uferlinien, und für die unaufhörliche Beschallung sorgen die Lautsprecher der zahlreichen Kaffe-Bars, deren Publikum vorwiegend aus serbischen Familien besteht. Ein paar größere Hotels bieten dennoch dank privater Gärten und Strände angenehme Unterkunft.

Bijela hat mit seiner großen Werft ebenfalls nicht das Feriengepräge, das man sich wünscht, wenn man hier einen Urlaub verbringen will. Im Ort ist die Kirche Gospa Bogorodice (Mariä Schutz) mit Fresken des 12./13. Jh. von Interesse, sie stellen u. a. den damaligen Bischof Danilo dar (in einer Nische über dem Platz des Bischofs), was sehr ungewöhnlich ist.

Verige

Zwischen Kamenari und Lepetani verbindet eine Fähre die beiden Ufer der Äußeren Bucht. Der Verige genannte Meeresarm zwischen beiden Buchten ist hier nur etwa 200 m schmal, auf älteren Karten erscheint er mit seinem historischen italienischen Namen *Catene*, der sich auf die Ketten bezieht, die hier seit dem 15. Jh. gespannt wurden, um Schiffen die Einfahrt in die Innere Bucht zu verwehren. Von der kleinen **Kirche Sv. Neđelje** oberhalb Kamenari hat man einen ausgezeichneten Blick auf die Meerenge und die flinken Fähren, die die beiden Ufer verbinden. Dagegen markiert auf der anderen Seite die **Kapelle Gospa od Anđele** noch etwas östlich Lepetani die engste Stelle der Meerenge. Das immer wieder diskutierte Projekt einer Brücke zwischen Kamenari und Lepetani wurde bisher immer wieder wegen der hohen Kosten zurückgestellt.

Xanadu: Kumbor (5 km von Herceg Novi), Tel. 088-68 46 66, Fax 088-68 47 43, www.xanadu-hotel.com. Gut geführtes, neueres Hotel mit mediterranem Touch, Palmen am Pool, Sauna, Fitnessraum, Beton- und Felsenstrand, gute Zimmer mit Klimaanlage, Sat-TV und Minibar. DZ/FR 40–70 €.

Delfin: Bijela (12 km von Herzeg Novi), Tel. 088-68 31 69, Fax 088-68 30 93, www.hotel-delfin.net. Das komplett renovierte Hotel der Mittelklasse mit seiner blauen Glasfassade liegt direkt am Meer. Zimmer zur Meerseite besser und größer als zur Bergseite, mit Sat-TV, Internetanschluss, Minibar, Fön. DZ/HP ab ca. 56 €.

Camping:

Autokamp Zelenika: Zelenika (4 km von Herzeg Novi), Tel. 088-433 61. Großer, schattiger Platz an der Küstenstraße mit langer Tradition.

Der Großteil der **Busse** zwischen Herceg Novi und Budva sowie Podgorica nimmt die Fähre, nur die Verbindung nach Kotor und einige der kleineren Busunternehmen gehen über die Innere Bucht. Die **Fähren** zwischen Kamenari und Lepetani verkehren meist im Shuttleverkehr (4–5 x tgl.).

Tivat

Reiseatlas: S. 232, C 2

Der jüngste Ort der Bucht von Kotor hat kein eigentliches Zentrum. Mehr oder weniger zufällig sind ein älteres Küstendörfchen, von dem heute nichts mehr vorhanden ist und die in der frühen Neuzeit errichtete Villa eines reichen Händlers aus Kotor, der hier seinen Sommer verbrachte, zu einem Ort zusammengewachsen. Der kurze Strandabschnitt der Stadt zwischen dem Hafen im Norden und dem Jachthafen im Süden sticht nicht durch besondere Qualität hervor, im Wesentlichen besteht er aus Betonplatten. Reizvoller ist die Umgebung, das Bergland im Westteil, der von Kotor zur Meerenge Verige reichenden bewaldeten Halbinsel Vrmac. Reizvoller sind die Inseln in der Bucht von Tivat. Besonders schön und in großen Teilen noch unerschlossen ist die große Halbinsel Luštica auf der anderen Seite des Tivatski zaliv (die verwaltungstechnisch übrigens im Nordteil wie seit Jahrhunderten zu Herceg Novi gehört).

Einzige Sehenswürdigkeit in Tivat ist die **Sommervilla der Familie Buća** (Letnjikovac Buća-Lukivić) von 1548, deren Renaissancebau einen älteren Turm integriert. Der Rest des ehemals riesigen Gartens auf der anderen Seite einer öffentlichen Gasse dient heute als Freiluftbühne der Stadt. Das Ensemble ist meist nur von außen zu bewundern, die Galerie, die sich heute im Gebäude befindet, hat keine festen Öffnungszeiten (Tel. 082-67 45 91).

Nur 3 km nördlich an der Straße nach Lepetani liegt das Dorf **Donja Lastva,** ehemals aus wenigen Fischerhäusern bestehend, die verwaltungsmäßig zum großen Dorf **Gornja Lastva** in den Bergen oberhalb gehörten (auf ca. 300 m Höhe). Gornja Lastva ist eines der wenigen Bergdörfer, die sich in Küstennähe gegen den Sog zum Meer gehalten haben, wahrscheinlich weil sehr früh eine Straße gebaut wurde, während sich die Dörfer, die nicht mal eine Maultierstraße besaßen,

Im Jachthafen von Tivat

sondern nur einen Fußweg als Zugang, als erste entvölkerten. Die spätmittelalterliche Marienkirche mit venezianischem Barockaltar aus weißem und farbigem Marmor, Pfarrhof, die alte Mühle, die Kapelle Sv. Vid und etwa 30 alte Steinhäuser sind erhalten, einige sorgfältig restauriert.

Inseln in der Bucht von Tivat

Südlich Tivat liegen in der Bucht drei Inseln: Prevlaka, das durch eine Brücke mit dem Festland verbunden ist, die große Insel Sveti Marko und das winzige Inselchen Gospa od Milosti.

Auf **Prevlaka** befand sich im Mittelalter ein bedeutendes Kloster, das dem Erzengel Michael gewidmet war: Manastir Sv. Arhangela Mihajla. Das Benediktinerkloster war zumindest um 1400 zeitweise Sitz des Metropoliten der Zeta, wurde aber bereits Mitte des 15. Jh. aufgegeben und verfiel. Die Grundmauern der dreischiffigen Basilika mit Anbauten werden derzeit restauriert. Die Quartiere auf der auch Blumeninsel genannten Insel Prevlaka sind nach wie vor von Flüchtlingen (Serben aus Kroatien) belegt, es gibt keinen öffentlichen Verkehr (außer einem Schulbus).

Die Insel **Sveti Marko** (auch Stradioti genannt) war einmal ein beliebtes Touristenziel. Hier befand sich ein Feriendorf des Club Med, das zu Beginn des jugoslawischen Bürgerkrieges aufgegeben wurde. Die Insel steht zum Verkauf, es bestehen keine regelmäßigen Bootsverbindungen.

Die winzige Insel **Gospa od Milosti** (oder **Otok**, was einfach Insel bedeutet) hat gerade Platz für ein ehemaliges Benediktinerkloster, das heute von Jesuiten geführt wird. Zwar besitzt das Kloster eine wertvolle Bibliothek, die aber Besuchern nicht offen steht. Man darf anlanden, einen regelmäßigen Fährverkehr gibt es nicht, auch Ausflugsboote haben die Insel nicht im Programm.

Turistićka organizacija Tivat: Palih boraca 8, 85320 Tivat, Tel. 082-67 13 23, tictivat@cg.yu. Neben einem schlichten Stadtplan gibt es auch einen kleinen Plan von Gornja Lastva.

Der Staatsbetrieb **HTP Primorje Tivat** verwaltet die Hotels Palma und Tivat im Ort Tivat sowie das Plavi Horizont in Radovići (s. u.; HTP Primorje Tivat, Ul. 21. Novembar bb., Tivat, Reservierungen: Tel. 082-67 15 35, Fax 083-67 22 61, www.primorje.cg.yu).
Villa Royal: Kalimanj bb., Tel. 082-67 53 10, Fax 082-67 01 15, villaroyal@cg.yu. Angenehmes kleines Hotel (30 Betten) an der Strandpromenade südlich des Jachthafens. DZ/FR Hochsaison 86 €, Apt. für 3 Pers. 100–117 €.
Plavi Horizont: Radovići, Tel. 082-67 70 66, Fax 082-67 71 13. Aus mehreren, etwas eng aneinander gebauten Blöcken bestehender Hotelkomplex (658 Betten) in der Trašte-Bucht direkt am Pržno-Strand, etwas angejahrt, aber gut renoviert, viele Sportanlagen und der schönste Strand von Tivat vor der Tür. Fast ausschließlich Pauschalreisende vor allem aus Osteuropa. DZ/FR ab 38 €.
Aurora: Kalimanj bb., Tel. 082-67 12 59, Fax 082-67 14 42, aurora@cg.yu. Geschmackvoll und überdurchschnittlich komfortabel eingerichtete Zimmer in einem Privathotel mit Charakter. DZ/FR ab 30 €.
Palma: Ul. 21 Novembra bb., Tel. 082-67 12 88, Fax 082-67 46 17. Großes älteres Hotel an der Strandpromenade, renovierte Zimmer in zwei Kategorien. DZ/FR ab 36 €, in der besseren Kateogorie während der Hochsaison 56 €.
Tivat: Seljanovo bb., Tel. 082-68 48 22, Fax 082-67 22 61. Älteres, einfaches Staatshotel etwas außerhalb des Ortes in Richtung Fähre mit Betonplattenstrand, DZ/FR ab ca. 30 €.

Zwischen dem Hotel Pine und dem Hotel Mimoza reiht sich an der Strandpromenade ein Café an das andere.
Marzamin: Ul. 21 Novembra bb., Tel. 082-67 22 88. Das auf Fisch und Meersfrüchte spezialisierte *Riblji restoran* neben dem Hotel Palma (siehe oben) ist wohl die beste Adresse am Ort (2 Gänge mit Fisch ab ca. 15 €).
Pizzeria Galija: Ul. Moše Pijade 8, Tel. 082-67 46 41. Pizza (mit Ketchup statt mit Tomatenmark wie bei fast allen anderen Pizzerien des Landes), Pasta, sehr empfehlenswerte pikant oder süß gefüllte Palatschinken. Ab 2,20 € für einen Imbiss, ab 3 € für eine Pizza im bei der örtlichen Klientele beliebten Lokal.

Im Sommer **Theateraufführungen** auf der Freilichtbühne der Villa Buća-Luković; Gornja Lastva feiert an jedem 1. So. im August seine **Lastovska fešta** mit traditioneller Musik und Kolo-Tänzen.

Ausflüge: Das Boot Vesna II fährt in der Saison (meist Juni bis Okt.) tgl. 9.20 Uhr nach Kotor, zurück ist man um 19 Uhr; weitere Ausflugsboote zu Zielen an der Halbinsel Luštica (z.B. zur Insel Mamula).

Strände: Der Pržno-Strand auf der Halbinsel Luštica (s. u.) ist der nächste Sandstrand, die Strände bei Tivat sind sämtlich Betonplattenstrände.
Windsurfen: Windsurf-Klub Trio Belan (Tivat, Tel. 082-67 49 06, autokani@cg.yu) und Windsurfschule Maestral (Tel. 082-67 78 14).
Segeln, Motorboote: Jachthafen Tivat bis mittlere Größe (Tel. 082-67 10 39).
Tauchen: Tauchklub ist der Ronilaćki Klub Neptun Mimoza (Tel. 069-04 42 25).
Wandern, Bergsteigen: Gornja Lastva hat einen Bergsteigerklub (Napredak, Tel. 067-45 74 69, zorannikolic@cg.yu).

Fast nur Chartergesellschaften fliegen den **Flughafen** Tivat an, zum Flughafen gibt es nur Taxiverbindung (Tel. 082-67 13 37, www.aptivat.com). **Busbahnhof** an der zentralen Ulica Palih boraca (Tel. 082-67 26 20), nach Podgorica tgl. mehr als 30, nach Herceg Novi mehr als 20, nach Kotor mehr als 10 Busse und Lokalbus.

Halbinsel Luštica

Reiseatlas: S. 232, B/C 2/3
Die große, bis 584 m hohe Halbinsel Luštica ist der am wenigsten touristisch entwickelte Teil der Küste Montenegros. Man sollte annehmen, dass die mediterrane Vegetation der Hügel und Berge, die kleinen, alten Ortschaften und vor allem die vielen Buchten mit Kies- und Sandstrand den Tourismus schon früher angezogen hätten. Tatsächlich lässt sich aber erst nach der Unabhängigkeitserklärung des Landes im Jahr 2006 ein deutlicher Trend zur touristischen Entwicklung der Halbinsel beobachten.

Eine Rundfahrt um die Halbinsel führt zunächst am Flughafen und am Südende des Tivatski zaliv vorbei, man sieht die Inseln Prevlaka und Sveti Marko. Immer den rechten Straßenast wählend erreicht man die Ostküste der Halbinsel, die nur im ersten Teil von einer Straße begleitet wird. Diese steigt ab **Krašići** allmählich bis auf 320 m Höhe an und erlaubt wunderbare Blicke über die Äußere Bucht – der Abschnitt zwischen Herceg Novi und Đenovići ist zum Greifen nahe – und auf den Orjen. Im äußersten Norden der Halbinsel liegt genau gegenüber Herceg Novi (zu dessen Gemeinde er auch gehört) der alte Ort **Rose** (früher **Porto Rose).** Das Hafenörtchen besteht aus einer einzigen Häuserreihe, einige lassen noch den verflossenen Wohlstand erahnen. Seine Lage am Ende der Einfahrt in die Bucht von Kotor hat dem Ort immer wieder Befestigungsanlagen beschert. Die letzte haben die Österreicher gebaut, die mit ihrem Fort Rose, dem Fort auf der Insel Mamula und einer Festung am gegenüberliegenden (heute kroatischen) Kap Oštra den Eingang komplett mit Kanonen bestreichen konnten.

Im Eingang zur Bucht liegt die kleine runde Insel **Mamula** (früher sprechend Rondoni genannt) mit ihrem gewaltigen kreisrunden **Fort Mamula** aus der Zeit der Österreicher. So wichtig es strategisch war, so wenig kam die nach modernsten militärtechnischen Erkenntnissen der Zeit gebaute Festung je zum Einsatz. Mamula wird regelmäßig von Ausflugsbooten ab Herceg Novi und Tivat angelaufen, gelegentlich auch auf der Route nach Kotor von Budva aus.

Die Buchten der Halbinsel Luštica laden ein zum Tauchen und Baden

Die Straße bleibt auf dem welligen Plateau der Halbinsel, eine Stichstraße führt in die Bucht von **Mirište,** die auch von Ausflugsbooten angesteuert wird. Ziel sind der schöne helle Strand aus Feinkies und die **Plava Špilja,** die blaue Grotte. Wie alle anderen ›blauen Grotten‹ durch Unterwasserbrechung des nicht direkt einfallenden Sonnenlichtes blau beleuchtet, hat sie ihre schönste Färbung um ca. 5 Uhr früh – dann ist aber weit und breit kein Touristenboot unterwegs. In der Bucht sind mehrere Wracks in Tauchtiefe, was den Ausschlag für den Standort eines besonders rührigen Tauchklubs gegeben hat.

Über die schöne sandige **Pržno-Bucht** mit der Hotelanlage Plavi Horizont (s. o.) und den wenig ansprechenden Ort **Radovići** kommt man zurück zum Ausgangspunkt.

Konoba Maestral: Kražići-Krtoli, Tel. 069-04 51 40. Auch wenn es viel Werbung macht: Dieses Lokal am Strand mit seiner exzellenten Fischküche ist über Zweifel erhaben. Ein Traum die gemischte Meeresfrüchteplatte aus rohen Krusten- und Schalentieren! 2 Gänge ab 15 €.

Die meisten **Strände** der Halbinsel sind nur von See aus zugänglich; in Mirište schöner Feinkiesstrand mit freien und gebührenpflichtigen Abschnitten. Sehr schöner, aber meist überfüllter Sandstrand in der Pržno-Bucht (Plavi Horizont).

Tauchen: Tauchklub Žanjice an der Mirište-Bucht (Tel. 088-68 34 77, www.rcud.cg.yu).

Lokalbusse von Tivat nach Radovići, der Rest der Halbinsel ist nur mit eigenem Fahrzeug zu erkunden. Der Norden der Halbinsel wird von **Ausflugsbooten** ab Herceg Novi und Igalo besucht.

DIE INNERE BUCHT

Ein Riesenmesser hat in der Inneren Bucht das wilde Karstplateau der Dinarischen Küstenkette aufgeschnitten und ein M-förmiges, vom Meer gefülltes Tal mit steilen Wänden geschaffen. Die beiden Becken der Bucht bieten Platz für drei größere Orte, die Illyrergründung Risan, das venezianische Risan und Kotor, dessen historisches Stadtensemble unter dem Schutz der Unesco steht.

Risan

Reiseatlas: S. 232, C 1
Alter Kulturboden, und das ist Risan – die *villa rustica* mit ihren Mosaiken macht das zweifelsfrei klar –, kann ganz schnell ruiniert werden, wenn man sich nur ins Zeug legt. Sozialistisch-jugoslawische Träume von Industrialisierung und Tourismus, die Hand in Hand den Aufbau des Landes garantieren sollten, haben das in Risan fast geschafft.

Risan wurde an der heutigen Stelle zwar wahrscheinlich erst in römischer Zeit gegründet, aber das nur etwas über 1 km (in Richtung Kotor) entfernte **Kloster Banja** steht auf noch wesentlich älteren Mauern. Wie fortlaufende (noch nicht zu besichtigende) Grabungen der Universität Warschau ergeben haben, befand sich unter dem Kloster, versunken im Meer unterhalb, und höher am Hang mit großer Wahrscheinlichkeit die befestigte Siedlung der Illyrer, in der Königin Teuta ihren Sitz hatte. Zyklopenmauern deuten auf einen Bau aus dem 3.–2. Jh. v. Chr. hin. Mit dem Namen Teuta verbindet sich eine historische Entwicklung, die den ganzen Balkan betraf: Die zweifelsfrei historisch belegte Königin befehligte ihre Stammesangehörigen in mehreren Piratenkriegen entlang der dalmatinischen Küste, die den Römern so missfielen, dass sie ab 229 v. Chr. zum Angriff übergingen, die Boote aufbrachten, Teuta zur Tributzahlung zwangen und ab 219 v. Chr. die gesamte illyrische Küste (heute Dalmatien bis Nordgriechenland) beherrschten. Startschuss für die Romanisierung des Balkans, die erst mit der Eroberung Daciens (heute Rumänien) durch Trajan (106) abgeschlossen war.

In Risan, das nur eine winzige Altstadt besitzt, sind die Ausgrabungen der römischen **Villa rustica** mit ihren **Mosaiken** die bedeutendste Sehenswürdigkeit. Die Villa liegt etwas oberhalb der Küste (heute an der Straße in die Berge) auf einem künstlich abgeflachten Gelände. Sie entstand wohl zu

Zeiten des Septimius Severus um 200, als Rom noch relativ wohlhabend war und die Reichsgrenzen gesichert erschienen. Sie wurde wahrscheinlich im 6. oder 7. Jh. während der Völkerwanderung durch eindringende Slawen zerstört, zwischen 1930 und 1956 ausgegraben und seither nicht mehr gepflegt. 2006 begonnene Restaurierungsarbeiten werden den ursprünglichen Zustand wiederherzustellen versuchen (das Gelände ist inzwischen nicht zugänglich). Das bisher offen unter freiem Himmel liegende große Mosaik, das den Gott des Schlafes darstellt, soll dann wie auch die beiden anderen Räume mit den Mosaikresten unter einem Dach geschützt sein.

Teuta: Risan bb., Tel. 082-37 10 08, Fax 082-37 17 40. Großer Kasten mit terrassenförmig angeordneten Stockwerken, die den meisten Zimmern Meerblick geben, hässliche, rostfarben gestrichene Drahtgitter auf den Balkonen, schlichte Einrichtung aber anständige Bäder, Mini-TVs, riesige Lobby, das Hallenbad hat schon bessere Zeiten gesehen. DZ/VP 60–110 €.

Grünmarkt jeden Vormittag auf dem Platz am Rand des alten Ortes.

Wer sich mit Baden allein nicht zufrieden geben mag, kann seine Wadenmuskulatur auf den steilen Bergstraßen über dem Ort mit Mountainbiking aufmöbeln (Rad muss mitgebracht oder in Herceg Novi gemietet werden). Daneben bieten Wanderungen ab Risan bzw. im Bergland des Krivošije Erholung in weitgehend unberührter Natur oder allmählich wieder in den Naturzustand verfallendem altem Kulturland.

Risan liegt an der Strecke der Inneren Bucht, die von der geringeren Zahl der **Busse** zwischen Herceg Novi und Budva bedient wird, trotzdem kann man mit bis zu drei Bussen/Std. in jeder Richtung rechnen. Nach Kotor und Herceg Novi bestehen mehrmals am Tag lokale Busverbindungen. Die Bergstraße nach Ledenice, Han und Grahovo (27 km) bzw. nach Crkvice (19 km) ist im ersten Teilstück sehr kurvenreich und hat keinen öffentlichen Verkehr (außer einem Schülerbus mit entsprechenden Zeiten).

Perast

Reiseatlas: S. 232, C 1

Wer durch die Meerenge Verige in die Innere Bucht gelangt, der hält direkt auf den Ort zu, der umgekehrt der Meerenge zugewandt ist. Das Städtchen, das seine Blütezeit während es 17. und 18. Jh. hatte, also während der venezianischen Herrschaft und im Barock, verdankte seine Existenz ebendieser Lage. Denn von hier aus konnte man nicht nur die trotz aller Ketten immer wieder gefährdete Meerenge überblicken, man konnte sie auch von allen Orten in der Inneren Bucht am schnellsten erreichen und im Notfall verteidigen. Schon im Spätmittelalter ist für Perast Schiffbau belegt, und die erste Marineschule, die je in einer slawischen Stadt aufgebaut wurde, bestand ab dem 15. Jh. hier – etwa zeitgleich mit der Eroberung (1482) der nördlichen Bucht zwischen Herceg Novi und Risan durch die Türken. Die Grenze zwischen Kotor und dem Osmanischen Reich verlief dann für Jahrhunderte zwischen Risan und Perast.

Die Gospa od Škrpelja auf einer Insel vor Perast ist ein bedeutender Wallfahrtsort

Gegen Ende des 18. Jh. besaß der Ort 50 große Segelschiffe, unter der Fahne der Serenissima (im Museum sind solche Fahnen erhalten) fuhren Kapitäne aus Perasto, wie es damals hieß, überall im Ostmittelmeer. Dabei gab es immer wieder Konkurrenz zum ebenfalls meeresorientierten Kotor (zu dem es bis 1585 gehörte), obwohl Kotor eher vom Handel lebte, während Perast vorrangig der Ort der Schiffsbauer, Eigner und Kapitäne war. Die konnten sich prächtige Stadthäuser leisten, barocke Paläste, mehrstöckige Steinbauten mit Balkonen und Piano nobile im ersten Stock, mit Hauskapelle und frommen Spenden für Kirchen und Klöster. Wer auf dem Meer in Gefahr geriet, widmete sich der Gottesmutter vom Felsen, der Gospa od Škrpelja (s. u.), deren Haus auf einem winzigen Inselchen vor dem Ort noch heute voll mit Votivtafeln ist, die beweisen, dass die Anrufungen erhört wurden. Hunderte von Kapitänen, Bootsleuten und einfachen Matrosen muss sie vor dem sicheren Tod bei Schiffbruch oder Piratenüberfall (Türken!) bewahrt haben.

Anderswo brachte die österreichische Herrschaft Vorteile und Prosperität, in Perast das Gegenteil: Mit der

Bevorzugung Kotors, dem Ende der Segelboote, für deren Bau Perast berühmt war, und mit der Benachteiligung der Stadt durch die neuen Schifffahrtslinien (der Österreichische Lloyd als wichtigste Gesellschaft der Ostadria steuerte Perast nicht an) verlor Perast in zwei Generationen jede Bedeutung, obwohl Kapitäne wie Francesco Viscovich (Viscović) noch zu Ende des 19. Jh. Perasts Schifffahrtstradition weiterführten (der spätere Graf war Verfasser eines ›Manuale Nautico di Metereologia‹ (1876) und einer ›Storia di Perasto‹ (1898), die beide in Originalausgaben im Museum der Stadt zu bewundern sind.

Die Stadt entvölkerte sich, und viele Paläste verfielen. Doch bereits 1928 bildete sich eine erste Gesellschaft für die Erhaltung der Stadt und seit 1957 kümmert sich ein rühriger Verein um die Erhaltung und Restaurierung der zahlreichen Baudenkmäler, die aus Perast ein Freiluftmuseum barocken Städtebaus im venezianischen Kulturkreis machen und eine der sehenswertesten Städte an der Adria.

Das Stadtmuseum

Auf unserem Weg von Norden nach Süden begegnen wir zuerst der **Palata Bujović,** einem der aufwendigsten

Mit seinen Palästen und Kirchen verströmt Perast einen ganz eigenen Charme

Paläste Perasts, was sich schon an den Dimensionen der Loggia und am äußeren Baudekor ablesen lässt. Da der ab 1694 errichtete Palast das Stadtmuseum beherbergt, kann man ihn – als einzigen der Stadt – auch von innen besichtigen (Mo–Sa 9–19, So 9–14 Uhr, Eintritt 2 €; nach Beendigung der Erweiterungsarbeiten im Anbau wird sich das Spektrum der Exponate des Museums noch vergrößern). Das dreistöckige Gebäude stand ehemals direkt am Meer; wie die gesamte Meerseite der Stadt hat die 1904 gebaute Küstenstraße auch die Proportionen dieses Palastes beeinträchtigt. Das Museum zeigt Objekte aus der venezianischen (1420–1797) und der österreichischen Zeit: Porträts von Peraster Kapitänen, Seestücke, Votivtafeln vom Marienheiligtum auf der vorgelagerten Kircheninsel. Im letzten Raum des ersten Stocks sind die gestickten Taschen der Peraster Männer dargestellt, in denen sie Geld, Dokumente, Pfeifen und Tabak aufbewahrten.

Die Stadtpalais

Etwas oberhalb der alten Straße liegt die **Palata Zmajević** mit schlichter barocker Fassade (1664), heute Ruine aber ehemals opulent ausgestattet, die Reste der Fresken des Tripo Kokolja (s. S. 40, 86) zeugen davon. Das Denkmal des Matija Zmajević (1680–1735), der das Haus während der Hchzeit Perasts bewohnte, steht auf dem Platz vor der Nikolauskirche. Matija Zmajević war einer der ersten Admiräle der Russischen Flotte in der Ostsee, die von Peter I. gleichzeitig mit dem Bau von Sankt Petersburg begonnen worden war. Es war in Perast gewesen, dass russische Edelleute das Handwerk der Seefahrt lernten. Ein Gemälde im Museum (im ersten Stock) zeigt den Kapitän Marko Martinović (1663–1716), wie er in der Peraster Marineschule eine Gruppe russischer Bojaren unterrichtet.

Die **Palata Smekja** ist das größte der Stadtpalais Perasts und besteht eigentlich aus zwei Palästen, die durch eine Brücke über die alte Durchgangsstraße miteinander verbunden sind. Die dreistöckige Fassade zum Meer hat noch ein Belvedere im Dachgeschoss – dieses kleinere Stockwerk mit eigenem Balkon hätte man gerne als Sommersitz für sich selbst. Dieser vordere Teil des Palastes stammt noch aus der Erbauungszeit ab 1769 unter Petar Smekja, der rückwärtige Teil wurde erst in den 1930ern fertig gestellt. Petar Smekja war der erste Peraster, der sein Schiff, die ›Leon Coronato‹, bis ins Baltikum steuerte, wo der Handel mit der neuen Ostseemacht Russland gute Gewinne brachte.

Die Nikolauskirche

Vom Platz vor der Kirche **Sv. Nikola** (Crkva Sv. Nikole) kann man recht gut die Höhe des Campanile (1691) einschätzen, er ist mit 55 m der höchste und sicher der schönste der gesamten Bucht. Seiner barocken Bauzeit zum Trotz ist er eher im Renaissancestil gehalten (flache, undekorierte Vorlagen) und inkorporiert romanische Elemente (Rundbogenfenster). Die Kirche selbst besteht eigentlich aus zwei Kirchen.

Man betritt den älteren, 1616 errichteten Bau, dessen Schiff nach Südosten ausgerichtet ist. Die Ausstattung ist barock, Gemälde des Peraster Malers Tripo Kokolja schmücken den Raum. Durch die Schatzkammer bzw. das **Kirchenmuseum** (Eintritt!) betritt man eine weitere Kirche, die im rechten Winkel zur ersten Kirche ausgerichtet ist, also nach Nordosten. Der schlichte, hohe Raum ist nicht verputzt, seine Proportionen sind ausgesprochen edel: Die neue Kirche wurde 1740 durch den Venezianer Giuseppe Beati begonnen, aber bis auf die Sakristei und Nebenräume nie vollendet.

Sveti Đorđe

Zwei Inseln liegen in der Bucht direkt vor Perast: Beide sind winzig, auf beiden stehen Bauwerke, beide haben sich in das kollektive Bewusstsein der Montenegriner eingegraben. Die Klosterinsel des hl. Georg mit ihren dunklen Zypressen ist – ohne direktes Vorbild zu sein – in unserem Bewusstsein mit Arnold Böcklins Bild der Toteninsel verknüpft, und die Insel Škrpelja mit ihrer Marienkirche ist ein bedeutender Wallfahrts- und Gnadenort für gläubige Katholiken, vor allem jene, die einmal in Seenot oder auf See in Not gerieten.

Die Mauern um Gebäude und Zypressengarten des Benediktinerklosters Sveti Đorđe (St. Georg) umfassen die gesamte kleine Insel. Das Kloster wurde spätestens im 12. Jh. gegründet, manches spricht für einen früheren Zeitpunkt. Wenn die Gebäude heute jünger wirken, hat das seinen guten Grund: Mindestens zweimal wurde das Kloster von Piraten überfallen, ausgeplündert und teilweise zerstört, zuletzt 1571, als der Pirat Karađoz auch gleich ganz Perast niederbrannte, und beim Erdbeben von 1667 stürzten während des Ostergottesdienstes Dach und Apsis ein – die schlichte Kirche, die wir heute sehen, entstand erst im 18. Jh. Interessant sind die Grabsteine rundum: Bis 1866 diente der Kirchhof als Friedhof für Perast.

Gospa od Škrpelja

Die Kirche der Muttergottes vom Messer (oder Unsere liebe Frau vom Felsen) steht auf einer den Meeresspiegel kaum überragenden, im Grundriss schiffsförmigen Insel. Bis ins späte Mittelalter ragte an der Stelle der heutigen Insel nur ein spitzer Felsen aus dem Wasser, auf dem, so die Legende, ein Fischer eine Marienikone fand, die den kranken Bruder wieder gesunden ließ. Zum Dank sollte auf dem Felsen eine Kapelle errichtet werden, aber es gab nicht genug Platz. Die gläubigen Peraster brachten daraufhin (der Tradition nach ab 1452) Steine und vor allem ausgediente Ruder- und Segelboote heran und versenkten sie um den Felsen, bis sie eine kleine Plattform geschaffen hatten. Über der Spitze des Felsens (unter dem heutigen Hochaltar) entstand eine Kapelle, nach dem Erdbeben von 1667 eine Kirche, die von Tripo Kokolja (1661–1713; s. S. 40) in 68 Einzelbildern ausgemalt wurde. Die Insel wurde durch regelmäßige Steinschüttungen und das Versenken ausgedienter Boote weiter vergrößert, bis sie im 19. Jh. ungefähr das heutige Ausmaß annahm.

Die Schiffsprozession fašinada gehört zu den Höhepunkten in Perasts Jahreslauf

An jedem 22. Juli findet in der Abenddämmerung die *fašinada* statt, eine traditionelle Schiffsprozession der Peraster (s. u.). Dabei werden Steine mitgeführt, die am Rand der Insel ins Meer geworfen werden, um diese weiter zu vergrößern und zu sichern. Das wohl weltweit einmalige Ritual wird von Liedern begleitet, die Boote und die Menschen sind festlich geschmückt, Lichter flackern, und wenn man nach der Rückkehr nicht gleich schlafen geht, ist das nur zu verständlich.

Die Kirche um das Gnadenbild einer Maria mit Kind (1452) von Lovro Marinov Dobričević (ca. 1420–78) auf dem Hauptaltar ist einschiffig und hat eine flache Kassettendecke. Der Hauptaltar aus Carrara-Marmor ist spätes 18. Jh. Die Fresken des Raumes sind allesamt Werke des Perasters Tripo Kokolja. Ein Wandstreifen und andere Stellen mit Votivtafeln aus getriebenem Silberblech deuten auf die Fülle von Votiven hin, die sich in den Jahrhunderten seit 1452 in dieser Kirche angesammelt haben. Interessant sind das Presbyterium nebenan, ein barocker Bau (18. Jh.) von quadratischem Grundriss und achteckiger Kuppel, und seiner Form wegen der Glockenturm: Er hat einen runden Querschnitt, wahrscheinlich, weil er ursprünglich als Beobachtungsturm gedacht war und eine runde Wendeltreppe auf und ab rascher zu begehen ist als eine Treppe mit quad-

Über der Altstadt von Kotor leuchtet die Festung

ratischem Grundriss. In dem kleinen **Museum** der Insel werden weitere Votivtafeln, insbesondere Bilder von Schiffen und Seestücke ausgestellt. Von den Anlegestellen in Perast fahren Boote nach Bedarf zur Insel hinüber, meist 5 €/Pers. (Kirche und Museum tgl. 10–17 Uhr, Eintritt 50 Cent).

www.perast.com

Apartmani Franović: Perast bb., Tel. 082-37 36 06, doofranovic@cg.yu. Solide Qualität bestimmt die Einrichtung des alten Steinhauses im oberen Teil der Altstadt von Perast. Apartment für 2 Pers. (Klimaanlage und TV) 20–50 €.
Stari Mlin: Tel. 082-33 35 55. Beliebtes und großes Restaurant am Strand unterhalb der Straße in Ljuta, einem kleinen Ort 5 km in Richtung Perast, der an Limone am Gardasee erinnert. Vorzüglicher Fisch, stimmungsvolle Atmosphäre tgl. bis Mitternacht (das Ambiente so rustikal, dass es schmerzt). 2 Gänge mit Fisch ab ca. 25 €.
Restaurant Conte: Tel. 082-37 36 87, Fax 082-37 37 22, info@hotel-conte.com. Am Hauptplatz vor der Kirche Sveti Nikola bietet das Restaurant Conte gute Gerichte vor allem mit Fisch und Meeresfrüchten, aber auch für den Cappuccino oder das Glas Bier zwischendurch ist gesorgt. Das Restaurant vermietet als Hotel Conte einige Zimmer im 1. Stock.
Konoba Otok Bronza: Lokal am südöstlichen Ortsende mit Fisch und Meeresfrüchten im Konoba-Geschoss (hier Erdgeschoss) eines spätmittelalterlichen Hauses neben dem Bronza-Palast, hübsch auch der von Weinreben beschattete kleine Gastgarten.

Am Abend des 22. Juli findet die **Fašinada,** eine Bootsprozession zur Insel Gospa od Škrpelja (s. o.) statt, bei der Steine mitgeführt und dann am Inselrand abgeworfen werden, um diesen zu stabilisieren. Diese Tradition erhält sich seit 1452. Die nicht weniger geschichtsträchtige **Gađanja kokota,** das ›Schießen auf den Hahn‹, am 15. Mai erinnert an einen Sieg über die Türken im Jahr 1654.

Die **Busse** der lokalen Linie Kotor–Herceg Novi (bzw. Risan) fahren über die Uferstraße und halten bei der Kirche am Trg Sv. Nikole, alle andern fahren über die Umgehungsstraße und halten nur an den beiden Enden der Uferstraße. Im Ort kaum **Parkmöglichkeiten,** am ehesten findet man einen Parkplatz am nördlichen Ende der Uferstraße – wenn auch nicht zu touristischen Stoßzeiten.

Kotor

Reiseatlas: S. 233, D 2

Wie nur wenige europäische Städte von Bedeutung hat Kotor ein gütiges Schicksal aus vorindustrieller Vergangenheit in unsere Gegenwart herübergerettet. Wie eine dekorative Theaterkulisse bildet die venezianisch-österreichische Festung den Hintergrund,

Rijeka Škurda
Bembo-
Bastion
Dobrota
Nordtor
Trg
21. novembar
18
Riznica Srpske
pravoslavne
crkve
9
3
Palata
Vrakijen
Arsenal
mletačke
flota
12
Sv. Marija
Koletata
8
Trg
Paštrovnica
Palata
Grubonja
10
Napoleonovo
pozorište
Pjaza
Sv. Luca
Crkva
Sv. Duh
20
13
Waffenplatz
(Trg od oružja)
Trg od
Kina
Crvka
Sv. Mihailo
Karampana
7
Crkva
Sv. Ana
22
2
1
Dobrota
Jadranski put
Pjaza od
muzeja
21
Palata Bizanti
Palata
Beskula
STARI GRAD
Zgrada
Crkva
Sv. Josip
P
6
4
Palata
Bula
Istorijski
arhiv
Biskupska
palata
Mehlplatz
(Trg od
brašne)
Pjaza
Sv. Tripuna
5
Crkva
Sv. Pavla
Katedrala
Sv. Tripuna
Palata
Vrakijen
Pjaca od
salate
Skala santa
19
Luka Kotor
Mletačka
vojna
bolnica
2
Samostan
Sv. Franjo
Südtor
Gurdić-
Bastion
Gurdić
KOTOR
Budva, Tivat
11
14
15
16
17
0
100 m

Sehenswürdigkeiten

1 Hafentor
2 Uhrturm (Kula gradskog sata)
3 Zitadelle (Citadela)
4 Palata Pima
5 Sv. Tripuna
6 Drago-Palast (Palata Drago)
7 Marine-Museum (Pomorski muzej Crne Gore)
8 Lukaskirche (Sv. Luke)
9 Nikolauskirche (Sv. Nikole)

Übernachten

10 Hotel Cattaro
11 Splendido
12 Marija
13 Hotel Vila Panonija
14 Fjord
15 Bokeljski Dvori
16 Autokamp Mimoza
17 Autokamp Jadran

Essen und Trinken

18 Bastion
19 Konoba Skala santa
20 Dalmatinska Konoba Cesarica
21 Konoba Kantun
22 Café Forza

vom Ort aus wirkt es, also ob sie bis zu den Höhen der steilen Gebirgsflanken reichte, die der Inneren Bucht von Kotor ihr besonderes, einem Fjord ähnelndes Gepräge geben. Dass die Altstadt, ein kompaktes Ensemble von Bauten, die zwischen dem 12. und frühen 20. Jh. entstanden sind, von der Unesco als Weltkulturerbe unter Schutz gestellt wurde, versteht jeder, der die Stadt und ihre Lage auch nur von außen sieht. Dass die Altstadt heute noch bewohnt ist – kein steinernes Gehäuse für touristische Einrichtungen, kein Apartmentparadies für reiche Ausländer –, macht sie doppelt interessant. Die Schäden des großen Erdbebens von 1979 wurden umgehend behoben, der beliebte Touristenort mit den originalen Steinen nach altem Muster wieder aufgebaut.

Kotor, das in den 500 Jahren seiner Zugehörigkeit zu Venedig Cattaro hieß (und desgleichen in der österreichischen Zeit bis 1918), wurde von Griechen gegründet, die den sicheren Standort für Schiffe tief drinnen in der Bucht schätzten. Dennoch war in den folgenden 1000 Jahren eher Risan der wichtigere der beiden Orte in der Inneren Bucht, und erst der Umstand, dass sich ab dem 7./8. Jh. Byzanz auf den Ort mit Bischofssitz stützte – Kotor –, entschied den Wettlauf zwischen den beiden Orten. Nach nemanjidisch-serbischen, bosnischen und ungarisch-kroatischen Zwischenspielen und einer kurzen Zeit als Freie Republik geriet Kotor 1420 unter die Herrschaft Venedigs, bei dem es bis 1797 verblieb (türkische Truppen hat Kotor als einer der wenigen Orte Montenegros zwar vor, aber nie in der Stadt gesehen). In dieser Zeit erreichte Kotor den Höhepunkt seiner Bedeutung, wenn es sich auch nie mit dem nahen Ragusa (Dubrovnik) messen konnte, das den Vorteil hatte, als praktisch autonome Republik unter türkischem Protektorat Handel treiben zu können, wohingegen Kotor von Venedig abhängig war. Schwere Erdbeben trafen die Stadt in dieser Zeit, so jenes von 1667, das Ragusa zerstörte. Wie dort nahm man Schäden zum Anlass, noch schönere Bauten zu errichten.

Während der österreichischen Zeit (1797–1804 und 1815–1918) profitierte Kotor vom Bedarf Österreichs an Schiffen, Kapitänen und Bootsleuten für seine neue Adriaflotte. Kotor wurde – die Dokumente im Pomorski muzej zeigen es zweifelsfrei – ein Haupthafen des Österreichischen Lloyd. Seit 1838 gab es einen wöchentlichen Dampferverkehr von Triest nach Cattaro. Die meisten Reisenden machten von Kotor aus einen Ausflug ins Gebirge, mit dem Maultier war man auf dem Reitweg über Njeguši nach Cetinje und zurück mindestens zwei Tage unterwegs.

Mit dem Untergang Altösterreichs und dem neuen Jugoslawien wurde für die Menschen der Boka kotorska der Traum wahr, mit ihren montenegrinischen Brüdern in einem gemeinsamen Staat zusammenleben zu können. Dass katholisch-kroatische Bevölkerung von der Küste mit venezianisch-mediterraner Kultur und orthodox-serbische Bergbevölkerung mit Balkanhintergrund einander nicht von Anfang an voll verstehen würden, konnte man voraussehen – noch heute ist der Gegensatz deutlich. Kotor verlor in jugoslawischer Zeit keineswegs seine Bedeutung als Hafen, vielmehr entstanden auf der staatlichen Werft die meisten Schiffe der Jugooceanija (auch dies lässt sich gut im Pomorski muzej nachvollziehen). Die Liquidierung der Werft als Folge des jugoslawischen Bürgerkriegs (und der Veränderungen auf dem Weltmarkt) beendete Kotors jahrhundertealte Tradition als Seefahrerort.

Die Marinarezza

Bereits im 9. Jh. schlossen sich die Seemannsfamilien Kotors zu einer *societas nautarum*, einer Seefahrergilde, zusammen. Ihre selbst gewählten Aufgaben waren die Wache an den Toren und die Verteidigung der Stadt. Im Statut von 1463 formierte sich die Gilde als militärische Truppe, die bis ins frühe 20. Jh. Bestand hatte, die **Bokeljska mornarica.** Die alten Uniformen werden heute noch bei festlichen Anlässen getragen, vor allem am Tag der Marinarezza, dem 3. Februar.

Die Stadtmauern

Die wuchtigen Stadtmauern mit gewaltigen Bastionen bis hoch über der Altstadt und die runden Türme an strategisch bedeutenden Stellen sind ein markantes Element der Stadt Kotor. Die Seeseite Kotors war Angriffen weniger ausgesetzt als die Landseite, sie wurde schließlich hier ganz hinten in der Bucht nicht nur von den Ketten der Verige, sondern von mehreren anderen Befestigungen geschützt. Gefährlich waren eher Angriffe von der Bergseite, denn oben verlief die Grenze mit der

Türkei. So mussten die Venezianer die Mauern bis auf 260 m Höhe über der Stadt hinaufziehen, um diese wirksam von der Landseite her zu schützen. Wenn man auf dem (später gebauten) alten Weg nach Njeguši wandert, der etwas außerhalb der Befestigungen verläuft, erkennt man erst, wie wirksam diese die Stadt abschotteten: Von keiner Stelle dieses Weges aus ist die Altstadt zu erkennen, was man ausschließlich sieht, sind hohe Mauern und schwer befestigte Türme. 4,5 km sind die Mauern insgesamt lang, ihre Höhe erreicht 20 m.

Die Altstadt ist an drei Stellen von Wasser umgeben, sowohl der kurze Škurda-Fluss im Norden als auch der Teich Gurdić im Süden werden von starken Quellen gespeist, ihr Wasser vermischt sich mit Meerwasser. Die Altstadt besitzt drei Tore, das **Nordtor** (Vrata od Rijeke) mit der alten Brücke über die Škurda, das **Südtor** (Vrata od Gurdića) und das ehemals sich nur zum Hafen hin öffnende **Hafentor** (Morska vrata oder Vrata od grada) – das heutige Haupttor. Eine Straße vor den Toren gab es früher nicht, das Meer brandete direkt an die Stadtmauern. Wenn man am Nordtor die Treppen zu den in venezianischer Zeit in der heutigen Form errichteten Wehrmauern hinaufgeht, kann man auf jeden Fall über die **Bembo-Bastion** bis zur Zitadelle an der Nordwestecke der Stadt und weiter bis zum Haupttor vordringen. Ab dort über die Kasematten – die heute unterhalb als Markt genutzt werden – bis zum schwer befestigten Südtor mit der **Gurdić-Bastion** ist der Weg nur gelegentlich frei (keine festen Zeiten).

Die Landmauern können über einen Weg erschlossen werden, der an der Skala santa an der alten Haupt-Durchgangsstraße im Süden der Altstadt beginnt (Weggeld 1 €). Man benötigt vom Meeresniveau bis zur an der höchsten Stelle auf 260 m liegenden **Festung San Giovanni** (Sv. Ivan, vorwiegend aus österreichischer Zeit) und zurück an die zwei Stunden. Das ist bei Sommerhitze und über die Mittagszeit kein Vergnügen – genügend Wasser muss man auf jeden Fall mitnehmen. Die Ausblicke lohnen die Anstrengung, schon von der als Ruine erhaltenen Kirche **Gospa od Zdravlja** hat man eine großartige Aussicht, von der Festung San Giovanni liegt einem Kotor und der gesamte Kotorski zaliv zu Füßen.

Die Altstadt

Durch das **Hafentor** [1] von 1555 im typischen venezianischen Stil der Zeit erreicht man den größten Platz der Stadt, den **Waffenplatz** (Trg od oružja). Im Inneren des Tores ist ein schönes spätgotisches Relief mit der Gottesmutter, Kind und zwei Heiligen zu bewundern. Direkt gegenüber vom Tor fällt der **Uhrturm** (Kula gradskog sata) [2] ins Auge, er wurde 1602 unter dem damaligen Stadthalter Antonio Grimani begonnen. Die anderen Bauten des belebten Platzes sind nach dem Erdbeben 1979 stark restauriert worden. Durch die schmale Gasse zwischen dem Theater und dem ehemaligen Arsenal auf der anderen Seite gelangt man hinauf zur **Zitadelle** [3], der stärksten Bastion der Stadt.

Wendet man sich auf dem Platz nach rechts, gelangt man durch eine Gasse zum **Mehlplatz** (Trg od brašna) mit dem imposanten **Palata Pima** [4], einem der größten Adelspalais der Stadt. Während die Loggia noch aus der Renaissance stammt, ist der Rest der Fassade barock.

Nur wenige Schritte sind es vom Mehlplatz bis zur Pjaza Sv. Tripuna. **Sveti Tripuna** [5], die Kathedrale des hl. Trifon mit ihrer majestätischen Doppelturmfassade, geht in wesentlichen Teilen auf den romanischen Bau zurück (tgl. 8–ca. 18 Uhr außer während der Messen, Eintritt 1 €). Nach dem Erdbeben von 1979 erhielt das Innere der Kirche wieder großenteils das ursprüngliche Aussehen zurück. Die der normannischen Romanik nahe stehende dreischiffige Kirche wurde im Jahr 1166 in Gegenwart des byzantinischen Gouverneurs für Dalmatien und Doclea und des Bischofs der Stadt eingeweiht. Zwei schwere Erdbeben und Beschießung bei kriegerischen Auseinandersetzungen beschädigten den Bau. Beim Erdbeben von Dubrovnik 1667 stürzten die Fronttürme ein. Sie wurden im 18. Jh. durch eine noch ganz der Renaissance verhaftete Doppelturmfassade ersetzt.

Das Innere der dreischiffigen Kathedrale ist seit 2001 fast völlig wieder in den romanischen Urzustand zurückversetzt. Der Stützenwechsel zwischen gemauerten Pfeilern und schlanken antiken Säulen mit Kapitellen, die auffallende Höhe des Mittelschiffes (13,54 m) und das bereits vom Eingang her eindrucksvolle spätromanische Ziborium hinter dem Hauptaltar ergeben den geschlossenen Endruck eines romanischen Kathedralbaues. Das 1362 geweihte Ziborium entstand nach dem Muster von San Nicola und der Kathedrale von Bari sowie der Kathedrale von Bitonto. Vier Pfeiler tragen einen dreifach gestuften achteckigen Aufsatz, dessen Spitze mit einer Engelsfigur nahezu die Höhe des Mittelschiffes erreicht. Um das Skulpturdetail zu erkennen ist ein Fernglas hilfreich, das auch bei Details der dahinterstehenden Pala d'Oro hilft, eines vergoldeten Altars mit 18 Figurenfeldern, den Kotoraner Goldschmiede in der 2. Hälfte des 15. Jh. geschaffen haben.

Über eine Treppe erreicht man von der Vorhalle aus die **Reliquienkapelle** mit einer Fülle silberner und vergoldeter liturgischer Objekte und Reliquien.

Der **Drago-Palast** (Palata Drago) [6] links neben der Kathedrale ist das einzige erhaltene Beispiel eines gotischen Stadtpalastes in Kotor. Besonders schön sind die reich verzierten Steinmetzarbeiten am Doppelfenster im rechten Flügel. Der linke Flügel wurde nach dem Erdbeben von 1667 im barocken Stil errichtet (nur von außen zu besichtigen).

An der Stirnseite des **Museumsplatzes** (Pjaza od muzeja) steht der **Gregorina-Palast.** Der repräsentative barocke Palast des 18. Jh. beherbergt das sehenswerte **Marinemuseum Montenegros** (Pomorski muzej Crne Gore) [7] (Mo–Sa 9–18, So 9–13 Uhr, Eintritt 1,50 €). In den beiden oberen Stockwerken sind zahlreiche Schiffs-

Hinauf zur Festung San Giovanni

MUNITÆ RUPIS
VIA
AD
MDCC
LX
TO THE FORT
ALLA FORTEZ
CIJENA ULAZNICE ZA
OBILAZAK TVRĐAVE 1€
ENTRANCE FEE FOR TOURING
AROUND THE FORTRESS 1€

modelle, Stiche und Fotografien von Schiffen (darunter fast alle, die der Österreichische Lloyd in Triest für seinen Liniendienst zwischen Triest und Korfu einsetzte) und Schiffsführern aus der Boka sowie andere Memorabilia zur bedeutenden maritimen Geschichte der *Bocca di Cattaro,* wie sie die längste Zeit hieß, versammelt.

In der Gasse links vom Museum passiert man die **Karampana,** einen großen gusseisernen Ziehbrunnen, den einzigen seiner Art in Kotor, dann gelangt man auf den **Lukasplatz** (Pjaca Sveti Luke). Die romanisch-byzantinische Kirche rechts mit ihrer Zentralkuppel ist die **Lukaskirche** (Crkva Sveti Luke) 8 mit Ikonostase und Seitenkapelle des 17./18. Jh., leider ist sie meist geschlossen. Sie war eine Stiftung des Mauro Casafranco und seiner Frau im Jahr 1195. Die Stiftungsinschrift ist ein wichtiges Dokument, denn sie erwähnt den Gespan Nemenja und dessen Sohn Vukan. Den Platz dominiert jedoch die ebenfalls orthodoxe doppeltürmige **Nikolauskirche** (Crkva Sveti Nikole) 9, die meist zugänglich, aber nicht sonderlich interessant ist, sie entstand erst 1902. Die benachbarte Schatzkammer der serbisch-orthodoxen Kirche in Kotor war zum Zeitpunkt der Recherchen nicht zugänglich.

Dobrota

Das nördlich an Kotor anschließende Dobrota ist heute praktisch ein Vorort geworden. Schon in der Barockzeit nahm Dobrota den Überschuss der Bauvorhaben in Kotor auf, denn in der dortigen Altstadt war kaum noch Platz. Wer allerdings Rang, Einfluss und Geld hatte, entschied sich gegen alle Widerstände für Kotor, in Dobrota ließen sich nur diejenigen nieder, denen eines dieser drei Elemente fehlte. Entsprechend einfacher sind die Bauten. Wie in Perast war die Uferstraße früher der Strand, jedes Haus hatte seinen eigenen Anleger. Heute zieren Minihäfen für die Boote der Anlieger in unregelmäßigen Abständen die Uferlinie.

Auf Kotor weist auch die **Nautische Fakultät** (Fakultet za pomorstvo) der Universität von Montenegro am Ort, die auf eine ältere nautische Hochschule zurückgeht. Das unauffällige Gebäude sah die erste Willenskundgebung der Montenegriner und Boccioten für einen gemeinsamen Staat, das war im Jahr 1813 in Anwesenheit von Fürst Petar I. Petrović-Njegoš. Für den Wiener Kongress war der Beschluss ohne Belang, Süddalmatien, wie die Boka damals hieß, wurde 1815 kommentarlos an Österreich zurückgegeben. Von Interesse ist auch die **Pfarrkirche des hl. Eustachius** (Sv. Eustahija) am Ufer eines grünen Landvorsprungs etwas weiter nördlich und altes Zentrum des Ortes. Der schöne Barockbau wurde nach dem Erdbeben von 1667 errichtet.

Auf dem alten Weg nach Njeguši und Cetinje

Bei Kotor lag die über Jahrhunderte geltende venezianisch-türkische und später österreichisch-montenegrinische Grenze in Schussweite der Altstadt, was durch den Bau der Festung einigermaßen ausgeglichen wurde. Das heißt nicht, dass immer geschossen wurde. Im Gegenteil, in langen einigermaßen friedlichen Phasen erfolgte über das Küstengebirge im Rücken der Stadt ein reger Handelsverkehr – von dem lebte Kotor schließlich, denn wohin hätten die Güter, die man in der Bucht anlandete, sonst gebracht werden sollen, und für die montenegrinische Bevölkerung war Kotor natürlich nicht nur Versorgungsort, sondern auch der Markt, auf dem sie ihre Waren anbieten konnte. Alte Reiseberichten erzählen von schwer bepackten Frauen (die Männer trugen ihre Gewehre, sonst nichts), die über den Steig und später auf der von den Österreichern gebauten Maultierstraße an Markttagen nach Kotor herunterkamen. Diesen Weg, der sich bis auf wenige kurze Stücke hervorragend erhalten hat, heute zu gehen, ist ein Gang in die Vergangenheit des Landes und ein überwältigendes Naturerlebnis (Beginn bei Wasserwerk an der Škurda-Quelle).

Turistička organizacija Kotora: Stari grad 328, 85330 Kotor, nur Büro, Tel. 082-32 59 52, Fax 082-32 59 47, Infokiosk an der Hafenstraße vor dem Haupttor. **Internet** im Nebenraum des Café Forza am Trg od Oružje.

Kotor wird meist nur als Tagesausflug von anderen Orten der Küste aus besucht, oder Schwärme von Besuchern entsteigen den Kreuzfahrtschiffen, die in stark steigender Zahl an der Hafenmole anlegen. Entsprechend wenige Übernachtungsmöglichkeiten gibt es, die ruhigeren liegen im mit Kotor völlig verwachsenen Dobrota und in Prčanj (s. u.).
Hotel Cattaro 10: Tel. 082-33 10 00, cattarohotel@cg.yu, www.cattarohotel.com. Das Hotel an der Stirnseite des Waffenplatzes mit Casino in der Loggia bietet in seiner ersten Saison DZ/FR zu 120 und drei Apartments für 240 € an.
Splendido 11: Prčanj (3,5 km von Kotor), Naselje Gkavati bb., Tel. 082-30 17 00, Fax 082-33 62 22, www.splendido.nis–nftagas.cg.yu. ›Splendido‹ (strahlend) war der Name des Schiffes, mit dem der Peraster Kapitän Ivo Visin in den 1850ern um die Welt segelte – einem Viersterne-Hotel direkt am Meer mit Privatstrand, eleganten Zimmern mit jedem Komfort und Traumlage steht dieser Name wohl an. DZ/FR 92–120 €.
Marija 12: Stari grad, Kotor, Tel. 082-32 51 62, Fax 082-32 50 73. Das in der Spätrenaissance errichtete Gebäude in der Altstadt ist ein hübsches kleines Hotel mit 17 etwas engen, aber freundlichen Zimmern mit TV und einer nicht sonderlich lauten Lage (keine leichte Sache in der bis nachts geschäftigen Altstadt). DZ/FR ab 65 €.
Hotel Vila Panonija 13: Dobrota bb., Tel. 082-33 48 93, www.vilapanonja.com. Im alten Steinhaus in zweiter Reihe über dem Ufer laden angenehm große Zimmer mit Balkon oder Terrasse, Sat-TV, Kühlschrank und Safe zu einem ruhigen Aufenthalt, nur 14 Betten, freundliches Personal. DZ/FR 50 €.
Fjord 14: an der Straße nach Prčanj, Tel. 082-32 50 11, Fax 082-32 50 61, fjord@cg.yu. Großer Staatsbetrieb am äußersten Südufer der Bucht, in einzelne Blöcke mit schrägen Ziegeldächern aufgeteilt, daher keine ästhetische Bombe. Von den Zimmern (kein TV) mit Seeblick sieht man Bucht und Altstadt, Sauna, Fitnessraum, Tennisplatz. DZ/FR ab 40 €.
Bokeljski Dvori 15: Prčanj, Tel. 082-33 61 13, bokeljskidvori@cg.yu. Einfaches Privathotel etwas oberhalb des Ufers (nahe dem Splendido), Zimmer mit TV und Klimaanlage, gutes Restaurant im Haus. DZ/FR 27–32 €.

Camping:
Die kleinen **Autokamps Mimoza** 16 (Tel. 082-33 66 32) und **Jadran** 17 (Tel. 082-33 65 65) in Dolni Stoliv (9 km von Kotor) sind die Kotor am nächsten gelegenen und beide sehr einfach.

Bastion 18: Stari grad (am Landtor), Tel. 082-32 21 16. Im Anbau innen an das Landtor ist das Fischrestaurant Bastion untergebracht, bei dem man natürlich auch Fleisch vom Grill bekommt, vor dem Lokal gibt es einen schönen Gastgarten, nachts sehr stimmungsvoll. *Ordever*-Teller 6 €, Mit Käse und Schinken gefüllte Tintenfische *(lignje sa pršutom i sirom)* 9 €, Weißkäse in Olivenöl 5 €, Weißfisch I. Kat. 30 €/kg – was durchaus akzeptable Preise sind für die Qualität.
Konoba Skala santa 19: Am Beginn des Treppenwegs zur Festung. Noch stärker als andere Lokale auf Touristen (und Gruppen) eingestellte, aber ausgesprochen gemütlich-rustikale Konoba, mit guten traditionellen Gerichten, die ihren Preis haben (2 Gänge mit Fisch ab 20 €).
Dalmatinska Konoba Cesarica 20: an der Pjaca Sv. Luke, Kotor. Echte Konoba in altem Gewölbe in der engen Gasse zwischen Pjaca Sv. Luke und Trg od Kina, sehr gemütlich, sehr freundliches Personal, kompromisslos Fisch und Grillgerichte, als einzige Beilage Fritten und Salat, sehr gut die Fischpastete als Vorspeise. Fischportion 8–10 €.
Konoba Kantun 21: Trg Pjaza od muzeja. Ein Drittel des Platzes ist von den Tischen des Lokals belegt, Fisch (1. Kat à 31 €/kg) und Fleisch in großer Auswahl, als Beilagen nur Pommes frites, Salzkartoffeln oder Spinat (aus Tiefkühlware). Ein Tipp: Die hervorragenden üppigen, mit Weißkäse und Schinken gefüllten Palatschinken eignen sich auch als Hauptgang (3,50 €).

Café Forza 22: Trg od Oružje. Größtes Café am Platz (und in der Stadt), gute Konditoreiwaren, super Schaumschnitte, vor dem Becher mit Kastanienpüree muss allerdings gewarnt werden (die Maronimasse wird mit fetter Margarinecreme kombiniert).

Mehrere kleine **Supermärkte** in der Altstadt, **Grünmarkt** in den Arkaden auf der Hafenseite, große Supermärkte in Dobrota und 100 m vom Altstadtrand an der Straße nach Tivat/Budva. Die Stadt ist ein Souvenir-Dorado, Antiquitäten wird man kaum finden, aber jede Menge Boutiqueware, Original wie Fälschung.

Secondo Porto: an der Straße nach Tivat/Budva. Einer der größten Klubs des Landes, nur Hochsaison, sehr bekannt und sehr besucht.
Disko Maximus: in der Zitadelle an der Nordwestecke der Stadtmauern, Tel. 069-08 98 47 (Janko spricht Englisch). Fungiert nur an Wochenenden als ›echte‹ Disko mit DJ und allem Drum und dran, während der Woche und in toten Zeiten als ›Klub‹.
Casino: im Hotel Cattaro (noch vor dem Hotel eröffnet), tgl. 21–5 Uhr. Roulette etc.

Festival des Unterwasserfilms im Juni; **Kindertheaterfestspiele** im Juni; **Bokeljska noć,** ›Die Nacht der Boka‹, ein Fest auf Booten in der Boka und Plätzen in der Stadt mit viel und lauter Musik Mitte August; **Sommerkarneval** im August (oder Ende Juli/Anf. August, auch in Prčanj, Dobrota und Muo), www.kotorkarneval.com (auch in Englisch).

Ausflüge: Neben dem an den Küstenorten üblichen Angebot an Busausflügen bietet Kotor mehrere Bootsausflüge. Die Rundfahrt durch die Bucht von Kotor mit der Festungsinsel Mamula, der Blauen Grotte und Blicken auf die Inseln vor Perast (ohne Landung) sind Standard. Die Boote legen ab ca. 9 Uhr vom Hafen ab.

Segeln und Motorboote sind wie die großen Kreuzfahrtschiffe im tiefen Hafen von Kotor willkommen (Tel. 082-32 55 78, www.portofkotor.cg.yu).

Baden und Strände: Das kaum bewegte Wasser im innersten Teil der Bucht, an der sich auch noch eine Stadt befindet, ist trotz reichlicher Frischwasserzufuhr durch Karstquellen nur bedingt einladend. Man badet entweder auf der Kotor gegenüberliegenden Buchtseite in Prčanj oder gleich an der Äußeren Bucht bei Tivat.

Tauchen: Tauchklub (RC) Kotor (Tel. 069-08 67 62, rankopr@cg.yu).

Wandern und Bergsteigen: Die alten Wege, die von der Bucht zu den heute ausnahmslos verlassenen Dörfern auf der Hochebene oberhalb führen, werden allmählich wieder in Stand gesetzt, um als Wanderwege dienen zu können. Einer der Handvoll bisher gangbarer Wege im Südteil der Bucht ist jener nach Njeguši, der direkt in Kotor beginnt (s. ›Auf dem alten Weg nach Njeguši und Cetinje‹, S. 97). Auskunft gibt der Bergsteigerverein Pestingrad (Kotor, Tel. 067-48 66 80, www.pestingrad.users.cg.yu).

Zwischen Kotor und Tivat wurde 1992 ein **Tunnel** eröffnet, der die Verbindung zwischen den beiden Orten und mit Budva und Podgorica um eine gute halbe Stunde verkürzt. Er ist seit 2005 wegen Bauarbeiten geschlossen und der Rumor weiß, dass die Wasseradern, die zur Schließung geführt hatten, nicht zu fassen seien – der Tunnel, heißt es, werde aufgegeben werden müssen. Die Altstadt ist Fußgängerzone, **Parkplätze** auf dem bewachten Großparkplatz in Richtung Dobrota rechts nach der Brücke über den Škurda-Fluss.

Lokalbusse über Prčanj nach Tivat und über Perast nach Risan, beide ab Busbahnhof, ca. 6–7x tgl.; nach Podgorica und zurück mindestens 15 Busse (über Tivat).

Von Kotor nach Lepetani

Reiseatlas: S. 232/233, C/D 1/2

Über den ehemals eigenständigen Ort Muo, Prčanj und Donji Stoliv führt eine schmale Uferstraße nach Lepetani und zur Fahre über die Verige. An vielen Stellen kommen selbst zwei PKWs nicht aneinander vorbei, geschweige denn zwei Busse (die lokale Linie zwischen Kotor und Tivat klappert diese Dörfer ab). Zahlreiche ältere und neuere Villen säumen die Straße auf der Bergseite, häufig haben sie am Ufer auf der anderen Seite der Straße einen kleinen Garten, und jede einzelne hat einen Bootanleger.

In **Prčanj** verdichtet sich die Siedlung, die prächtige barocke Pfarrkirche Maria Himmelfahrt im venezianischen neo-palladianischen Stil des späten 18. Jh. macht den Reichtum derjenigen deutlich, die sich einst hier niederließen: Viele von ihnen waren Kapitäne, die hier ihren Alterswohnsitz nahmen. Die Orte sind nach Westen und Norden hin zwar durch die bis zu 712 m hohen Berge der Halbinsel zwischen Kotor und Tivat vor dem Wind geschützt, müssen aber im Winter monatelang fast ohne Sonne auskommen, einen ganzen langen Monat lang geht die Sonne für sie überhaupt nicht auf.

Die Adriaküste

Altstadt von Budva

Reiseatlas S. 233–237

VON BUDVA NACH PETROVAC

Die Altstadt von Budva, die Hotelinsel Sveti Stefan, der Strand des Königs in Miločer – die Adriaküste um Budva und seinen meilenlangen sandigen Stadtstrand Slovenska plaža versammelt einige Top-Highlights des montenegrinischen Tourismus. Aber nicht nur das Meer lockt mit Aktivitäten: Die Berge im Rücken sind Wanderland und Aussichtsplattform.

Budva

Reiseatlas: S. 233, E 4
Budva ist das Herzstück des montenegrinischen Tourismus. Daran lassen die Massen, die hier allsommerlich anrücken und sich Urlaubsbräune an der langen Slovenska plaža oder den anderen Stränden holen und die durch die pittoreske Altstadt schlendern, wenn sie nicht gerade eines der vielen Sport- und Ausflugsangebote wahrnehmen, keinen Zweifel. Die Sommersaison ist stark von serbischen, die Nebensaison von anderen Besuchern aus Osteuropa geprägt, insbesondere Tschechisch und zunehmend Russisch sind dann in den Hotels und Kaffe-Bars zu hören.

Budva geht auf ein illyrisches *Budua* zurück, von dem sich nichts erhalten hat, und einen gleichnamigen römischen Nachfolger, dessen spärliche Reste unter der heutigen Stadt und im Museum gezeigt werden. Die Altstadt von heute, eine kompakte Siedlung venezianisch geprägter Bauten zwischen hohen Mauern, überragt von einer Zitadelle und dem Campanile der katholischen Kathedrale, entstand vor allem unter Venedigs Ägide, die letzten Bauten errichteten die Österreicher, so den Großteil der Zitadelle.

Budva steht auf unsicherem Boden. Am 6. April 1667 starben in Budva beim Erdbeben von Dubrovnik mindestens 60 Menschen. Das Erdbeben am 15. April 1979 fiel in eine an Touristen arme Phase des Jahres. Wäre es die Hochsaison gewesen, hätte man vermutlich Hunderte Tote zu beklagen gehabt. Bilder des eingestürzten Hotel Slavija an der Slovenska plaža zeigen dicht aufeinander liegende Betonplatten der Decken der einzelnen Stockwerke. Auch die anderen Hotels an der Slovenska Plaža hatten so starke Schäden, dass an eine Restaurierung nicht zu denken war, alles musste abgetragen und neu errichtet werden.

Rundgang durch die Altstadt

Der Platz vor dem schmucklosen Landtor Budvas aus venezianischer Zeit wird vom Protzbau des Hotel Avala dominiert, dessen älterer, zum Meer gewandter Baublock 1937 errichtet wurde. Man hat ihn nach 1980 in Form eines Triumphbogens ausgehöhlt, sodass er jetzt stark an protzige Mussolini-Architektur erinnert. Im schicken Caffe 2 Millenium im Erdgeschoss wurden Reste antiker Mauern und Bodenplatten aufgedeckt, die konserviert wurden und nun einen Teil der Einrichtung bilden. Ebenfalls antik ist ein restaurierter Komplex von niedrigen Mauern, der links vom Aufgang des Hotels liegt. Es handelt sich um Reste der **Nekropole,** die über 1000 Jahre vom 5. Jh. vor bis zum 5. Jh. nach der Zeitenwende existierte. Der Platz vor dem Landtor entstand übrigens erst im 19. Jh. durch Zuschüttung eines schmalen Meeresarms.

Die **Mauern der Altstadt** umschließen ein unregelmäßiges Viereck, an das südlich der Bereich der Kirchen und der Zitadelle anschließt. Man nimmt an, dass sie in etwa diesem Verlauf bereits in der Antike existierten und mehrfach überbaut wurden, vor allem in venezianischer Zeit, als sich die Stadt gegen türkische Angriffe zu verteidigen hatte (1571, wie wir gesehen haben, vergeblich). Ursprünglich gab es nur zwei Tore, das **Landtor** [1], Vrata di Terra Ferma oder Glavna Vrata genannt (der venezianische Ausdruck hat tatsächlich überlebt), und das **Seetor** (Vrata Pizana 1) [2]. Die 1 dient dazu, es von einem späteren Tor Vrata Pizana 2 zu unterscheiden, das wie fünf weitere Mauerdurchbrüche erst nach dem Erschlaffen der venezianischen Herrschaft im 18. Jh. entstand, als die Bürger torferner Stadtviertel die Initiative ergriffen und sich auf eigene Faust ein kleines Stadttor schufen.

Die Via principalis des römischen Budua ist die heutige **Ulica Njegoševa,** die wie vor 2000 Jahren ziemlich geradlinig ins Stadtzentrum führt. Nur schmäler ist sie geworden, denn nach dem Ende römischer Bauverordnungen schoben die Bürger ihre Häuser bei jedem Neubau ein Stückchen weiter in Richtung Straßenmitte vor – Platz war in der engen Stadt Mangelware. Auffällig ist die zurückhaltende Fassadendekoration der Stadthäuser.

Am **Trg između Crkava** (auch Starogradski trg genannt), dem größten und wichtigsten Platz der Altstadt, steht man vor der katholischen **Kirche Sv. Ivan Krstitelji** (Johannes der Täufer) [3], die oft Kathedrale genannt wird, obwohl sie diese Funktion bereits 1828 abgeben musste. Auffallend ist ihr hoher, 1876 entstandener Campanile. Die Kirche selbst stammt noch aus venezianischer Zeit, Vorgängerbauten gar aus der Zeit vor 1000. Sie wurde aber nach Erdbeben – zuletzt 1979 – so oft verändert und umgebaut, dass eigentlich nur der Grundriss erhalten blieb. Die Ausstattung im Inneren ist nicht sonderlich bemerkenswert, wenige Reste älterer Baustrukturen sind ohne Putz, um sie hervorzuheben.

Vom Platz vor der Kathedrale, unter dem eine noch nicht ausgegrabene frühbyzantinische Basilika vermutet wird, sind es nur ein paar Schritte bis zur kleinen, im italienischen Stil an der Fassade durch rötliche und weiße Steinbänder dekorativ gestalteten or-

BUDVA
0
300 m
12
Ul. Svartovska
Ul. Filipa Kovačevića
Ul. Žrtava fašizma
Topli̇čki Put
Dositejeva
Jadranski Put
14
Trg slobode
Toplički Put
BABIN DO
22. Novembra
Solunski put
19
Ul. Prvomajska
Jadranski Put
22. Novembra
Mediteranska
26
Slovenska obala
Slovenska
13. Jul
11
20
Mediteranska
2
17
Ul. Mila Milunovića
Kulturni Centar
Trg Republike
Primorski bataljon
Jadranski Put
Slovenska obala
siehe Detailkarte
Trg Budvanskih slikara
16
10
GOSPOŠTINA
Tivat, Kotor
STARI GRAD
Plaža Mogren

Sehenswürdigkeiten

- 1 Landtor (Glavna Vrata)
- 2 Seetor (Vrata Pizana 1)
- 3 Sv. Ivan Krstitelji
- 4 Sv. Trojstvo
- 5 Sv. Sava
- 6 Crkva Santa Maria
- 7 Zitadelle (Citadela)
- 8 Stadtmuseum (Muzej grada Budve)

Übernachten

- 9 Admiral Club
- 10 Avala Grand Hotel & Villas
- 11 Fontana
- 12 Grbalj
- 13 Vila Balkan
- 14 TN Slovenska Plaža
- 15 Alexander

Essen und Trinken

- 16 Maša
- 17 Olimpia
- 18 Stari Grad
- 19 Tropico
- 20 Jadran - kod Krsta
- 21 Mercur
- 22 Ice Club

Mittelalterliche Fresken im Kloster Podmaine

thodoxe **Kirche Sv. Trojstvo** (Hl. Dreifaltigkeit) 4 von 1804. Auf dem Dach thront ein schmaler Glockengiebel für drei Glocken, ähnliche Giebel gibt es in mehreren Orten an der kroatisch-montenegrinischen Küste. Die Ausstattung, bis auf die Ikonostase (18./19. Jh.) 1864 entstanden (und stark restauriert), wurde von einem Griechen geschaffen, der mit der nachbyzantinischen Maltradition vertraut war.

In den Verband der Seemauern gegenüber Sv. Trojstvo sind zwei kleine Kirchen integriert, die beide leider nicht zugänglich sind: **Sv. Sava** 5 und die **Crkva Santa Maria** (so, und nicht serbisch geschrieben) 6. Die innen ausgeräumte Kapelle des hl. Sava stammt wohl aus dem 14. oder 15. Jh., urkundlich erwähnt wird sie 1413 unter Fürst Balša I., zu dessen serbischem Reich Budva damals gehörte. Eine den Benediktinern, die das einzige Kloster in Budva führten, gehörende Kirche der Gottesmutter wurde zwar bereits im 12. Jh. erwähnt und existierte damals wohl schon einige Generationen, der heutige Bau ist jedoch erst nach 1571, ja 1667 entstanden. Beide Kirchen wurden während der italienischen Okkupation Montenegros von Truppen verwüstet, nachdem man sie ausgeräumt und die wertvolleren Einrichtungsgegenstände verkauft hatte.

Zitadelle

Vom Platz vor der Kirche der Dreieinigkeit führen Stufen zum Eingang der **Zitadelle** (Citadela) 7 (offiziell tgl. 9–24 Uhr, 2 €). Die Festung am höchsten Punkt der Altstadt war wohl auch der älteste Siedungsstandort. Grabungen, die diese Annahme bestätigen könnten, wurden jedoch noch nicht vorgenommen. Die Zitadelle, wie wir sie heute sehen, stammt vorwiegend aus der venezianischen Zeit, doch der lang gestreckte zweistöckige Bau, in dem sich heute ein Restaurant und das **Schiffsmuseum** (Öffnungszeiten wie Zitadelle) befinden, wurde erst zu einer Zeit hochgezogen, als Budva zum ›Kreis Cattaro‹ und zu Österreich gehörte. Die Schiffe sind übrigens Modelle einiger berühmter Schiffe der Seegeschichte, für Freunde des Genres eine Fundgrube. Die angeschlossene Bibliothek zur Geschichte und Politik des Balkans zwischen ca. 1845 und 1918 ist nicht zur Lektüre zugänglich (Tel. 086-45 70 25, imobilia@cg.yu).

Stadtmuseum

Vom Trg između Crkava geht man durch die Ulica Petra Prvog Petrovića in Richtung des Tores Vrata Pizana 2 und passiert (rechts im Haus Nr. 11) das **Stadtmuseum** (Muzej grada Budve) 8 (Di–So 10–22 Uhr, Eintritt 1,50 €), das einen interessanten Gang durch die Stadtgeschichte bietet. Römisches Glas, darunter eine Glasurne, die in einer mit Metallverschluss versehenen Steinurne in der Nekropole gefunden wurde, ein graeco-illyrischer Helm, griechische Keramik (auch einige hellenistische Tanagra-Figürchen) und Goldschmuck sind die attraktivsten Objekte. Im obersten Stockwerk sind vor allem Kleidung und Haushaltsgegenstände des 19. und frühen 20. Jh. zu betrachten.

Kloster Podmaine

Am Stadtrand liegt direkt am Fuß der Paštrovići-Berge, die hinter der Bucht von Budva aufragen, das im Frühmittelalter gegründete **Kloster Podaine,** nach dem der gesamte Stadtteil benannt ist. Nach starken Schäden beim Erdbeben 1979 vorbildlich restauriert, ist das Kloster heute wieder Ziel vieler gläubiger orthodoxer Christen, die es den Mönchen geraten sein ließen, einen kleinen Souvenirshop einzurichten. Das Kloster steht auf einer Terrasse, die zur Talseite noch befestigt ist und einen kleinen runden Wachturm trägt. Im tiefsten Geschoss unter diesem Turm liegt die ältere der beiden **Klosterkirchen,** die dem Entschlafen Mariens geweiht ist (Maria stirbt in der Orthodoxie nicht, sondern ›entschläft‹ und wird direkt von Christus in den Himmel aufgenommen) und deren äußere Eingangshalle und Schiff im Frühmittelalter ausgemalt wurden. Die nicht gut erhaltenen und für den Laien wenig aussagekräftigen **Fresken** zeigen Darstellung zum Akathistos-Mythos, einem orthodoxen Zyklus von Hymnen an die Gottesmutter.

Budvas Strände

Dass sich Budva als Montenegros Tourismusmetropole durchgesetzt hat, hängt sicher von seinem Strand **Slovenska plaža** ab, der direkt vor den Toren der Altstadt beginnt und sich als ein 1,7 km langer Bogen Feinkiesstrandes mit sandigen Abschnitten bis zum gegenüber liegenden felsigen Vorgebirge am Kap Rt Zavala fortsetzt, hinter dem weitere Strände locken (Bečići, Raifailovići und Pržno, s. u.). Den Namen hat die Bucht von slowenischen Besuchern, die hier schon in der Zwischenkriegszeit badeten. Heute ist sie von Strandcafés, Bars, Diskos, Open-Air-Restaurants, Marktgasse für Touristen und unzähligen fliegenden Händlern gesäumt. Der keine 100 m breite **Guvance-Strand** am Kap ist rings von mediterraner Vegetation umgeben.

Vor der Bucht schützt die Insel **Sveti Nikola** vor den Südwestwinden, ihr Profil und das der beiden begleitenden Klippen ist von allen Stellen der Bucht und der Berge darüber zu sehen und gehört einfach zu Budva. Drei kleine Strände laden zu Baden, die Insel erreicht man vom Hafen während der Hochsaison meist stündlich, im Juni und September mehrmals pro Tag. Das Hinausschwimmen zur nur 1 km entfernten Insel ist möglich, aber nicht ungefährlich – der recht windstille Kanal zwischen Insel und Festland wird von vielen schnellen Booten befahren.

Vom Hotel Avala kommt man auf einem teilweise in den Felsen gehauenen Fußweg (beachten Sie gleich zu Anfang die enorme Faltung, die den Gesteinspaketen der Felswand widerfahren ist) zu den beiden idyllischen **Mogren-Stränden**. Beide können nur auf diesem Weg erreicht werden und sind während der Hochsaison eintrittspflichtig. Vom zweiten Mogren-Strand, den man nur erreicht, wenn man einen kleinen Tunnel passiert und kurz durch seichtes Wasser watet, hat man einen schönen Blick auf den meernahen Teil der Altstadt.

Der Kiesstrand der Bucht von **Jaz** liegt 4 km westlich von Budva (Abzweig von der Straße nach Tivat) und ist wegen seiner leichten Erreichbarkeit nicht gerade ruhig (ein Abschnitt mit FKK). Wer auf der Zufahrtsstraße in die nächste Bucht weiter fährt, trifft am **Trsteno-Strand** feinen Sand, was kein Geheimnis ist und bei der schmalen Bucht leicht zu Überfüllung führt. Wer nun nochmals ca. 2 km weiterfährt, erreicht nahe dem Kap Platamuni die **Plaža Platamun** mit Felsenstrand.

Die **Touristeninformation Budva** (Ulica Njegoševa nahe Trg između Crkava) hält wenig Infos, aber einen einigermaßen brauchbaren Stadt- und Altstadtplan bereit (Postadresse: Turistićka organizacija Budve, Mediteranska 4, 85310 Budva, Tel. 086-40 28 14, www.budva.com). Budva TV, in den Hotels zu empfangen, bringt um 19.30 und 22.30 Uhr eine für Gäste gedachte Infosendung über Budva und Umgebung.

Admiral Club 9: Jadranski Put bb., Tel. 086-45 36 27, Fax 086-45 36 32, admiralbd@cg.yu. Warum das eher kleine, ganzjährig geöffnete Hotel (32 Zimmer) an der Hauptstraße mit seinem seltsam verschachtelten Erdgeschoss fünf Sterne hat, fragt man sich zunächst. Bis man die von Grün überwölbte Gartenterrasse des Restaurants erlebt, den weiß gefliesten Poolbereich, die hellen Zimmer mit attraktiven Vollholz- und Rattanmöbeln und bis man auf dem Hotelboot zur Insel Sv. Nikola fährt, um dort am Hotelstrand zu baden (zur Slovenska plaža sind es 300 m mit Hauptstraßenquerung). Exklusivität, das macht die fünf Sterne, DZ/FR 100 €, empfehlenswert mit HP 130 €.

Avala Grand Hotel & Villas 10: Mediteranska 2, Tel. 086-40 26 56, Fax 086-40 26 59, www.grandhotelavala.com. Blütenträume von einem edlen Grandhotel werden im Avala, das in den 1980ern nach dem Erdbeben von 1979 wieder errichtet wurde, nicht erfüllt. Die Lage ist klasse, der runde Pool unter freiem Himmel ist vom Hallenbad im zweiten Stock bis auf den Strand vorgeschoben, das ist auch sehr gut. Der Gang darunter, durch den man zu den Mogren-Stränden muss, ist es weniger und auch die Zimmer sind halt eben Drei-Sterne-Durchschnitt. Die ›Villas‹, Bungalows am Hang dahinter, sind die deutlich bessere, intimere und ruhigere Lösung (zum Strand hin macht sich leider der hoteleigene Nachtklub ›Hot Cherry‹ allzu laut bemerkbar, obwohl er ins Untergeschoss verbannt ist). DZ/FR 77–141 €.

Fontana 11: Slovenska obala 23, Tel. 086-45 21 53, Fax 086-45 23 65, fontana.lekic@cg.yu. Intimes, gepflegtes Privathotel (9 Zimmer) mit Front zur Fußgängerpromenade und seitlichem Park, altstadtnah, ruhig, angenehme Zimmer mit Balkon, Sat-TV und Klimaanlage, Restaurant, der Besitzer spricht Deutsch. DZ/HP 56–96 €.

Grbalj 12: Trg Sunca bb., Tel./Fax 086-45 23 00, www.hotelrbalj.com, Okt.–Mai geschl. Günstig für Busreisende, da nahe dem Busbahnhof, zur Altstadt ca. 1 km und vor allem günstige Preise in einer schlichten Hotelpension. DZ/FR 40–50 €.

Vila Balkan 13: Stari grad, Tel. 086-45 44 01. Das Familienhotel an der Stadtmauer hat anständige klimatisierte Zimmer z. T. mit Blick auf den Hafen. DZ/FR ab 38 €.

TN Slovenska Plaža 14: Trg Slobode 1, Tel. 086-45 16 54, 086-46 14 28, www.budvanska-rivijera.cg.yu. Ein Mammut-Feriendorf aus Jugo-Zeiten. Eigentlich recht hübsche Anlage, die an eine Gartenstadt erinnert, mit begrünten Innenhöfen, einem ›Korzo‹ mit Geschäften und Lokalen, diverse Sporteinrichtungen, zwei große Pools. In der Hauptsaison recht laut und etwas überholungsbedürftig (Bäder!). DZ/FR 32–58 €. Im Komplex steht auch das **Hotel Alexandar** 15, das sich die Anlagen und Einrichtungen mit dem TN teilt (etwa gleiche Preise).

Maša 16: Plaža pizana (an der Marina). Schickes wie teures modernes Restaurant mit blauem gewölbtem Glasdach auf der Hafenmole, das mit seinem Bulk mithilft, die vom Hafenamt bereits beeinträchtigte Silhouette der Altstadt weiter zu verunstalten. 2 Gänge ab 25 €.

Olimpia 17: Slovenska plaža bb. Nicht nur das Übliche gibt es in diesem Restaurant in Altstadtnähe am Beginn des langen Strandes von Budva: Die *tjestenina za sirom*, hausgemachte Nudeln mit lokalem Käse sind eine ausgezeichnete traditionelle Speise, der *škampirisotto* schmeckt wie in Italien und das Lamm aus dem Ofen ist butterweich. 15–25 € für 2 Gänge (Weißfisch I. Klasse 40 €/kg).

Stari Grad 18: Restaurant und Café am Landtor mit Strandcafé am Stadtstrand. So fängt man alle Besucherströme ab, schleppender Service. 2 Gänge um 20 €.

Tropico 19: Slovenska plaža bb. Restaurant und Pizzeria an der Flaniermeile, z. T. *open air*, die Pizza ist eher trocken, aber die Muscheln sind wie alle Meeresfrüchte und die Fischsuppe sehr gut zubereitet. 2 Gänge ca. 20 €.

Jadran – kod Krsta [20]: Tel. 086-45 10 28. Das populäre Restaurant Jadran am Beginn der Slovenska plaža rühmt sich seiner italienischen Spezialitäten, ist aber eher wegen der ausgezeichneten Fisch- und Meeresfrüchtezubereitungen *(škampi)* besuchenswert. Pasta/Pizzen 4–8, Grillgerichte 6–10 und bester Weißfisch 40 €/kg.

Mercur [21]: tgl. 10–23 Uhr (nur in der Sommersaison).Anständiges Selbstbedienungsrestaurant an der Fußgängerpromenade der Slovenska plaža gegenüber dem Eingang zum Touristendorf. Zweigängiges Menü mit Salat, Brot und Obst 4 €!

Ice Club [22]: Eiscafé in schöner Innenstadtlage gegenüber der Kathedrale, große Eiskarte und gehobene Preise, das Glas Wasser zum Kaffee kommt für Touristen erst nach Aufforderung.

DJ Bar Casper: Cara Dušana 10, Tel. 086-40 22 90. Traditionsbar und Disco in der Altstadt, vor allem serbische DJ-Stars treten auf.

Caffe 2 Millenium

Schickes Café in neo-funktionaler, minimalistischer Einrichtung mit grau gestrichenen Metallgarnituren und Architektur der Postmoderne: Das ergibt einen interessanten Stilmix. Ganz zu schweigen von der Einbindung der römischen Funde unter dem teilweise aufgebrochenen Fußboden in den Gesamteindruck. Damit kann die Konkurrenz schwerlich mithalten!

Caffe 2 Millenium: im Hotel Avala, bis mindestens 23 Uhr geöffnet.

Diskos im Hotel Avala ›Hot Cherry‹ (Tel. 086-45 13 29) und Trocadero an der Mediteranska, einen Steinwurf von der Slovenska plaža.

Im Hochsommer treten auf der Bühne der Citadela während des **Festival Grad Teatar** nationale und ausländische Theater- und Tanzgruppen auf. Ende Juni findet auf der Bühne vor dem Landtor der Altstadt das **Budva Music Festival** mit Rock, Pop und Folk statt. Der **Tag des Fisches** am 1. Samstag im Oktober sieht lange Schlangen vor den Grillständen an den Altstadtmauern, bei denen es gratis frisch gegrillten Fisch gibt. Anschließend wird bis spät abends vor dem Landtor mit Auftritten von Volksmusikgruppen und Popsängern gefeiert.

Wassersport: Baden, Schwimmen, Sonnenbaden sind die Hauptaktivitäten an allen Stränden. An der Slovenska plaža (im mittleren Bereich) gibt es eine große Wasserrutsche, die üblichen Pedalboote und motorgetriebenen Wassermobile können gemietet werden: Stände leihen Pedoline, Sandoline, Motorni čamći aus, Jetski kosten ab ca. 50 €/30 Min.

Bungee-Springen am Südende der Slovenska plaža

Paragliding: Von der Straße zwischen Budva und Cetinje bzw. Podgorica, die immerhin mehr als 800 m Höhe erreicht, sieht man nicht nur auf die Küste zwischen Budva und Sveti Stefan hinunter, man kann auch hinunter fliegen – bei sehr regelmäßigen, sanften Aufwinden von der Meeresküste ein ausgesprochen lang gezogenes Vergnügen (Paragliding Club Soko, Budva, Tel. 067-55 79 03).

Ballsport: Die Basketball-, Fußball- und Volleyballplätze entlang der Slovenska plaža sind allgemein zugänglich.

Wandern und Bergsteigen: siehe ›Die Paštrovići-Berge‹, S. 118.

Ein Augenblick der Ruhe am beliebten Stadtstrand von Budva

Bootshafen: MC Marina Budva, Stari grad, Tel. 086-45 19 99, 069-57 25 82.
Bootsausflüge werden entlang der Küste nach Sveti Stefan und rund um Sveti Nikola angeboten, Abfahrt dieser ›Panorama Tours‹ ist am Hafen. Die ersten Touren starten gegen 10, die letzten um 15.30 oder 16 Uhr (Tickets auch an Ständen entlang der Strandpromenade). Das Boot ›Vesne‹ führt tgl. um 10 Uhr nach Herzeg Novi, zurück in Budva 18 Uhr, 10 €.
Beliebte organisierte **Bus-Ausflüge** sind wie überall an der Küste die Fahrt zur Tara-Schlucht, die Fahrt um die Bucht von Kotor, Cetinje und Lovćen, Skadarsee mit und ohne Abstecher nach Albanien (Shkodër/Skadar/Skutari) und natürlich nach Dubrovnik. Je nach Länge und Entfernung ist mit 30 bis 45 € zu rechnen, Tara mit Rafting bis 95 €. Diese Ausflüge werden von mehreren Agenturen veranstaltet; deutschsprachige Führungen bietet z. B. Alfa Tours (Büro u. a. gemeinsam mit Neckermann) im Rezeptionsbereich der TN Slovenska Plaža (Tel. 086-45 20 14, Fax 086-40 28 71, alfa.tours@cg.yu).

Busse in alle Landesteile ab der Busstation in der Ulica Popa Jola Zeca, Tel. 086-45 60 00. Einige kleinere Busunternehmen auf der Strecke von Herceg Novi nach Bar oder Podgorica halten nur an der Haltestelle bei der Abzweigung der Ul. Filipa Kovačevića vom Jadranski put. Zur **Touristenbahn** nach Bečići und Raifailovići, s. S. 112 und 113.

Bucht von Bečići

Reiseatlas: S. 233, E 4

Südlich von Budva schließt die Bucht von Bečići an, die sich als feiner Kies- und Sandstrand bis nach Raifailovići erstreckt, wo sie an einem Steilufer abrupt endet. Nur ein kleines Stück Strand zwischen dem kompakten Hotelkomplex von **Bečići** und dem rasch wachsenden **Raifailovići** ist noch ohne Beton im Rücken geblieben, aber jeder Meter Strand ist genutzt, für Hotelgäste reserviert (in Bečići so komplett, dass man als Nicht-Hotelgast gar nicht an den Strand findet) oder von Liegestuhl- und Schirmkolonien okkupiert.

Ein Hotel nach dem anderen schießt aus dem Boden, russisches Geld fließt in Strömen, und russische Gäste haben die Serben abgelöst, die sich die feinen Absteigen hier nicht leisten können. Besonders unangenehm fällt auf, dass sich die verschiedenen Hotelkomplexe durch hohe Mauern gegeneinander abschotten. So fährt man mit dem Touristenbähnchen, das durch den Fußgängertunnel von Budva und vom Strand Slovenska plaža hin und herzuckelt, an Bečići vorbei und sieht nur Mauern, Hoteleingänge und viel Beton. In Raifailovići geht es momentan noch friedlicher zu, dort ist auch die einzige Bummel- und Kneipenmeile der ganzen Bucht, aber die hohen Apartmenthäuser an ihrem Ende sind erst der Anfang einer Entwicklung hin zu noch mehr Beton.

s. Budva, S. 108

Splendid: Bečići, Tel. 086-45 16 12, Fax 086-45 29 21, www.montenegrostars.com. Riesiger neuer Hotelkomplex mit Glasfront am Strand, mit Panoramalift zur Meeresseite und 328 komfortablen Zimmern (Internet, Klimaanlage, digitale und analoge Telefonverbindungen, LCD-TV mit Pay TV, überwiegend Meerblick), einige Designer-Suiten mit Spa. Der ›Spa Club‹ verspricht auf 5500 m² die Erfüllung aller Wellness-Träume. Lage direkt am Strand. DZ/FR 100–194, Suite ab 126 €.

The Queen of Montenegro: Bečići, Narodnog fronta bb., Tel. 086-66 26 62, Fax 66 26 33, www.queenofmontenegro.com. Ein Plaža-Hotel der österreichischen Firma Spinger und Plecher, Zimmer und Apts. (bis 160 m²), eines nach Kaiserin Elisabeth von Österreich, ›Sisi‹ benannt. Innen viel honigfarben hellgetöntes Glas, ein neues Wellnesszentrum, nach außen dröge Blauglas-Balkonfassade. Schöner Strand (2006 Blaue Flagge) vor der Tür, der hier nicht exklusiv nur den Hotelgästen zugute kommt. DZ/FR ab 100 €, in der Hochsaison deutlich mehr.

Mediteran: Bečići, Tel. 086-45 13 96, Fax 086-45 29 50, maestral@cg.yu, www.maestraltours.cg.yu. Das eher unauffällig eingerichtete 220-Zimmer-Hotel Mediteran hat ein großes *velnes centar* und gehört wie das Maestral in Pržno zu Maestral Tours in Budva. DZ/FR ab ca. 90 €.

Arena: Kaffe-Bar am Strand beim Hotel Splendid zwischen Bečići und Raifailovići im Halbrund einer zweistöckigen Betonarena à la Pula oder Verona, tagsüber Café, abends in der Hochsaison oft Live-Musik, aber immer laut.

Tri Ribara: Raifailovići, Bečićka plaža 37, Tel. 069-02 52 95. Feines Restaurant an der Uferpromenade. Schon die elegante Art, in der die Tische gedeckt sind, verrät Stil (und hauptstädtisches Preisniveau). Die Zubereitungen besonders beim Fisch etwas einfallsreicher als sonst (nicht nur vom Grill, gebacken oder *à la buzara,* sondern etwa auch in Weißwein pochiert). 2 Gänge ab ca. 20 €.

Kapetanova Konoba: Bečićka plaža bb. Auf rustikal getrimmtes Restaurant an der autofreien Uferpromenade, die Karte ist weniger rustikal, guter Fisch, sehr gute Desserts (Palatschinken) und vor allem gute Atmosphäre. 2 Gänge ab ca. 12 €.

Porat: Bečićka plaža bb. Das von Bečići aus letzte Lokal an der autofreien Uferpromenade bietet eher gedämpfte Musik, Sichtschutz von der Promenade, guten Service und große Portionen (Fisch und Fleisch meist vom Grill, Schnitzel): 2 Gänge mit Salat und offenem Wein ab 10 €. Wer's noch intimer und lauschiger haben will, setzt sich auf eine der Terrassen des Restaurants direkt oberhalb.

Nachtklubs **Stara Crna Gora** und **Torine,** beide in Bečići.

Am Strand von Bečići ist die größte Attraktion der **Wasserskilift,** für den Rundkurs auf der 0,8 km langen Strecke zahlt man nur 5 €/30 Min.

Bummeln im Touristenzug

Von Budva bis Raifailovići fährt der Touristenzug *(turistićki voizić)*, ein als Bahn verkleideter Elektrokarren, über die Slovenska plaža. Das Kap Zavala wird durch einen Tunnel bewältigt (Fußgänger, die diesen ebenfalls benutzen, geraten hier ins Hintertreffen). Die Bahn verkehrt zwischen Bečići und Raifailovići ab 8 Uhr etwa alle 20 Min., zwischen 22 und 2 Uhr noch etwa halbstündlich von/bis Slovenska plaža (eine Fahrt 2 €). Besonders im zweiten Abschnitt von der Slovenska plaža bis zum Tunnel, wenn man durch steiles Felsufer geführt wird, ist die Fahrt ein Erlebnis. Lustig wird's im letzten Abschnitt, wenn man am Strand entlanggondelt.

Sveti Stefan und Miločer

Reiseatlas: S. 233, F 4

Auf einer der kleinen Felseninseln, die vor Montenegros Küste schwimmen, drängen sich die aus Naturstein errichteten Häuser des Fischerdorfs **Sveti Stefan.** Eine kleine Kirche erhebt sich am höchsten Punkt. Der Schein trügt, das Dorf ist seit 1955 – die wenigen nach Jahrhunderten der Abwanderung hier verbliebenen Bewohner wurden 1952 zwangsweise ausgesiedelt – ein einziges Hotel für bis zu 200 Touristen mit dicker Brieftasche, die Fischerhäuschen sind Viersterne-Unterkünfte. Das Inselchen ist heute über einen Damm mit dem Festland verbunden.

Das Dorf entstand ab etwa Mitte des 15. Jh. als Fluchtsiedlung eines montenegrinischen Clans. Die 12 Paštrovići-Familien errichteten Häuser, bauten feste Verteidigungsmauern über dem ohnehin kaum zugänglichen Steilabfall, der die Insel rings umgibt, stellten sogar Kanonen auf. In den geräumigen Kellern wurden Vorräte aller Art aufbewahrt, vor allem Nahrungsmittel, denn das befestigte Dorf sollte als Fluchtburg für den Clan dienen, nur ein

Teil des Clans lebte hier das ganze Jahr über. Der Inselort ist dem hl. Stephanus (Sv. Stefan) geweiht. Venedig, das sich in dieser Zeit wieder einmal die Küstenregionen der östlichen Adria untertan machte, gewährte dem Insel-Gemeinwesen Autonomie, braucht man doch den schlagkräftigen Clan im Kampf gegen die Türken. Erst 1929, als König Aleksandar sich zum autoritären Herrscher aufschwang, wurden die letzten verbliebenen Autonomierechte gestrichen. Tagesbesucher zahlen 6 € für das Privileg, durch die Gassen der Inselstadt spazieren zu dürfen.

Bevor man von der Bucht von Bečići aus nach Sveti Stefan kommt, passiert man den tief unter der Straße liegenden, sehr belebten Strand der Kamenovo-Bucht, kann dann in der engen Pržno-Bucht auf eine Nebenstraße abzweigen, die vorbei am Hotel Maestral und durch den Park von Miločer nach Sveti Stefan führt, wo sie wieder auf die Jadranska magistrala (E 80) trifft.

Kamenovo hat einen schönen, langen, bis auf die üblichen Strandcafés noch unverbauten Feinkiesstrand, der nach Norden von einer Felsenküste ohne Bademöglichkeiten begrenzt wird; eine Zufahrt gibt es nicht, man muss oben an der Straße parken. **Pržno** ist wenig mehr als eine Agglomeration von Hotels, Apartmenthäusern und privaten Ferienwohnsitzen Belgrader Bürger, während der an der Badebucht Kraljičina plaža (Königinnenstrand) folgende Ort **Miločer** eine durchaus eigenständige Geschichte hat. Hier ließ sich die serbische Königsfamilie Karađorđević einen Sommerpalast bauen, nichts Besonderes. Man beschränkte sich auf 27 Zimmer. Wahrscheinlich war es der Blick, den man von hier aus genießt: Über Park und Küstenlinie Kraljeva plaža (Königsstrand) sieht man die Insel Sveti Stefan als Traumkulisse im Meer schwimmen.

Der Ort **Sveti Stefan,** der sich gegenüber der Insel auf dem Festland entwickelt hat, ist eine vom Strand bis zur ca. 100 Höhenmeter über dem Meer verlaufenden Küstenstraße reichende, dicht und planlos verbaute Agglomeration von Ferienhäusern, Apartmentblöcken und Hotels.

Etwas oberhalb der Umgehungsstraße über Sveti Stefan steht das **Kloster Praskvica**. Auch dieser Bau gehört zu den neueren, denn obwohl der Vorgänger des Klosters bereits im 11. Jh. gegründet wurde, stammt der heutige Bau erst aus dem 19. Jh. In der kleinen Kirche Sv. Trojica haben sich Fresken des späten 17. Jh. erhalten. Das noch höher am Hang der Paštrovići-Berge (s. S. 118) stehende **Kloster Duljevo** (Zufahrt von Kamenovo aus!) wurde zwar schon vor einem halben Jahrtausend gegründet, aber die Mauern des heutigen Baus sind zum Großteil jung: Nach dem Erdbeben von 1979 war ein kompletter Wiederaufbau nötig, doch blieb ein Teil der Fresken in der alten Klosterkirche erhalten.

Hotel Sveti Stefan: auf der Insel Sveti Stefan, 85315 Sveti Stefan, Tel. 086-42 00 00, Fax 086-45 21 45, svetistefan@cg.yu, www.budvanska-rivijera.cg.yu. 226 Betten verteilt auf etwa 50 alte Steinhäuschen, die innen in den Zimmern und Apartments modernen, wenn auch in einigen Fällen etwas angestaub-

Ikone der montenegrinischen Küste: die Hotelinsel Sveti Stefan

ten Wohnkomfort aufweisen. Die mit Meerblick sind am stärksten gefragt und deshalb teurer, nicht alle haben Klimaanlage. DZ/FR ab 140 €.

Vila Montenegro: im Ort Sveti Stefan, Vukice Mitrović 2, Tel. 086-46 88 02, Fax 086-46 88 09, www.villa-montenegro.com. Kleines Luxushotel (28 Betten), große Zimmer in Apartmentgröße mit Inselblick, die Einrichtung in bester Verarbeitung, Pool, Sauna, Fitnessraum. DZ/FR ab ca. 280 €, Apt. ab 715 €.

Adrović: Jadranski put bb., im Ort Sveti Stefan, Tel. 086-45 85 96, Fax 086-45 83 12, www.hoteladrovic.com, ganzjährig geöffnet. Bezahlbare Alternative oben an der Hauptstraße, mit Blick auf die Insel, nette Zimmer mit Stilmöbeln, hauseigenes Restaurant und trotz der mittleren Größe (75 Betten in Zimmern und Apartments) familiäre Atmosphäre. DZ/FR 38–68 €, mit HP 12 € mehr.

Miločer: Miločer, Tel./Fax 086-46 82 42, www.budvanska-rivijera.cg.yu. Die königliche Villa am königlichen Strand tut gute Dienste als komfortables Hotel im eigenen Park. Die Einrichtung ist gediegen ist und der nur durch die Strandpromenade getrennte Kiesstrand nur ein paar Schritte entfernt. Dennoch sind die vier Sterne und die Preise ein wenig hoch gegriffen. DZ/FR 140–272 €.

Maestral: Pržno, Tel. 086-41 01 00, Fax 086-41 01 91, www.maestral.info, ganzjährig geöffnet. Das große, 1970 errichtete und runderneuerte Hotel in der Bucht von Pržno macht für sein Spielcasino und das angebundene Wellnesszentrum (1200 m^2) fast mehr Werbung als für sich selbst. Vor allem in Italien, und so dominieren in der Hauptsaison und an Wochenenden auch in der Nebensaison die Italiener, Tauch- und Wassersportzentrum im Haus. DZ/FR 92–248 €.

Küstenpfad

Tolle Blicke aufs Meer sind garantiert, drei herrliche Strände, stille Stellen, an denen man sitzen und die Landschaft auf sich wirken lassen kann – aber leider nicht ganz einsam: Zwischen dem Strand von Sveti Stefan, wo er über dem abgesperrten Hotelstrandabschnitt beginnt, und Pržno gibt es einen sehr schönen Küstenpfad, der beide Königsbuchten berührt, als Šetalište Pržno–Sveti Stefan wird auf ihn in Pržno beim Hotel Maestral sogar mit einem Schild hingewiesen. Er ist gut ausgebaut, normales Schuhwerk genügt.

Crvena Glavica: 1 km südl. von Sveti Stefan in Richtung Petrovac, Tel. 086-46 80 70. Einfacher Campingplatz mit eigenem Strand, FKK, wenig Schatten. Stellplatz und 2 Pers. ab 13 €.

Das **Hotelrestaurant Sveti Stefan** bietet donnerstags ab 21 Uhr ein Candlelight Dinner mit Livemusik (20 €). Infos und Buchungen an der Rezeption des TN Slovenska Plaža in Budva oder über Tel. 086-45 37 62 (8–15 Uhr).
In **Kamenovo:** Bars, Kaffe-Bars, Plažni bars (am ehesten mit Strandcafé zu übersetzen) und das rund ums Mittelmeer dazugehörige kulinarische Niveau.

Die **Strände** in diesem Bereich der Adria sind schmale, kurze und meist steil abfallende Kiesstrände, zwischen den einzelnen Stränden versperren Felsen und undurchdringliches Gebüsch den Weg. Die Strände links (öffentlich) und rechts (für Hotelgäste) des Damms hinüber nach Sveti Stefan sind wahrscheinlich die beliebtesten und am dichtesten bepackten, direkt gefolgt von jenen des Königs und der Königin, Kraljeva und Kraljičina plaža (auch Miločer I und II genannt). Auch der Strand von Pržno ist nicht gerade leer (zumal der linke Teil vor dem begrenzenden Inselchen als Bootshafen abgetrennt ist). Auf allen wird man für Eintritt, Schirm und Liegen kräftig zur Kasse gebeten. Alternativen sind die Bucht von Crvena Glavica (mit Campingplatz, s. o.) und die noch ein Stück weiter südliche, über eine steile Zufahrtsstraße zu erreichende Bucht Drobni pijesak. Erstaunlicherweise ist nur der Südteil dieser halbmondförmigen Bucht mit ihrem weißen Kiesstrand ›entwickelt‹, d. h. es gibt eine Strandbar. Der Rest ist ohne Schirme, ohne Liegen und – fast – ohne zivilisatorischen Abfall.
Für **Taucher** empfiehlt sich das Scuba Diving & Watersports Center Pro Dive Hydrotec im Hotel Maestral (Pržno, Tel. 067-83 55 38, www.prodive-cg.yu). Einführungskurse, Ausrüstungsverleih, Tauchunternehmen, Wracktauchen stehen auf dem Programm, oft aufgelockert durch *fish picnics.* Das Center verleiht auch Hochseejachten und bietet sowohl Wasserski als auch Kajaks an (Verleih und geführte Touren mit dem Meereskajak). Ein weiteres Tauchzentrum ist das Deep 'N' Blue am Damm von Sveti Stefan (Tel. 069-03 00 03, deep&blue@cg.yu).

Minibusse (mit u.a. Montenegro Express) zwischen Budva und Sveti Stefan Ort mehrmals tgl. (1 €), weiters Bushalt an der Abzweigung nach Pržno und an der Straße oberhalb Sveti Stefan für alle Busse zwischen Budva/Podgorica und Bar; **Taxistand** gegenüber der Insel Sveti Stefan, die Tarife (z. B. Budva 15 €) sind angeschrieben.

Petrovac (na Moru)

Reiseatlas: S. 234, A 3/4
Petrovac, das sich zur Unterscheidung von anderen Orten dieses Namens Petrovac *na Moru* nennt (Petrovac am Meer), liegt in einer kleinen, stark zersiedelten Bucht ohne Auslauf, denn die moderne Umgehungsstraße hat alle alten Wege abgeschnitten. Dennoch liegt der Ort günstig, wenn man mit dem Auto unterwegs ist, denn oberhalb beginnt die Straße nach Virpazar und Podgorica. Der neue Straßentunnel, der diese Strecke unnötig macht, ist gerade mal 10 km entfernt, und Petrovac liegt natürlich an der Küstenstraße zwischen Budva und Ulcinj, die beide weniger als 30 km entfernt sind. Leider wurde der Ort in den letzten Jahren dicht verbaut, auf einen Einwohner kommen jetzt sieben bis acht Fremdenbetten, an der Uferpromenade drängen sich die Esslokale, Bars und Eisdielen. Vom einem Fischerdorf, das Petrovac einmal gewesen sein mag, ist nichts mehr zu spüren.

Petrovac wurde wohl im 12. Jh. von Serben gegründet, war dann venezianisch und später (wie alle Küstenorte außer Bar und Ulcinj) österreichisch. Nur aus der letzteren Zeit gibt es Relikte, denn das allerdings wenig bietende **Kastell** auf dem vorspringenden Felsensporn auf der Nordseite der Bucht stammt aus der Habsburgerzeit. Etwas oberhalb des Strandes wurden bei der **Kirche Sv. Ilija** Bodenmosaiken der Spätantike aufgedeckt, die man heute durch Glasscheiben bewundern kann, sie stammen wohl aus einer *villa rustica*.

Vor der Bucht liegen die Inselchen **Katić** und **Sveta Nedelja**, letzteres mit einer Kapelle; die Legende der Gründung dieser Kapelle (ein Fischer habe sie nach wundersamer Rettung gestiftet) ist sicher genau das: Legende. Das ficht die Gläubigen nicht an, das (meist nicht zugängliche) Innere des Heiligtums ist voll mit Votiven als Bitte um Hilfe und Dank für erwiesene Hilfe.

Etwas nordöstlich des Ortes liegt das **Kloster Reževići**, es ist schon von der Straße aus gut zu sehen. Das Kloster besitzt eine kleine Kirche Entschlafen Mariens und wurde ursprünglich im 13. Jh. errichtet. Die heutige Klosterkirche der hl. Dreifaltigkeit entstand im 18. Jahrhundert, ihr typisch barocker Glockenturm deutet klar darauf hin. Im Inneren haben sich schöne Fresken aus der Erbauungszeit erhalten. Vorbei am Kloster, in dem Olivenöl und andere Produkte aus eigener Landwirtschaft verkauft werden, führt eine Straße in die kleine Bucht, die fast völlig vom Hotel As ausgefüllt wird.

Strände zwischen Petrovac und Čanj

Den **Stadtstrand** von Petrovac als überfüllt zu bezeichnen, ist eine Untertreibung. Da er schmal und nur 400 m lang ist, der Ort aber bis zu 8000 Gäste beherbergen kann – Tagesgäste besonders an Wochenenden erst gar nicht mitgezählt, wird es hier gerne eng. Die folgende **Bucht von Lučice** (man erreicht sie vom Ende des Stadtstrandes auf Fußweg über den trennenden Felssporn) ist dagegen, obwohl sie gegen Mittag ebenfalls voll wird, eine echte Erholung, zumal hier keine massive Bebauung den Hintergrund bildet, sondern Grün.

Die folgende **Buljarica-Bucht** sieht man am besten, wenn man aus Richtung Sutomore kommt. Mit ihrem 2 km langen Strand ist sie erstaunlicherweise noch nicht zersiedelt. An den untersten Hangbereichen gibt es noch ungebrochene Ölbaumhaine. Der Nordteil ist durch eine Zufahrtsstraße und Campingplätze so einigermaßen erschlossen, der Südteil des Strandes ist kaum besucht, keine Straße führt dorthin.

Rivijera: Petrovac, Tel. 086-42 21 00, Fax 086-46 13 14, www.rivijerapetrovac.com. Das von einem Park umgebene Hotel liegt am Südende der Bucht abseits des Durchgangsverkehrs. Solide Einrichtung, gepflegte Zimmer mit Balkon, Sat-TV, Minibar und Klimaanlage, gehobene Mittelklasse zu akzeptablen Preisen: DZ/FR 72–128 €.

Danica: Petrovac, Nika Andjusa bb., Tel. 086-46 13 15, Fax 086-40 19 12, www.hotel-danica.com. Hotelneubau zwischen Kiefern nicht direkt am Strand, aber mit großem privatem Strandabschnitt. Privatbetrieb mit freundlichem Personal, ebensolchen Zimmern mit guten Möbeln, überwiegend Balkon, Klimaanlage, Sat-TV, Minibar, Safe, im Haus Sauna und Fitnessraum, eigene Touristikagentur. DZ/FR 52–76 €.

Vila Fontana: 85375 Čanj (gehört zu Bar), Tel. 085-37 70 48, Fax 085-37 35 08. Einfache Zimmer mit TV, teilweise mit Balkon. DZ/VP 24–36 €.

Bootsausflüge u. a. in Buchten, die nur vom Meer aus zugänglich sind, veranstaltet die Agentur Turistićka Ambasada an der II Ulica beim Kastell, auch Bootsverleih.

Busbahnhof etwas oberhalb an der früheren Durchgangsstraße. Die Busse kommen von der heutigen Umgehungsstraße und drehen an der Station um; nach Podgorica und generell ins Landesinnere muss bei den meisten Verbindungen in Budva umgestiegen werden (Tel. 086-46 15 10).

Paštrovići-Berge

Reiseatlas: S. 234, A/B 3/4

An der Straße von Budva nach Cetinje und Podgorica gibt es hoch oben einen Aussichtsplatz mit kleinem Café-Kiosk und vielen Bänken. Von dort oben hat man einen schönen Blick auf die Bucht von Budva und die Bucht zwischen Bečići und Raifailovići, die Insel Sveti Stefan liegt tief unten. Sveti Nikola und die Altstadt-Halbinsel von Budva ist deutlich auszumachen. Noch ein wenig höher ist man bereits auf einem verkarsteten und mit Gebüsch und Wald überzogenen Hochplateau, steht die **Festung Kosmač,** die Österreichs Militärs zum Schutz der Grenze gegen die Montenegriner errichteten. 5 km weiter ist mit dem 876 m hohen **Seoštik-Pass** der wichtige Straßenpass über die Paštrovići-Berge erreicht.

Die Paštrovići-Berge, die von der Küste aus wie eine Gebirgskette wirken, sind ein zum Meer hin steil, nach Osten relativ sanft abfallendes, stark verkarstetes Hochplateau. Die Kante über der Küste trennte über Jahrhunderte die venezianische und später österreichische Einflusssphäre von der serbischen, dann türkischen, dann montenegrinischen. Erst 1918 fiel diese Grenze. Um das zu verhindern, hatten die Österreicher entlang des Grenzverlaufes eine Militärstraße gebaut, die zwei der heutigen Hauptstraßen verbindet: die wegen des Tunnels von Sutomore kaum noch befahrene Straße zwischen Petrovac und Virpazar und die Hauptstraße zwischen Budva und Cetinje. Alte Maultierpfade und Reste von Militärstraßen führen zum Gebirgskamm hinauf, zwei davon sind so wie die am Kamm verlaufende Straße deutlich markiert. Der südliche der beiden **Wanderwege** führt von Krstac zwischen Sveti Stefan und Petrovac zur Hochfläche, der nördliche beginnt 1 km westlich Sveti Stefan und führt zur Kirche und Alm Ograđenica.

Zur Festung Kosmać

Wir beginnen in ca. 600 m Höhe an der Straße von Petrovac nach Virpazar, die Abzweigung ist deutlich gekennzeichnet. Nach 0.30 Std. erreicht man die Einmündung des Weges von Krstac herauf, 1.30 Std. später passiert man die **Kapelle** des hl. Ilias ›Gromovnik‹ (der Heilige schützt vor Blitzschlag), und nach insgesamt gut 2 Std. hat man die Alm **Ograđenica** mit ihrer Kirche erreicht. Von hier kann man nach Sveti Stefan absteigen oder rechts weiter auf dem Plateau gehen.

Es folgt die schönste Strecke mit großartigen Tiefblicken auf das Meer, Sveti Stefan schwimmt als winziges Eiland vor der Küste. Noch fantastischer wird der Weg, wenn die hier sehr gut erhaltene Straße sich plötzlich entlang der Steilwand des **Goli Vrh** (rechts) tiefer senkt. Man bewundert die Straßenbautechnik, die Blicke auf die Bucht von Budva und die Berge um die Boka im Hintergrund und die mit der Trockenheit des Kalksteins kämpfende Flora.

Auf einer großen Wiese mit Brunnen, Lindenbäumen (!) und einem Ferienhaus endet die alte Straße und ein zeitgenössischer Fahrweg beginnt. Man folgt ihm zur **Festung Kosmač** und zur Hauptstraße mit einem Bushäuschen und erreicht den Ort **Brajići** mit dem gleichnamigen Café (ab Ograđenica 3 Std., Gesamtzeit also ca. 5.30 Std.).

Kornellkirschen am Wegesrand

Im Frühherbst (Anfang bis Mitte Oktober) sind die Kornellkirschen reif. Diese etwas länglichen, der Form nach eher an sehr kleine Zwetschgen erinnernden Kirschen sind ein hervorragender Vitamin-C-Spender und schmecken dazu noch ganz hervorragend. Wenn sie ganz reif sind, sind sie im Griff leicht elastisch (unreif: fest), von der Farbe blaurot (unreif: dunkelkarminrot), vom Geschmack fruchtig süß mit kräftiger Säure aber mit wenig Gerbsäure (unreif: Gerbsäure dominiert). Viele Sträucher entlang des geschilderten Weges sind Kornellkirschen. Der Autor, der an einem Herbstttag unterwegs war, hat sicher ein Kilo Kirschen gekostet, was ihm durchaus gut bekommen ist. Im Frühjahr gehören die gelben Blüten der Kornellkirsche zu den ersten Baum- und Strauchblüten überhaupt.

BAR UND DIE RUMIJA

Bars landschaftlich eindrucksvolle Lage am Fuß der höchsten Gipfel der Rumija-Gebirgskette, hübsche Strände im nahen Sutomore und nach Süden in Richtung Ulcinj und vor allem die Ruinen der Vorgängerstadt Stari Bar machen die Hafenstadt zu einem idealen Ausgangspunkt für Erkundungen der Umgebung.

Bar

Reiseatlas: S. 236, C 1

Die weite Bucht von Bar mit ihren Kiesstränden war vor der Errichtung des neuen Hafens, der Bahnlinie von Belgrad nach Bar und des Straßentunnels zwischen Virpazar und Sutomore ein recht idyllischer Flecken Erde gewesen. Seit 1878, als die Vorgängerstadt am Bergfuß durch die Türken zerstört worden war, hatte sich am Meer eine bescheidene Siedlung gebildet, die durch den Bau einer **Sommerresidenz** für Fürst Nikola stark aufgewertet wurde. Der begeisterte Besitzer einer Hochseejacht verbrachte mit seiner Familie und dem Hofstaat jeweils einen Teil des Sommers in Bar. Die Residenz, die zehn Gehminuten von heutigen Hafen entfernt am Meer liegt, besteht aus der eigentlichen Sommervilla Veliki Dvorac (Großes Palais), dem umgebenden schönen Königlichen Park und dem kleineren Mali Dvorac (Kleines Palais), das der Herrscher 1885 seiner Tochter Zorka anlässlich ihrer Verlobung mit dem serbischen Thronfolger zum Geschenk machte. Die im ersten Stockwerk des Veliki Dvorac großenteils erhaltene Originalausstattung zeigt einen Sinn für repräsentatives großbürgerliches Mobiliar, aber keineswegs Hang zu großem Luxus.

Im Veliki Dvorac ist außerdem das städtische **Heimatmuseum** untergebracht, das wegen zahlreicher Funde vor allem aus Stari Bar, Fotografien aus der Zeit des Fürsten (und ab 1910 Königs) Nikolas und eines Raumes mit kompletter Ölpresse, Getreidemühle und Handmühle sehenswert ist (tgl. 9–13 Uhr, Eintritt 1 €; der Park ist jederzeit frei zugänglich).

Turistička organizacija Bara: Obala 13. jula bb., 85000 Bar, Tel./Fax 085-31 16 33, www.bar.cg.yu

Die Touristeninformation gibt einen kostenlosen Führer der Privatunterkünfte heraus, der Kurzinfos, Adressen, Bild und Preise enthält.

Privatzimmer, Apartments und **Villen** vermietet auch Korali, dem auch das Hotel Topolica und das Korali in Sutomore gehören (Tel. 085-31 30 70, Fax 085-31 25 10).

Uralt ist dieser Ölbaum auf dem Weg nach Stari Bar

Topolica: Šetalište kralja Nikole bb., Tel. 085-31 10 13, Fax 085-31 27 13, www.korali.org. Das Hotel soll bis zu Saison 2007 generalüberholt werden, ob termingerecht geöffnet werden kann, ist bei dem derzeitigen Zustand des Hotels zu bezweifeln (normalerweise Mitte Mai bis Mitte Okt. geöffnet). DZ/FR 36–55 €.
Sidro: Obala 13 jula bb., Tel. 085-31 22 00, im Winterhalbjahr geschl. Die zweite Bettenburg der Stadt ist ebenfalls überholungsbedürftig. DZ/FR 26–30 €.

Pivnica Fit: Jovana Tomačevića 11. Wie es sich für ein Bierlokal geziemt, gibt es Bier vom Fass, derbe Tische und Bänke zur Straße, deftige Speisen von *kaluđerski paprikaš* über *ćevapi* bis zu Krainer Würsteln. Fleischgericht 3–5, die Beilagen je 0,50–1,50 €.

Le Parc du Prince: blau getöntes Freiluft-Abendlokal an der Meerespromenade Šetalište kralja Nikole nahe am Hafen. Ob der Fürst mit der Beschallung seines Anwesens aus den überdimensionierten Lautsprechern des Lokals einverstanden gewesen wäre?

Ausflüge: Busausflüge von der Boka kotorska bis zum Skadarsee und vom Kurztrip nach Albanien (mit Skodhër) bis zum Rafting auf der Tara. Deutschsprachig ist das Taxi- und Ausflugsunternehmen von Leo Stanković, Tel. 085-34 07 67, 069-02 67 36. Leo hat 12 Jahre in Siegen als Busfahrer gearbeitet. Touren mit max. 8 Personen im Van oder Minibus.
Jachthafen an der Seite des Fährhafens (Tel. 085-31 21 14, www.luka bar.cg.yu).

Strände: Bar hat einen Grobkiesstrand, das Wasser ist durch die Nähe zu den großen Hafenanlagen nicht unbedingt sauber.
Tauchen: Tauchklubs Južno more (Tel. 067-03 04 48, vladimir@cg.yu) und Hobotnica (Tel. 067-02 06 60, dano@ cg.yu).
Wandern und Bergsteigen: s. ›Die Rumija-Berge‹, S. 126.

Bar ist zu erreichen mit der Fähre von Bari in Italien, mit der Bahn von Belgrad und mit Bus/PKW auf der Küstenstrecke oder durch den neuen Tunnel von Binnenmontenegro. Den **Fährverkehr** zwischen Bar und Bari wickelt Montenegro Lines (www.montenegrolines.net) ab. Vom Bahnhof etwas außerhalb (Straße Richtung Ulcinj, gut beschildert mit ›*stanica*‹, Tel. 085-30 16 15) 10 **Züge** tgl. nach Podgorica, 4 x nach Nijelo Polje und 3 x nach Belgrad (um 23 Uhr mit Autotransport). Vom Busbahnhof nahe dem Bahnhof mehrere **Busse** tgl. nach Podgorica, nach Budva, Herceg Novi und Ulcinj.

Olivenöl aus Bar

Das Olivenöl der üppigen, silbergrau schimmernden Ölbaumhaine zwischen Bar und Stari Bar wird bei Olio Prom verarbeitet, das man auf dem Weg nach Stari Bar passiert. Das ›*Barsko zlato*‹ *obiãno virgino maslovino ulje* (aus der Gegend stammendes kalt gepresstes Olivenöl aus Erstpressung – es gibt auch heiß gepresstes Olivenöl, bei dem der Zusatz fehlt) ist erhältlich im Supermarkt oder bei Olio Prom selbst (Belvedere bb., www.olioprom.cg.yu).

Stari Bar

Reiseatlas: S. 236, C 1
Das alte Bar liegt 4 km vom Meer entfernt auf einem schrägen Felsenplateau über dem Austritt eines wasserreichen Flusses aus dem Rumija-Gebirge. Der Blick von der höchsten Stelle der Ruinenstadt geht über die Küstenberge weit aufs Meer hinaus, was einst von großer Bedeutung war. Denn vom Rücken her, über das schroffe Rumija-Gebirge konnte sich ein Feind nur sehr schwer nähern, vom Meer her aber war jeder Küstenort ständig gefährdet. Bar, das in der ersten sicheren Quelle *Antivareos* genannt wird – also das dem italienischen Bar, dem heutigen Bari gegenüber Liegende – war sicher schon in der Antike besiedelt, gewann aber erst im 11. Jh. als wichtigste Küsten- und Bischofssitz des Fürstentums Doclea Bedeutung. Im Mittelalter wechselte der Ort immer wieder den Herrn, am längsten konnte sich Venedig halten, dessen Bauten heute noch im Ruinengelände dominieren (Palast, Stadtmauern, Zitadelle, Kirchen). Von 1571 bis 1878 war Stari Bar türkisch, bei der Übernahme durch die Montenegriner wurde ein Teil der Stadt zerstört, der Rest bald verlassen, als sich seine Bewohner im neuen Bar am Meer ansiedelten. 1979 wurde die ohnehin nur noch aus Ruinen bestehende Stadt durch das schwere Erdbeben weiter zerstört, teilweise aber rekonstruiert.

Der Gang durch Stari Bar ist ein beeindruckendes Erlebnis. Straßenzüge, Treppenaufgänge, Kirchen, Paläste, Bischofssitz, türkisches Bad und Uhrturm, verfallene und hohe aufrecht ste-

Stari Bar war einst Bischofssitz und Hauptstadt des Fürstentums Doclea. Heute ist es eine Ruinenstadt.

hende Mauern, Bäume dazwischen und immer wieder weite Blicke auf die Berge und zum Meer hinunter. Man durchquert vom Parkplatz aus zunächst das überwiegend muslimische Dorf, das sich unterhalb von Stari Bar entwickelt hat; das enge Sträßchen ist recht steil. Am sehr gut erhaltenen **Haupttor** 1 geht es rechts hinein in die Ruinenstadt (am Kiosk Eintrittskarten zu 1 €, Broschüren mit großem Ortsplan 1 €), wobei man geradeaus auf das gut erhaltene ehemalige **Zollhaus** 2 stößt. Heute wird drinnen eine kleine Sammlung von Fundstücken aus Stari Bar aufbewahrt (tgl. 10–18 Uhr).

Nach links geht man zur kleinen **Kirche Sv. Ivan** 3 und nochmals links zum türkischen Pulverturm und zur **Zitadelle** 4, die Leiter links vor ihr führt

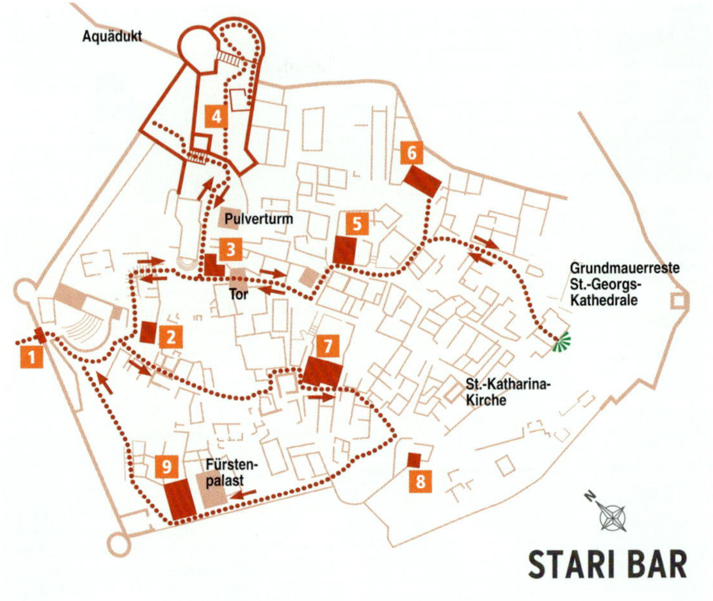

auf einen ummauerten Rasenfleck, zwischen den Zinnen der umgebenden Mauern fällt die türkische Wasserleitung auf. Die Knicke im Verlauf sorgen dafür, dass sich die Einzelglieder bei Erdbeben gegenseitig abstützen – diese Konstruktion hat denn auch das schwere Erdbeben 1979 überstanden. Von der Zitadelle hat man dann einen sehr guten Blick in das hinter Stari Bar sich öffnende Tal mit seinen Ölbaumpflanzungen und den Rumija-Bergen im Hintergrund.

Kommt man von der Zitadelle herunter, hält man sich links und passiert nach einem komplett rekonstruierten **venezianischen Palast** [5] die Kirche **Sv. Veneranda** [6], die leider innen nur noch ein total kahler Raum ist. Der Mauerverlauf erlaubt hier wieder schöne Blicke in die Berge, ein grünes Plateau zur Rechten, die beste Aussicht auf Bar und die Küste. Man sieht hier deutlich, dass die Mauern am Steilabfall blind enden, anscheinend sind Teile der Stadt einmal abgestürzt. Auf dem Weg zum Uhrturm hält man sich beim Zollhaus am Anfang rechts und hat dann bald den **Hammam** [7] aus türkischer Zeit links von sich. Besonders eindrucksvoll ist der gekuppelte Raum, in dem man im heißen Dampf schwitzte, die runden Öffnungen sind für den Dunstabzug.

Der etwas tiefer gelegene **Uhrturm** [8] ist kaum zu übersehen, er entspricht

Sehenswürdigkeiten

1 Haupttor
2 Zollhaus
3 Sv. Ivan
4 Zitadelle
5 Venezianischer Palast
6 Sv. Veneranda
7 Hammam
8 Uhrturm
9 Bischofspalast

dem bekannten Muster türkischer Uhrtürme. Zum Abschluss passiert man noch die Ruine des **Bischofspalastes** 9, bevor es an ein paar Feigenbäumen vorbei zurück hinauf zum Eingang geht.

Man stelle sich diese Stadt bewohnt vor, mit Menschen in den Gassen, heutzutage mit Boutiquen und Bars für Touristen, an jeder freien Stelle Barhocker oder die Terrassen von Restaurants. Stari grad in Budva kommt einem da in den Sinn, ja, so müsste sie aussehen, diese Stadt, wenn nicht …

Einer der ältesten, über 2000 Jahre alten **Ölbäume** der Gegend steht am Ortsrand von Bar unterhalb Stari Bar, die Zufahrt ist deutlich beschildert.

Sutomore

Reiseatlas: S. 236, B 1
Der Ort, 9 km nordöstlich von Bar, bietet eine gute Auswahl an Hotels, aber keine, die über die Mittelklasse hinausreichen. Sie stehen dicht an dicht hinter der mehr als 1 km langen Strandpromenade. Einige von diesen ›Strand‹-Hotels haben Zimmer mit ›Bergblick‹, die in Wirklichkeit auf die Küstenstraße blicken, mit der sie auf gleicher Höhe liegen – Vorsicht also bei der Zimmerauswahl! Es gibt wenig zu sehen und außer dem Strandleben wenig tun, es sei denn, man sieht sich die in Richtung Budva liegende türkische **Festung Haj Nehaj an,** die recht gut erhalten ist, oder man wandert in den Bergen der Rumija-Kette, s. S. 126).

Mirela: Sutomore-Miožica (2 km in Richtung Budva), Tel. 085-37 47 37. Freundliches privates Hotel, nicht direkt am Strand, 20 freundliche Zimmer mit Balkon, TV und Klimaanlage, Blumen auf der Terrasse und im Garten. DZ/FR ab 46 €.
Korali: Tel. 085-31 30 70, Fax 085-31 25 10. Das muss man dem Korali lassen: Es liegt an der Strandpromenade, hat ringsum Grün und bietet einige Zimmer mit direktem Seeblick, von den anderen, alle mit Balkon, kann man zumindest ein kleines Stückchen Ozean erhaschen. Ansonsten montenegrinische Mittelklasse und Zimmer ohne TV. DZ/FR 30–40 €.
Sirena Marta: Save Kovačeviča 4 (Ortsmitte beim Busbahnhof), Tel. 085-37 33 65. Trotz der Nähe zur Hauptstraße recht ruhiges kleineres Privathotel (45 Betten), Zimmer mit Klimaanlage und TV, schlichtes Restaurant im Haus. DZ/FR ab 30 €.

Fratello: Tel. 067-50 00 03, Hochsaison tgl. 21–4 Uhr. Riesendisko für bis zu 2000 Besucher, an Augustwochenenden keine Seltenheit.

In Sutomore halten alle **Busse** auf den Küstenlinien und nach Podgorica, **Züge** auf der Linie Bar–Podgorica–Belgrad.

Rumija-Berge

Reiseatlas: S. 237, D/E 1/2
Zwischen der Adriaküste und dem Skadarsee erhebt sich mit der Rumija ein bis zu 1594 m hohes Gebirge, dessen durchschnittliche Kammhöhe nur im äußersten Norden und Süden unter 1000 m sinkt. Dieses Rumija-Gebirge war eine gewaltige Barriere zwischen Küste und Binnenland, die nur auf wenigen Steigen überwunden wurde. Eine einzige Straße führt über das Gebirge, die alte, durch den neuen Sozina-Tunnel nahezu verkehrsfrei gewordene Straße zwischen Bar und Virpazar über den Sutorman-Pass (805 m). Bevor die moderne Bahnlinie von Belgrad nach Bar gebaut wurde, die das Gebirge zwischen Virpazar und Sutomore ebenfalls in einem Tunnel unterführt, gab es eine Schmalspurbahn, die mit vielen engen Kurven von Bar nach Virpazar fuhr, nur ein Scheiteltunnel entschärfte die Höhe ein wenig. Die alte Trasse hat sich besonders auf der Küstenseite streckenweise sehr gut erhalten und ergäbe etwa zwischen dem Ort Sutorman und Tuđemili eine vorzügliche Mountainbiketrasse (da die gesamte moderne Straße kaum befahren ist, eignet auch sie sich sehr gut dafür).

Von den vielen Wanderwegen im Rumija-Gebirge, einige von ihnen sind markiert und mit Schildern versehen, seien im Folgenden zwei etwas detaillierter vorgestellt.

Von Sutomore auf die Vrsuta

Von Bar aus beherrscht die Vrsuta im Norden das Profil der Küstenberge, tatsächlich ragt sie direkt hinter Sutomore auf – ihren Gipfel erreicht man in 4–5 Std. In Sutomore quert man die Bahn durch den Tunnel von der Meerseite auf die Bergseite und wendet sich nach rechts. Parallel zur Bahn weiter bis Straßenende, Treppe rauf und auf Querweg links. (Die Siedlung ist z. T. ohne Autozufahrten!) Wo der Weg zur Stiege wird, geht es nun weiter geradeaus, bei Einmündung in schmalen Weg links bis zu einer Straße. Auf dieser nach rechts und bei Gabelung wieder rechts.

Der eingeschlagene Fahrweg ist fast eben und senkt sich dann bei den letzten (schäbigen) Häusern nach rechts, kurz davor auf nicht bezeichneten Trampelpfaden wenige Dutzend Meter nach links auf ein baumloses (weil nach Waldbrand kahles) **Plateau,** wo der deutliche Weg beginnt (30 Min.). Fast am Ende des Plateaus trifft man nun auf Stützmauern von Feldern und eine Weggabelung, hier rechts (erstes Markierungszeichen: Roter Ring mit weißer Mitte). Man passiert die wenigen Häuser eines noch nicht verlassenen, aber stark heruntergekommenen **Dorfes** und geht ziemlich in gleicher Höhe weiter. Vor dem Zaun des letzten Hauses Linkskurve und in den steilen Hang, der nun auf einem Steig mäßig ansteigend gequert wird.

Der Steig mündet auf einen von links herauf kommenden alten Viehtriebweg (1 Std.), dem man nach rechts folgt. Nach Linkskurve zwei große gemauerte **Wasserlöcher,** dann nach rechts und etwa 40 Min. später ist man nach einem flachen Stück mit großartigen Ausblicken auf das Meer bei Bar und die Berge auf dem Sattel unter der Vrsuta angelangt (2.45 Std.). Hier befindet sich eine noch bewirtschaftete **Alm;** eine Brunnenanlage und ein Partisanendenkmal dienen zur Orientierung. Ab hier keine Markierungen mehr!

Vom Brunnen (kein Trinkwasser!) nach rechts in den teilweise bewaldeten Hang, um eine etwas oberhalb verlaufende alte **Maultierstraße** zu finden, deren talseitige Stützmauern gut erhalten und deshalb nicht zu übersehen sind. Im Zickzack auf diesem Weg in Richtung des Sattels zwischen Vrsuta (links) und Mala Vrsuta (rechts). Nach weiteren ca. 30 Min. wendet sich der Pfad nach rechts und quert die **Rinne** zwischen den beiden Gipfeln, wird etwas undeutlich, aber wenn man weiß, dass man dieselbe Rinne weiter oben nochmals queren muss, findet man sich zurecht. Bei der oberen Rinne angelangt (3.30 Std.), wieder queren und nun nicht mehr zurück, sondern im großen Bogen in Richtung Norden ausholend weglos über den Wiesenhang hinauf zum Gipfel der **Vrsuta** (4.30 Std.). Rückweg auf demselben Weg (2.30–3 Std.) oder hinunter zum Pass Sutorman (ein Taxi, das man sich dorthin kommen lässt, kostet bis Bar mit Taxameter 17–20 €).

Von Stari Bar nach Turčini und auf die Bijela skala

Wer vom Dorf vor den Stadtmauern nicht durch das Tor nach Stari Bar einbiegt, sondern geradeaus weitergeht, wird auf einem weniger guten, oft steilen Fahrsträßchen in das Tal dahinter geleitet. Der Fahrweg endet an einem **Wasserbehälter,** ab hier führt eine deutliche Markierung auf einen alten Maultierpfad nach links. Auf einem schmalen Rücken liegt links ein einsamer **muslimischer Dorffriedhof,** die Stelle vermittelt ein Gefühl für die Abgeschiedenheit der Dörfer in der Rumija (1.15 Std.). Ab dem Friedhof geht es weniger steil, schließlich fast waagerecht weiter. Weiden und Wiesen erstrecken sich hinter den Weg begleitenden Hecken. Halblinks vor sich hat man bald die wenigen Häuser des Dorfes **Turčini** im Blick, bevor man in eine Schlucht gelangt und durch diese nach rechts flussaufwärts steigt, streckenweise auf einer steinernen Treppe aus Naturstein. Nach der **Flussquerung** (Brücke) Aufstieg und kurz darauf ein erster Blick auf das Rumija-Massiv mit der Rumija selbst in der Mitte (2.15 Std.). Links hinauf, vorbei an einem **Brunnen** mit Trinkwasser zur oberhalb querenden Straße und auf dieser bis zu einem Rücken (3 Std.), von dem man erstmals nach links zu einem deutlichen Einschnitt in der Rumija-Kette blickt, dem **Pass Bijela skala,** den man in zuletzt steilem Anstieg erreicht (3.45 Std.). Abstieg auf demselben Weg oder der Straße folgend zur Straße zwischen Bar und dem Sutorman (dort kein öffentlicher Verkehr).

ULCINJ UND ADA BOJANA

Ulcinj (Ulqini) ist anders: muslimisch und vor allem albanisch. Dies ist schon das halbe touristische Kapital des Ortes, dessen Altstadt auf hohem Felsen nach Erdbebenschäden wieder aufgebaut wird. Aber vor allem locken nach Ulcinj und in seine Umgebung die Strände südlich der Stadt, die 13 km lange Velika plaža und die Nudisteninsel Ada Bojana.

Reiseatlas: S. 237, D 3

Ulcinjs muslimisch-albanische Wurzeln erkennt man einerseits an den Minaretten und andererseits an den neuen Straßennamen, die nicht mehr wie früher serbische Antifaschisten verherrlichen, sondern den albanischen Nationalhelden Skënderbeu (Skanderbeg) oder den osmanischen Piraten Hafiz Ali Ulqinaku.

Alt-Ulcinj (Stari grad) liegt auf einem streckenweise zum Meer überhängenden Felsenplateau, einem leicht zu verteidigenden Stück Festland, das wohl schon zur Zeit der Illyrer, also vor mehr als 2500 Jahren besiedelt wurde. Leider ist dieser Felsen nicht so stabil, wie er scheint: Die alte Stadt wurde mehrmals zerstört, mindestens dreimal durch Erdbeben. 1444 stürzte ein Teil der Stadt ins Meer, 1667 war es das Erdbeben von Dubrovnik und 1979 jenes, das auch die Altstadt von Bar zerstörte. Bei ruhiger See erkennt man von den Mauern aus Reste abgerutschter Teile des Felsens und auch der ehemals darauf stehenden Gebäude im Wasser.

Spaziergang durch Ulcinj

In der nach dem Erdbeben von 1979 nicht mehr vollständig wieder aufgebauten **Altstadt** beeindrucken immer noch die festen Mauern und die beiden gut erhaltenen Tore, das Hafentor, das man heute auf einer Stiege vom Stadtstrand erreicht, und das ungleich kräftiger befestigte Landtor. Auf der Südseite erreicht man nach Durchquerung des Hafentores einen Platz, über dem sich ein burgartiger Ansitz erhebt, **Balšića dvori** [1], so benannt nach der serbischen Herrscherfamilie, die Ulcinj regierte, als es von den Venezianern erobert wurde. Wie das etwas höher gelegene **Palata Venecije** [2] genannte Stadthaus mit seinen neuen Arkaden ist der stark restaurierte Adelssitz wohl während der venezianischen Zeit entstanden. In den Kasematten des **Landtores** [3] auf der anderen Seite der Altstadt, das gleichzeitig als Ausfallstor der von massiven Außenmauern geschützten **Zitadelle** diente, ist das **Stadtmuseum** [4] unter-

Der Felsen, der die Altstadt von Ulcinj trägt, war schon vor 2500 Jahren besiedelt

gebracht: Im Hof der Zitadelle steht eine mit Minarett und Mihrab (Kanzel) in eine Moschee umgewandelten Kirche. Wie die gesamte Zitadelle stammt sie aus venezianischer Zeit. In ihr sind archäologische Funde und Bauglieder von Altstadthäusern aus venezianischer bis türkischen Zeit ausgestellt.

Der Turm an der höchsten Stelle der Zitadelle – und der Altstadt – wird wie das Hotel am Landtor nach der letzten serbischen Herrscherfamilie genannt: **Balšića kula** 5. Der Hof der Zitadelle liegt über der großen Zisterne, deren Brunnen nahe dem Eingang genauso gut in Venedig stehen könnte. Der Hof diente den wechselnden Besitzern der Stadt auch als Sklavenmarkt. Einer von denen, die hier verkauft wurden, war der spanische Dichter Cervantes, der 1575 vor Marseille Piraten in die Hände gefallen war und erst 1580 wieder freigekauft werden konnte. Einen Teil seiner Zeit in türkischer Sklaverei verbrachte er hier in Ulcinj. Sein ›Don Quijote‹ sollte erst 25 Jahre später erscheinen (Zitadelle und Stadtmuseum Di–So 8–12 und 16–20 Uhr, Eintritt 1 €).

Neben der Altstadt verdienen vor allem die **Bauten aus türkischer Zeit** einen Besuch: Moscheen, ein Hammam und der Uhrturm. Vom Landtor der Altstadt kommend, passiert man den christlichen Friedhof und hat dann rechts unter sich die kleine **Pašina džamija** 6, einen 1719 errichteten Bau. Weniger die nicht aus dem Rahmen fallende Moschee (quadratischer Grundriss, flache Zentralkuppel, angebautes schlankes Minarett) als das aus drei runden Ziegeldächern bestehende Gebäude nebenan ist interessant: Es handelt sich um einen **Hammam,** ein Türkisches Bad, eines der beiden letzten in Montenegro (das zweite befindet sich in Stari Bar). Er wird heute leider nicht mehr gebraucht und ist normalerweise nicht zugänglich, aber man kann den Hof der Moschee betreten und sieht rechts vor dem Hammam den Austritt des gedeckten Warmluftschachtes aus dem warmen Bereich des Bades.

Geht man auf der Verbindungsstraße zwischen Stadtstrand und Neustadt (Druga Hafiz Ali Ulqinaku) bergan, hat man kurz darauf rechts zwei türkische Bauten vor sich: Etwas oberhalb der Straße steht die Hauptmoschee Ulcinjs, die **Namazdjah džamija** [7] von 1828, und auf dem Hügel darüber weithin sichtbar den Uhrturm **Sahat kula** [8], der jenem im türkischen Viertel von Podgorica zum Verwechseln ähnlich

sieht. Auf der Durchgangsstraße der Neustadt angelangt, geht man links ein paar Schritte zur **Lamit džamija** 9 von 1689. Ihr Eingangsbereich ist auf arabische Art mit einem Gitter aus Holzflechtwerk vor direkter Sicht geschützt. Rechts auf dem Bulvar Skënderbeu sieht man gleich zu Beginn rechts die moderne Pazarit-Moschee und noch die **Bregut džamija** 10 von 1783, vom Schiffskapitän Ahmet Đuli gestiftet.

Sehenswürdigkeiten
1 Balšića dvori
2 Palata Venecije
3 Landtor
4 Stadtmuseum
5 Balšića kula
6 Pašina džamija
7 Namazdzaj džamija
8 Sahat kula (Uhrturm)
9 Lamit džamija
10 Bregut džamija
11 Markt
12 Türben

Übernachten
13 Dvori Balšića
14 Albatros
15 Imperijal
16 Olympic, Otrant und Bellevue
17 Autokamp Neptun
18 TN Ada Bojana mit Autokamp Ada
19 Vidikovac

Essen und Trinken
20 Kalaja
21 Grand
22 Gallo Nero
23 Don Café

Der **Markt** 11 selbst ist ebenso ein Relikt aus türkischer Zeit. Traditionell mit weißem Schleier bedeckte Marktfrauen bieten alles an, was ihre Höfe produzieren: von Spitzpaprika bis zu weißem Käse und von frischen Feigen bis zu lebenden Hühnern. Etwas hinter dem Markt folgt ein Parkplatz, an dessen Seite ziemlich unbeachtet eine von vier **Türben** 12 steht, die heute noch das Stadtgebiet zieren. Unter dieser, die dem klassischen Typ eines offenen, auf vier Säulen ruhenden Kuppelbaus folgt, sollen der Sage nach zwei der bei der Eroberung der Stadt von den venezianischen Verteidigern getötete Muslime ruhen.

Vom Stadtstrand zur Velika plaža

Die Hauptströmungsrichtung des Oberflächenwassers der Adria ist im Bereich vor der montenegrinischen Küste von Süd nach Nord. Die Feinmaterialien, die der Fluss ins Meer schwemmt, werden also wieder nach Norden verfrachtet, im konkreten Fall wegen des höheren Landes im Hintergrund, das eine Barriere bildet, nach Nordwesten. Ausgeblasener Sand lagert sich in küstenparallelen Dünen ab, die z. T. von Kiefernwald und Macchie bestanden sind. Diese Dünen wiederum verhindern, dass kleinere Wasserläufe ihren Weg bis zum Meer finden, stattdessen versumpfen sie an den Stellen, wo sie auf die Dünen treffen. Sümpfe mit unzähligen Vogelarten, Brütern und Gästen wegen des Vogelfluges im Frühjahr und Herbst, gibt es

Die Moschee Pašina džamija überragt die runden Dächer des Hammam

an mehreren Stellen. Die größte Bedeutung hat der randlich versumpfte See **Šasko jezero** im Hinterland (in einem früheren Flussbereich der Bojana). Wie am Skadarsee soll der dortige Vogelreichtum interessierten Vogelfreunden in Beobachtungsstationen zugänglich gemacht werden – sie sind derzeit noch im Projektstadium. Ein anderes versumpftes Gebiet wurde einem wirtschaftlichen Zweck zugeführt: Montenegros einzige Meerwassersaline, die **Ulcijnska solana,** liegt auf dem Weg an das Südende der Velika plaža und der dortigen Insel Ada Bojana an der Grenze zu Albanien.

Der Stadtstrand wird **Mala plaža** genannt, kleiner Strand, und er ist tatsächlich klein, viel zu klein für die vielen Besucher der Hochsaison und vor allem an Wochenenden, wenn Ausflügler aus ganz Montenegro hinzukommen. Viele kommen aus dem Kosovo nach Ulcinj – hier können sie sich als einzigem Küstenort Ex-Jugoslawiens auf Albanisch unterhalten. Der Sand hier ist recht dunkel, der Strand flach, lautstarke Unterhaltung und Verpflegung gibt es gleich jenseits der Strandpromenade.

Von der Mala plaža aus kann man die nach Süden anschließenden Buchten schön zu Fuß erkunden, wobei man kurz auf die oberhalb laufende Straße ausweichen muss; beim Hotel Albatros ist dann aber Schluss. Jede Bucht hat ihren Kiosk oder ihr Café, mit Ausnahme der letzten unterhalb des Hotel Albatros, die den Nudisten gehört. Eine der Buchten, die kleine felsige **Ženska plaža,** ist durch einen Zaun abgesperrt und Frauen vorbehalten. Ob das Baden in der schwefelhaltigen Quelle, die hier entspringt wirklich die Fruchtbarkeit fördert, ist wissenschaftlich nicht erwiesen: Die Frauen, die hierher kommen, glauben jedenfalls daran.

Der einzige nennenswerte Strand nördlich Ulcinj ist der 6 km entfernte **Valdanos-Strand** in der gleichnamigen Bucht. Der Weg dorthin wird von Ölbaumhainen, die Bucht selbst von einem Kiesstrand gesäumt. Der z. T. vom Militär belegte Campingplatz, das anschließende militärische Sperrgebiet und die unsichere Zukunft (die gesamte Bucht ist seit 2005 in russischem Privatbesitz) lassen jedoch nicht die reine Freude aufkommen.

Nimmt man die Straße nach Süden, so erreicht man die Brücke über das Flüsschen **Brdela,** das die Saline von Ulcinj entwässert. Unter Fürst Nikola hatte man einen Schifffahrtskanal von der Bojana zur Brdela und mit dem Bau eines Hafenorts begonnen, der nach der Fürstin Port Milena genannt wurde. Die Verbindung wird heute wieder diskutiert, da der Fluss sehr wenig Wasser führt und in den vielen *kalimere*, Pfahlbauten, an denen Fischer auf langen Stangen ihre Netze aufhängen, immer seltener die früher sehr häufigen fetten Aalen, gefangen werden.

Velika plaža

Unmittelbar nach der Flussmündung beginnt der ›Große Strand‹ Ulcinjs, rechts abzweigend erreicht man den aus sozialistischen Zeiten stammenden Hotelkomplex TN Ada Bojana am Nordende der Velika plaža. Im Gegensatz zum Stadtstrand ist der Sand hier goldgelb. Neben dem Quarz bilden einige dunkle Gesteine (z.B. Serpentin und vulkanische Gesteine wie Olivinbasalt) die Grundlage für dunkle Sandkörnchen, die sich streckenweise auf die Helligkeit des bis zu 100 m breiten Strandes auswirken. Wie es heißt, ist der Sand sehr schwach radioaktiv (ähnlich dem Radon-Heilstollen in Badgastein). Man kann weit hinauswaten, da der Meeresboden nur sehr langsam tiefer wird, sollte aber die Gewalt der Brandung und vor allem die Unter- und Gegenströmungen nicht unterschätzen, die einen schwachen Schwimmer durchaus weit nach Norden tragen oder am Zurückfinden hindern können. Die besonders ab Mitte September zunehmende Brandung und der fast ständig fühlbare Wind sind andererseits ideal für Windsurfer und das in den letzten Jahren immer beliebtere Kite-Surfing.

Der Sandstrand ist Staatsbesitz und kann parzellenweise jeweils für ein Jahr gepachtet werden, was in letzter Zeit immer häufiger von Privaten wahrgenommen wird: Bei der stilistisch fragwürdigen neuen **katholischen Kirche** (die albanischstämmigen Bauern dieses Landstrichs sind meist Katholiken) ein paar Kilometer weiter zweigt rechts die Zufahrt zum größten neuen Privatstrand ab, der sich nicht ganz unbescheiden

Copacabana nennt (Eintritt inkl. zwei Liegen und Schirm 5 €; Fischrestaurant, Bar, Stranddisko und Kinderbecken).

Ada Bojana

Die Insel Ada ist ein Stück flacher, dunkel-goldgelb bis grau-golden schimmernder Sandboden zwischen den beiden Mündungsarmen des Bojana-Flusses, dessen Hauptarm die montenegrinisch-albanische Grenze darstellt. Die Insel ist komplett als FKK-Strand ausgebaut und darf nur betreten werden, wenn man auch gebucht hat (wird an der Schranke kontrolliert); am Strand selbst herrscht FKK-Zwang. Das Flusswasser der Bojana begrenzt die Insel auf zwei Seiten, die dritte öffnet sich gleich hinter dem Feriendorf als breiter Sandstrand zur Adria. Aale und andere Süßwasserfische, bekommt man in den einfachen Lokalen, die sich am Bojana-Ufer angesiedelt haben. Ada Bojana ist seit den 1950ern ein FKK-Paradies. Seine Zukunft ist noch nicht ganz klar, Montenegros Tourismusexperten denken angestrengt darüber nach, wie man das Paradies Ada Bojana noch besser vermarkten könnte.

Ulcinj hat derzeit keine offizielle **Touristeninformation,** die Info im Rathaus ist nur ein Notbehelf ohne echtes Auskunftspotenzial (www.ulqini.de).

Dvori Balšića 13: Stari grad, Tel. 085-42 14 57, 085-41 26 09, realestate@cg.yu. Das Spitzenangebot in Ulcinj: geräumige Apartments in einem mehrstöckigen Stadthaus der Altstadt, weitere Apartments im etwas höher stehenden **Palata Venecije.** Großzügige Raumeinteilung, Minibar, TV, in den höheren Stockwerken tolle Blicke auf Stadt und Mala plaža (keine Autozufahrt, wegen Gepäcktransport vorher anrufen!) Apt. für 2 Pers./ FR ab 62 €. Auch das Restaurant des Hauses mit Terrasse auf dem alten Mauerumgang kann sich sehen lassen (vorzüglicher Fisch, Vorspeise und Fischgericht ab ca 20 €).

Hotel Albatros 14: Tel. 085-42 32 66, Fax 085-42 30 07, www.hoteli-albatros.cg.yu. Großhotel (446 Betten) am Ende der Küstenstraße mit FKK-Badebucht und annehmbaren Zimmern in zwei Kategorien: DZ/HP 48–62 € (A-Kat. mit Sat-TV und Klimaanlage) bzw. 32–46 € (B-Kat.).

An der Velika plaža:

Hotel Imperijal 15: Velika plaža bb., Tel. 085-45 52 88, www.hotelimperial-ul.com. Das attraktive Privathotel liegt strandnah an der Straße nach Ada Bojana und hat dort einen eigenen Strandabschnitt mit Schirmen und Liegen (im Zimmerpreis enthalten). Sehr gute, große Zimmer mit Jacuzzi zur Straße (DZ/FR 80–120 €), gute Zimmer nach hinten (36–56 €).

Die älteren Hotels **Olympic, Otrant, Bellevue** 16 und der Ferienkomplex Ada Bojana (s. u.) mit Bungalows und Campingplatz werden von einer staatlichen Agentur verwaltet (HTP Ulcinjska Riviera, 85360 Ulcinj, Tel. 085-45 53 74, Fax 085-45 50 58, www.ulcinjska-rivijera.cg.yu). DZ/HP (Gesamtkapazität fast 2100 Betten!) 32–68 €.

Autokamp Neptun 17: Velika plaža bb., Tel. 085-41 28 88. Großer und komplett ausgestatteter Campingplatz, nicht mehr ganz taufrisch.

Auf Ada Bojana:

TN Ada Bojana 18: am Nordende der Velika plaža (Kontakt über HTP Ulcinjska Riviera, s. 16). Bungalows und Häuschen (der Kategorie ›Lux L‹) im lockeren Waldbestand direkt am Strand der Insel, Restaurant bei der Rezeption, 800 m entfernt locken die Fischlokale an der Bojana, ein gutes Angebot an Ausflügen auch in der Nebensaison. ›Lux L‹-Häuschen 45–70 €, ›Lux A‹-Bungalows 35–60 €, jeweils für 2 Pers. mit HP. Für die FKK-Insel Ada lohnt sich ein Blick auf das Angebot des FKK-Reiseveranstalters Oböna Reisen (www.oboena.de, Stichwort Ada-Bojana), der vor Ort auch die Ausflüge organisiert. Dem TN Ada ist auch der ausgezeichnete Campingplatz **Autokamp Ada** angeschlossen mit 150 Stellplätzen. Gespann und 2 Pers. ab ca. 12 €.

In der Umgebung:

Vidikovac 19: 85000 Bar-Pečurice (12 km nordöstlich in Richtung Bar), Tel. 085-45 81 88, Fax 085-45 82 53. Das kleine Hotel (50 Betten) an der Straße nach Bar liegt unweit vom Strand am Uvala Paljuša mit dem Inselchen Stari Ulcinj (dass sich darauf ein Alt-Ulcinj befunden habe, ist mittlerweile widerlegt). Nette Zimmer mit Balkon und Blick auf die Bucht. DZ/FR 35, mit HP 46 €.

Kalaja 20: Stari grad, Ulcinj. Eines der drei Restaurants in Stari grad, sehr idyllische Terrasse mit Blick auf die Bucht, rustikale Küche, meist Grillgerichte, auch Pizza, Fisch I. Kat. 30 €/kg, Fleischgericht 6–7 €.

Restaurant Pizzeria Grand 21: Bulevar Gjergj Kastrioti Skënderbeu bb., 16–1 Uhr. Beliebt und gut. Am Rondell mitten im Ort hat man vom offenen Balkon im ersten Stock einen guten Blick auf das lebendige Treiben auf der Straße. Grillgerichte, vor allem aber Fisch, Platte für 2 Pers. (1 kg!) 22 €, *škampi* und Kalamari in mehreren Zubereitungsarten (7–12 €), alles bereits mit Beilagen.

Restaurant Pizzeria Gallo Nero 22: Ecke Druga Hafiz Ali Ulqinaku/Druga Kadi Hysen Mujali. Recht gute Restaurant-Pizzeria, Bruschetta, wie sie sein soll, Pasta (4–6 €), Fisch (Portion ab 10 €) und Fleisch, abschließend bietet sich das recht gute Tiramisu (1,50 €) an.

Don Café 23: am Kreisel in der Oberstadt. Sehr guter Espresso und Capuccino, auch die Süßigkeiten von Baklava bis Schaumschnitte sind von bester Qualität.

Jeden Vormittag **Markt** an den festen Ständen auf der Südseite des Bulevar Gjergj Kastrioti Skënderbeu.

Disco Club More, Night Club Renome und **Hollegro** heißen die nächtlichen Phonschleudern an der Mala plaža.

Ausflüge: Busausflügen von Ulcinj an alle Ziele der Küste, die Saison ist jedoch wesentlich kürzer, sodass man evtl. bis Budva fahren muss, um in der Vor- oder Nachsaison an einem Ausflug teilnehmen zu können. Besonders beliebt wegen der Nähe: Trips zum Skadarsee und nach Albanien.

Tauchen: Real Estate unterhält am Hafen die Tauchbasis Dolcinium Diving Center, das Büro befindet sich in der Druga Hafiz Ali Ulqinaku bb. (Tel. 085-42 16 09, Fax 085-42 16 12, realestate@cg.yu, www.uldiving. com). Tauchgänge vom Ufer und vom Boot, Ausbildung und Ausrüstungsverleih.

Windsurfen und Paragliding: Der Surfklub Dragon (Ulcinj, Tel. 069-62 49 06, www.dragonproject.net) bietet auch Tandem-Flüge mit dem Paraglider an.

Busse vom sehr randlich liegenden Busbahnhof nach Priština, Prizren, Mitrovica, Novi Pazar und Peć, aber auch ca. 10 x tgl. nach Bar und weiter in Richtung Herceg Novi oder Podgorica (5 x).

Taxi: z. B. Saša, Tel. 069-41 05 45 (spricht Englisch).

Das Mittelland

Auf dem Skadarsee

Reiseatlas S. 233–235

CETINJE UND DER LOVĆEN

Montenegros alte Hauptstadt Cetinje liegt in den Bergen, wie es sich für ein Bergvolk geziemt. Die in ihrer Entwicklung 1918 gestoppte Stadt blickt auf Montenegros heiligen Berg, den Lovćen, wo sich das Mausoleum des größten ihrer Herrscher befindet. Seine Wiege und die der von ihm begründeten Dynastie steht im nahen Dorf Njeguši.

Cetinje

Reiseatlas: S. 233, F 2
Von Budva wie von Kotor aus erreicht man Cetinje nur, nachdem man das Küstengebirge überwunden hat. Besonders spektakulär sind die wesentlich ältere Straße über den Krstac-Pass und das ausgedehnte fruchtbare Polje mit der aus mehreren Dörfern bestehenden Gemeinde Njeguši, die von den beiden Gipfeln des Lovćen, Štirovik und Jezerski Vrh, überragt wird. Wenn man die Stadt dann erreicht, die bis 1918 Hauptstadt Montenegros war (und heute noch offiziell ›Mit-Hauptstadt‹ ist, aber offensichtlich in staatlichen Agenden, die mit Geld zu tun haben, ganz unten rangiert), ist man überrascht: Cetinje nimmt sich, »im ganzen betrachtet, wie ein kleines deutsches Amtsgerichtstädtchen aus«, wie der Grieben von 1912 meint und damit auch heute noch nicht falsch liegt.

Cetinje entstand wohl ab 1479, als der vor den Türken geflüchtete Fürst-Metropolit von Zeta, Ivan Crnojević, seinen Hauptsitz von Vranjina am Skadarsee hierher versetze. Ab 1482 dürfte eine ›Burg‹ bestanden haben, wohl 1484 wurde das Kloster Cetinje gegründet, um dem ebenfalls geflüchteten Metropoliten einen Amtssitz zu schaffen. Dieses Kloster, dessen Kirche unter der heutigen Kapelle Rođena Bogorodice ergraben wurde, haben die Türken 1692 in die Luft gejagt. Im 19. Jh. erst entwickelte sich so etwas wie ein Ort, ab 1878, nach der Anerkennung Montenegros als Staat im Berliner Kongress, kamen Botschaften ausländischer Mächte und ein Verwaltungs- und Regierungsgebäude hinzu. Die Monarchie hatte nur vier Friedensjahre (1910–14) und existierte nur acht Jahre – keine Zeit für aufwendige Bauten.

Stadtspaziergang

Ausgangspunkt ist der Großparkplatz westlich der Innenstadt unterhalb des Schlossparks, wo alle Touristenbusse parken und auch für Privatfahrzeuge der beste Standplatz ist (Gebühr).

Man beginnt am besten am ältesten nachweislich besiedelten Standort von

Cetinje, den Ruinen des Vorgängerklosters des heutigen Klosters Cetinje. Sie stehen in einer Grünfläche vor dem heutigen Kloster und sind schon vom Parkplatz aus nicht zu übersehen, da auf ihnen eine Grabkirche thront, die Kirche der Jungfräulichen Geburt, **Crkva Ređena Bogorodice** 1. Die Ruinen des Vorgängerbaus wurden nach den Ausgrabungen der 1950er-Jahre teilweise rekonstruiert. So stellte man einige der Säulen der dreischiffigen Kirche wieder auf und setzte auf fünf von ihnen die authentischen Kapitelle: Eines zeigt den doppelköpfigen Adler der Crnojević-Familie, der das Staatswappen der Republik Montenegro ziert. In diesem Kloster wurde das erste Buch im südslawischen Raum gedruckt, seit 1485 befand sich hier eine Druckerpresse, die der Herrscher mit Hilfe seiner venezianischen Freunde (die ihm auch im Kampf gegen den gemeinsamen Türkenfeind beistanden) beschafft hatte. Die Kirche auf diesem geschichtsträchtigen Standort wurde unter Fürst Nikola 1886 als Hofkirche errichtet, sie dient dem nunmehr königlichen Bauherrn Nikola I. und dessen Königin Milena als Grablege. Neben den prächtigen Marmorsarkophagen des königlichen Paares ist die im Boden eingelassene Grabplatte des Ivan Crnojević leicht zu übersehen.

Das heutige **Kloster** (Manastir Cetinjskog) 2 wurde nach der Zerstörung des Vorgängerklosters (1692) ab 1701 einen Steinwurf weit entfernt am Rand des Polje errichtet, wo es heute noch steht. Der Gründer war Vladika Danilo Petrović, der einige der alten Bauteile wieder einsetzen ließ, so die Inschrift über dem Kircheneingang. Nach drei Zerstörungen durch türkische und bosnische Heere unter türkischer Fahne (1712, 1724, 1785) und dem jeweiligen Wiederaufbau dürfte das Kloster kaum noch die ursprüngliche Form bewahrt haben. Wie durch ein Wunder hat dennoch ein Teil des Kirchenschatzes überlebt (die berühmte Ikone der Gottesmutter von Philermos, die sich heute im Nationalmuseum im Vladin dom befindet, kam erst in den 1950ern in den Besitz des Klosters).

Der Großteil des Klosters ist Klausur, schließlich ist es Sitz des Metropoliten

Museumsbesuche

Meiden Sie die Mittagszeit zwischen ca. 11 und 15 Uhr. Wenn die meisten Busgruppen unterwegs sind, kommt es zu Wartezeiten, oder Sie können nur hinein, indem sie sich einer Gruppe anschließen und dabei zu einer Zwangsführung kommen. Vorher (ab 9 Uhr) und später (bis 17 Uhr) hat man die Museen meist ziemlich für sich allein (das Biljarda scheint für Gruppen nicht interessant zu sein).

Öffnungszeiten: Alle Museen (Biljarda und Relief von Montenegro, Muzej Kralja Nikole, Historisches Museum und Gemäldegalerie im Vladin dom, Ethnographisches Museum) sind tgl. 9–17 Uhr geöffnet, Einlass bis 16.30 Uhr, Eintritt für alle Museen zusammen 5 €, einzeln 3 € bzw. Ethnographisches Museum und Relief 1 €.

Sehenswürdigkeiten

1 Crkva Rođena Bogorodice
2 Kloster (Manastir Cetinjskog)
3 Adlerfelsen mit Mausoleum Danilos I.
4 Biljarda
5 Relief von Crna Gora
6 Muzej Kralja Nikole
7 Ethnologisches Museum
8 Serbische Botschaft
9 Vladin dom
10 Französische Botschaft
11 Amtssitz des Präsidenten der Republik
12 Österreichisch-ungarische Botschaft
13 Vlaška crkva
14 Theater (Zetski dom)
15 Russische Botschaft
16 Türkische Botschaft
17 Deutsche Botschaft
18 Botschaft des Vereinigten Königreichs
19 Blaues Palais

Übernachten

20 Grand

Essen und Trinken

21 Hogar
22 Panorama

von Montenegro. Vom Innenhof, über dem sich die Arkaden des eigentlichen Klostertraktes erheben, wendet man sich nach rechts zur kleinen, engen **Klosterkirche,** die vorwiegend Wandmalereien und Ikonen des 19./20. Jh. enthält, aber auch eine Reliquie des hl. Petar. Petar I. Petrović-Njegoš wurde von der serbisch-orthodoxen Kirche heilig gesprochen – nach ihm wird das Kloster auch als Manastir Sveti Petar bezeichnet. In der winzigen Eremitenzelle nebenan – hier soll der hl. Petar als Einsiedler gelebt haben – werden zwei weitere Reliquien aufbewahrt, die für Fans geheimnisumwobener Reliquien ein klares Muss sind, da sie mit dem Johanniter-Ritterorden verbunden sind: eine Hand Johannes' des Täufers und einen Span vom Kreuz Jesu.

Vom Kloster lohnt der Aufstieg zum **Mausoleum Danilo I.** auf dem **Adlerfelsen** (Orlov krš) 3, einem Hügel über der Stadt (vom Klostereingang auf dem Sträßchen nach links weiter, erster Abzweig rechts, steiler asphaltierter Fahrweg, hin/zurück ca. 30 Min.). Das Bauwerk, ein Sarkophag unter einer von vier Säulen getragenen Kuppel, wurde 1896 von italienischen Architekten entworfen – Auftraggeberin war Prinzessin Jelena, die spätere italienische Königin Elena. Im Sarkophag ruht der Begründer der Dynastie Petrović-Njegoš, Fürst Danilo I. Der Ausblick ist großartig: Von der Brüstung des Adlerfelsens hat man Cetinje und seine umgebenden Karsthügel vor bzw. unter sich, auf der anderen Seite beherrscht die charakteristische Form des Lovćen-Massivs, des montenegrinischen Schicksalsberges den Horizont.

Biljarda

4 Das Grundstück des unscheinbaren, lang gezogenen Gebäudes unterhalb des Klosters wird durch eine Mauer mit niedrigen Rundtürmen begrenzt. Es war das erste nur als Residenz errichtete Gebäude der Fürsten von Crna Gora, denn bis zum Abschluss der Bauarbeiten im Jahr 1838 hatte der Auftraggeber Petar II. seinen Sitz im Kloster gehabt – schließlich war er vor allem geistlicher Oberhirte und erst in zweiter Linie weltlicher Fürst seines Landes. Dass die schlichte, aus einer Folge einfacher Zimmer über einem Wirtschaftstrakt bestehende Residenz den Namen Biljarda bekam, hängt damit zusammen, das der Fürst einen Billardtisch erworben hatte, der von Cattaro (heute Kotor) auf Maultierrücken herauf nach Cetinje transportiert worden war und großes Aufsehen hervorrief. Im Biljarda ist heute eines der Museen von Cetinje untergebracht, es zeigt die Njegoš-Dynastie in Bildern, Dokumenten und Skulpturen.

Im Hof ist in einem Glaspavillon das **Relief von Crna Gora** 5 untergebracht. Das während der österreichischen Besatzungsphase (1916–18) zu strategischen Zwecken entstandene, zweidimensionale Modell von Montenegro im Maßstab 1:10 000 (1 km in der Natur entspricht 10 cm im Relief) gibt einen guten Eindruck von der gebirgigen Natur des Landes und zeigt deutlich, wie die Canyons der Tara und der Komarnica-Piva, in geringerem Maße auch jene der Morača, das Land wie mit gewaltigen Messerschnitten durchschneiden.

Cetinje wirkt wie ein Freilichtmuseum

Muzej Kralja Nikole

Das **Museum** 6 ist der Nachfolgebau der Biljarda, die durch den neuen Palast des Fürsten und späteren König Nikola zwischen 1863 und 1871 schrittweise ersetzt wurde. Eigentlich sollte das seit jeher rot gestrichene Gebäude nur der Sitz für Fürst Nikolas Mutter werden, aber dann verlegte er 1871 seinen Sitz in das neue und komfortablere Gebäude gegenüber der Biljarda. Sein heutiges Aussehen und den Großteil der Ausstattung erhielt es erst 1910, als es mit Elektrizität versehen wurde. Es ist als Beispiel großbürgerlicher Innenarchitektur der späten Gründerzeit allemal den Besuch wert.

König Nikola I. und Königin Milena treten dem Besucher in großformatigen Gemälden im ansonsten eher bescheidenen Thronsaal gegenüber; sie wurden zum 50-jährigen Thronjubiläum und der Verleihung der Königswürde gemalt. Der Billardraum auf der anderen Seite des Erdgeschosses erinnert an jenen ersten Billardtisch im Vorgängerbau. Im ersten Stock liegen die Wohnräume, z. T. in üppigem Gründerzeitstil, mit einem ›chinesischen‹ Zimmer, einem Chippendale-Zimmer (extrem schwülstiges Gründerzeit-Sideboard) und einer Reihe besonders interessanter privater ›Salons‹. Im Roten, Blauen und Gelben Salon sind Gemälde damals führender Herrscherfamilien versammelt. Nikola I. schaffte es, fünf seiner neun Töchter mit dem europäischen Hochadel zu verheiraten, so wurde Jelena als Elena italienische Königin. Der Thronfolger Danilo heiratete eine Prinzessin aus dem Haus Mecklenburg-Strelitz, da konnte es nicht schaden, sich mit dem kräftig aufrüstenden Deutschen Reich und dem Hof in Berlin gut zu stellen.

Ethnologisches Museum

Das **Ethnologische Museum** 7 befindet sich in der ehemaligen Bulgarischen Botschaft auf der anderen Seite des Schlossplatzes (Trg Kralja Nikole). Auf zwei Stockwerken sind vor allem Trachten und Geräte zur Herstellung von Wolle und Stoffen aus ganz Montenegro ausgestellt. Leider sind die Erklärungen dürftig und geben nicht einmal an, aus welchem Material die Gewänder und Stoffe sind, sodass man diesbezüglich nur raten kann. Man

fragt sich bei der Baumwolle, die ganz eindeutig bei der Damenunterwäsche verwendet wurde, genauso wie bei der feinen Seide der Blusen, woher sie wohl kam, da alles andere ebenso eindeutig aus Schaf- und Ziegenwolle gefertigt ist. Die vielen Maulbeerbäume, die es heute noch in Montenegro gibt, weiden darauf hin, dass die Seide aus eigener Produktion war. Die **Serbische Botschaft** 8 war übrigens im Haus direkt links neben dem Palast König Nikolas untergebracht.

Vladin dom

9 In dem ehemaligen Nationalversammlungs- und Ministeriengebäude für das neue Königreich Montenegro sind heute die Gemäldegalerie und das Historische Museum des Landes (Podgorica hat dagegen nur ein Stadtmuseum) untergebracht. Leider hat das **Historische Museum** seit seiner Entstehung keinen neuen Impuls mehr erhalten: Vitrine um Vitrine fehlen Hinweise auf das Ausgestellte, und was ausnahmsweise mal bezeichnet wird, ist nur für Kenner des Serbischen verständlich. Dagegen ist die **Gemäldegalerie** trotz einer Fülle mittelmäßiger Werke den Besuch allemal wert, und sei es nur wegen einiger herausragender Arbeiten wie des Selbstporträts des Vlaho Buhovac, eines hübschen Werkes des kroatischen Naiven Krsto Hegedušić (›Optimisti‹ von 1956), einiger Ikonen meist des 19. Jh., des Saales mit Werken von Milan Milunović (eindrucksvoll: ›Sveti Stefan‹ von 1953) oder der Neuerwerbung des skurrilen ›Autoportret‹ (2002) von Milan Nikčević. Einen eigenen, ganz in Blau gehaltenen Raum hat die bedeutendste Ikone des

Landes für sich, die ›Gottesmutter von Philermos‹, ehemals Besitz der Johanniter (später Malteser), wahrscheinlich ein Original aus mittelbyzantinischer Zeit (10./11. Jh.), das man aber wegen des Silberrahmens und der starken Nachdunkelung kaum erkennen kann.

Sehenswert als Jugendstilbau ist die **französische Botschaft** 10; vorbei am prätentiösen **Amtssitz des Präsidenten der Republik** 11 gelangt man zum aufwendigen **Botschaftsgebäude von Österreich-Ungarn** 12. Zurückgekehrt quert man den Platz, auf dem ein Denkmal für die Gefallenen des Ersten Weltkriegs vor der Kapelle **Vlaška crkva** 13 steht, einem Bau mit Vorgängern bis zurück in das Spätmittelalter, in und um den sich viele ältere Grabsteine befinden. Der Zaun um den Friedhof besteht aus Gewehrläufen, die türkischen Soldaten der Kriege des 19. Jh. abgenommen wurden.

Vorbei am **Theater** (Zetski dom) 14 kann man auf Abstechern die ehemalige **russische** 15 und **türkische Botschaft** 16 aufsuchen und passiert die winzige **deutsche Botschaft** 17 und die einem englischen Landhaus nachempfundene **Botschaft des Vereinigten Königreichs** 18 (mit Wappen über Eingang!), heute Musikschule. Die letzte Sehenswürdigkeit ist das hübsche **Blaue Palais** 19, es wurde 1895 als Sitz des Thronfolgers errichtet.

Cetinje hat derzeit keine **Touristeninformation** (www.cetinje.cg.yu).

Grand 20: Njegoševa bb., Tel. 086-24 24 00, Fax 086-23 12 13. Cetinjes einziges Hotel liegt sehr hübsch in einem Park am Westende der Stadt und mag mal wirklich *grand* gewesen sein, aber die Grandezza ist Geschichte. Dennoch: anständige, wenn auch nicht luxuriöse Zimmer, im Haus Hallenbad und Sauna, riesiges Restaurant (praktisch ausschließlich für Pensionsgäste) und Bar mit Terrasse, viele Sportlergruppen. DZ/FR ab 90 €.

Hogar 21: Ecke Njegoševa/Ivana Crnojevića, Tel. 086-23 08 75. Bar-Pizzeria mit ein paar Grillgerichten, empfehlenswert Fisch mit Kartoffeln und Mangold *(blitva)* für ca. 15 €, das Bier ›Nik‹ kommt vom Fass.

Panorama 22: 1 km in Richtung Podgorica steht dieses Restaurant in Panoramalage am Pass – man kommt vor allem deswegen, aber das Essen ist ebenfalls ok.

An Bars empfehlen sich das **Gaeta** gegenüber dem Hogar wegen seiner Musikauswahl (Soul und Jazz) und das **Yellow Moon** neben der Musikschule wegen seiner lockeren studentischen Atmosphäre.

Ein geschlossener **Busbahnhof** und keine Tafel mit Abfahrtszeiten, trotzdem verkehren Busse, nach Podgorica und Budva tagsüber mindestens jede halbe Stunde. **Taxi** am Busbahnhof.

Njeguši

Reiseatlas: S. 233, E 2

Nördlich des Lovćen liegt ein ausgedehntes, fruchtbares Polje mit mehreren Weilern ohne eigentliches Zentrum, das nach einem von ihnen heute den Namen Njeguši trägt. In diesem Dorf wurde Fürst Petar II. Petrović-Njegoš geboren, der heute noch wie ein Heiliger verehrt wird. Sein Epos ›Der Bergkranz‹ (Gorski vijenac), das eine Episode der montenegrinischen Geschichte glorifiziert, gilt als das bedeutendste literarische Werk der Nation. Das Geburtshaus des Fürsten **Njegoševa rodna kuća** (Mo–Fr 10–17 Uhr, Eintritt 1 €) liegt direkt neben der Durchgangsstraße, ein großes Schild weist darauf hin. Viele Montenegriner kommen hierher, um das Haus zu besuchen und den Ort zu sehen, der jedem von ihnen bekannt ist. Anschließend fährt fast jeder hinauf zum Mausoleum auf dem Lovćen.

Aber zuerst versorgt man sich noch damit, wofür Njeguši fast noch bekannter ist als für seinen Dichterfürsten: Der Ort hat sich einen Namen mit luftgetrocknetem Schinken gemacht. Das Fleisch dazu kommt mittlerweile aus allen möglichen Ländern Europas. Ebenso bekannt ist sein Käse, ein halbfester, recht trockener, leicht säuerlicher und von kleinen Bläschen (nicht so großen wie beim Tilsiter) durchsetzter Schnittkäse mit ganz leichter Rotschmiere, der in flachen Rundscheiben reift. Räuchern und Käseherstellung hat hier jeder gelernt. Jedes Haus an der Straße wirbt (meist schlicht mit ›*SIR PRŠUT*‹) für seine Produkte. Und da der montenegrinische Vorspeisenteller im Zweifelsfall genau diese beiden Produkte (und eventuell ein paar Oliven) enthält, läuft das Geschäft gut. Ganze Busgruppen fallen bei einzelnen Produzenten ein; wenn der Augenschein nicht trügt, sind es ganz bestimmte, die so verehrt werden, die Fahrer wollen ja schließlich auch ein wenig profitieren.

Im Ort wird die Gaststätte **Zora** mit schattiger Terrasse gerne von Busgruppen aufgesucht, aber auch Individualreisende finden ein Plätzchen und werden zuvorkommend bedient.
Auf dem Weiterweg nach Cetinje sollte man der ältesten Gaststätte des Landes, dem Café **Kod Pera od Bukovica** (bei Pero in Bukovica, Tel. 086-76 00 55), kurz vor dem Pass einen Besuch abstatten. Ein Schinkenbrot ist auch hier zu haben (die Montenegriner spülen es mit Schnaps runter, gut fürs Autofahren). Der Wirt ist mehrsprachig (der türkische Mokka kostete »*fifty cent deutscher*«).

Nationalpark Lovćen

Reiseatlas: S. 233, E/F 2/3
Wer den Nationalpark Lovćen besucht ohne zu wissen, dass der Berg Lovćen für Montenegro eine fast mythische Bedeutung hat, mag ein wenig enttäuscht sein. Die 64 000 ha des 1952 eingerichteten Nationalparks umfassen verkarstetes Bergland mit einigen schönen Baumbeständen, wie sie aber auch anderswo vorkommen ohne irgendwie geschützt zu sein. Die Karstformationen sind hier weniger spektakulär als im nicht geschützten Orjen. Das Mausoleum ist ein Nationaldenkmal, der Park wurde geschaffen, um es zu schützen (und nicht die Natur ringsum, die ist nur sekundär).

Der **Jezerski Vrh** ist zwar nicht der höchste Gipfel des Lovćen, das ist der 1748 m hohe Štirovnik. Aber auf dem Jezerski Vrh steht das **Mausoleum** des Petar II. Petrović-Njegoš, des Dichters, Fürsten und höchsten kirchlichen Würdenträgers Montenegros. Bau und

DIE DYNASTIE PETROVIĆ-NJEGOŠ

Als der gerade ernannte Metropolit von Zeta, **Danilo Petrović-Njegoš,** sich 1690 weigerte, für seine Approbation den von den Türken gestützten, griechischen Patriarchen von Peć aufzusuchen und stattdessen dem in Ungarn exilierten (serbischen) Patriarchen Arsenije III. Črnojević seine Aufwartung machte, war das der Auftakt zur Befreiung Montenegros von der türkischen Herrschaft. Der Kirchenfürst provozierte die Türken bewusst und konnte sicher sein, dass es zunächst keine Repressalien geben würde – die Türkei war viel zu tief in ihren Abwehrkampf gegen Habsburg verstrickt. Aber ohne Alliierte konnte der glühende Verfechter der Selbstständigkeit Montenegros nicht auf dauerhaften Frieden mit den Türken hoffen. Venedig war im Kriegsfall auf Montenegros Seite, nach Friedensschluss mit den Türken interessierte die sich die Serenissima nicht mehr für das Bergvolk am anderen Ende der Adria. Ein starker Beschützer wurde in Russland gefunden, Zar Peter der Große rief 1711 zum Aufstand gegen die Türken und schickte 10 000 Rubel und Militärhilfe. 1715 kam der Metropolit Danilo nach St. Petersburg und schuf die Voraussetzungen für die 200 Jahre währenden besonderen Beziehungen zu Russland.

Als Metropolit konnte Danilo keinen Sohn als Nachfolger vorweisen, seine Wahl fiel auf seinen Cousin **Sava.** Während dessen Abwesenheit in Russland riss **Vasilje,** ein Neffe Danilos, 1744 das Metropolitenamt und die weltliche Macht an sich.

Zwischen 1766 und 1773 wird die Reihe der Metropoliten aus der Familie Petrović durch das bizarre Abenteuer eines Hochstaplers unterbrochen, der sich als Zar Peter III. von Russland ausgab, und dem es tatsächlich gelang, als Herrscher Montenegros anerkannt zu werden. Nach seiner Ermordung kam nach kurzem Zwischenspiel des Sava im Jahr 1784 **Petar I. Petrović-Njegoš** (1784–1830) auf den Thron. Der neue Metropolit hatte die Probleme zu lösen, die sich mit dem Fall Venedigs, der französischen und dann österreichischen Besetzung der Küste und Russlands schwankenden Allianzen ergaben. Politisches Geschick erlaubte ihm, zumindest die Grenzen des Landes zu halten.

Sein Nachfolger **Petar II. Petrović-Njegoš** (1830–51) war erst 17 Jahre alt und wurde sofort ins Kloster gesteckt, wo er ein Jahr später zum Archimandriten geweiht wurde. Seine Anerkennung als Metropolit erfolgte in St. Petersburg in Anwesenheit des Zaren und des Hofs. Das zahlte sich aus: Der Staatshaushalt der nächsten Jahre war dank der großzügigen Russen zu zwei Dritteln mit Rubeln gedeckt. Für den Preis von zwei Klöstern, die er Österreich überließ (u.a. Podmaine bei Budva), gelang es dem Metropoliten, Österreich zur Anerkennung Montenegros zu bewegen. Damit war die Habsburgermonarchie die erste europäische Macht, die Montenegros Selbstständigkeit offiziell anerkannte. Seine Zeitgenossen sahen zwar besonders den Verlust der Klöster, würdigten aber auch das literarische Werk Petars II., vor allem das 1847 erschiene spätere montenegrinische Nationalepos ›*Gorski vijenac*‹ (Der Bergkranz).

Monumentale Bauplastik im Mausoleum des Petar II. Petrović-Njegoš

Danilo (1852–60), Neffe Petars, wurde nach Auseinandersetzungen mit Petars Bruder Pero 1852 zum Herrscher Montenegros gewählt. Während Danilos Reise nach St. Petersburg verabschiedete der montenegrinische Senat eine Resolution, die Montenegro als selbstständiges Fürstentum mit einem weltlichen Herrscher aus der Taufe hob. Bei Danilos Ankunft in St. Petersburg war der Zar schon informiert, der den erstaunten Danilo mit seinem neuen Titel angesprach. Unter Danilo gelang es, die Ostgrenze mit der Türkei international durchzusetzen, ein wichtiger Schritt zur Anerkennung alles Grenzen.

Nach der Ermordung Danilos in Kotor folgte ihm sein Neffe **Nikola** (1860–1918) auf den Thron, diesmal nur den weltlichen des Fürstentums. In den 58 Jahren seiner Regierung sah er eine zweimalige Ausweitung seines Territoriums (1878 und 1912/13), nahm er den Königstitel an (1910) und war fortan **König Nikola I.** Aber er erlebte auch den Ersten Weltkrieg, die Okkupation und 1918 seine eigene erzwungene Abdankung (das Königreich bestand offiziell noch bis 1921). Er starb im Exil in Paris, wo heute wieder ein Nikola bereitsteht, sollte sich Montenegro zur Rückkehr zum Königreich entschließen (die Staatsfahne ist schon da).

Vom Aussichtsrondell jenseits des Mausoleums schaut man weit ins Land

Bauplastik sind ein Werk des Kroaten Ivan Meštrović, sein Werk ist monumental – wie es sich für einen Bau von nationalem Interesse gehört.

Zwei 4 m hohe Marmorkaryatiden flankieren den Eingang, sie stellen Frauen in montenegrinischer Tracht dar. In der Mitte des Mausoleums zieht das 3,74 m hohe Granitdenkmal des Fürsten die Blicke auf sich. Der bis auf das porträtgetreue Gesicht großzügig skulptierte und glatt geschliffene Stein wirkt dunkel bronzefarben. Der locker mit gekreuzten Beinen auf einem Kissen sitzende Petar II. wird im Rücken von einem Adler gestützt, dem Wappenvogel Montenegros. Unter dem Mausoleum liegt die Krypta mit dem Sarkophag des Verstorbenen, sie trägt die schlichte Aufschrift ›Njegoš 1813–1851‹.

Anreise: Vom Krstac-Pass zwischen Kotor und Njeguši gelangt man auf einer Straße zum Mausoleum, es gibt aber auch Wanderwege auf den Jezerski Vrh. Der längere (und markierte) beginnt direkt am Krstac-Pass (von der Straße zum Mausoleum wendet man sich nach rechts), der kürzere führt von der Kirche, die kurz vor dem Geburtshaus rechts oberhalb steht, zum Gipfel. Das letzte Stück ist auf dieser Seite steil und felsig, aber unproblematisch.

PODGORICA

Podgorica ist mit 175 000 Einwohnern die größte Stadt des Landes und die Hauptstadt des Staates Montenegro. Die ausgesprochen geschäftige und besonders im Regierungsstadtteil Novi Grad durch Bauaktivitäten gekennzeichnete Stadt in der trockenen Zeta-Ebene besticht weniger durch Baudenkmäler als durch ihren spannungsvollen urbanen Mix aus Balkan, Mittelmeer und fast plakativer Modernität.

Reiseatlas: S. 235, D/E 1
Podgorica besteht aus drei ganz unterschiedlichen Teilen, die durch die tief eingeschnittenen Flusstäler der Morača und der im Stadtbereich mündenden Ribnica getrennt sind. Westlich der Ribnica liegt **Stari Varoš,** der älteste Stadtteil mit den Resten der türkischen Stadt samt Moscheen und Wachturm. Östlich der Ribnica liegt **Nova Varoš,** der zu sozialistischen Zeiten planmäßig angelegte Neustadtbereich mit vielen mehr oder weniger repräsentativen Bauten aus der Tito-Ära. Ab dem 13. Juli 1946 hieß Podgorica für 50 Jahre Titograd, eine neue Stadt auf den Ruinen der im Kampf mit den deutschen Truppen von britischen Flugzeugen zu 95 % zerbombten Vorgängerin. Dieser Stadtteil liegt am Fuß des namengebenden Hügels – Podgorica heißt ›unter dem Hügel‹. Die alte ›türkische‹ Brücke über die Ribnica wird nur noch von Spaziergängern genutzt, denn zwei moderne Brücken überspannen heute den Fluss und verbinden Alt- und Neu-Varoš.

Der dritte Stadtteil liegt westlich der Morača (in Fließrichtung rechts) und wird meist schlicht **Novi Grad** genannt, die neue Stadt, es gibt jedoch keine offizielle Bezeichnung. Hier wurden seit 2001 das neue Ministerienviertel um den Rimksi trg (Romplatz), die Orthodoxe Kathedrale und verschiedene andere repräsentative Bauten aus dem Boden gestampft, auch das neue Best-Western-Hotel wurde hier eröffnet. Mehrere Brücken verbinden Stari und Nova Varoš mit Novi Grad, darunter ein Fußgängersteg, aber die auffälligste ist die Millennium-Brücke (Most milenijum), deren weiße Trägerseile ein attraktives Muster bilden.

Für eine Stadtbesichtigung benötigt man mit Ausnahme der außerhalb liegenden Ruinen von Doclea (Duklija) kein Fahrzeug, alles Sehenswerte lässt sich gut zu Fuß erkunden. In der Hitze des Sommers (Temperaturen von 40 °C sind in Podgorica keine Seltenheit) empfiehlt es sich allerdings, die Stunden zwischen 11 und 15 Uhr für einen Spaziergang zu meiden.

Sehenswürdigkeiten

1 Hotel Crna Gora
2 Karađorđev-Park
3 Stadtmuseum (Muzej grada Podgorica)
4 Sv. Đorđe
5 Partisanendenkmal
6 Alte türkische Brücke
7 Džamija Melihice
8 Sahat kula
9 Džamija Mechihat Han
10 Dvorac Kralja Nikole
11 Millennium-Brücke
12 Parlamentsgebäude (Vlada Republike Crne Gore)
13 Orthodoxe Kathedrale

Übernachten

14 Crna Gora
15 Montenegro Best Western Premier
16 Podgorica
17 Eminent
18 Evropa
19 Lovćen

Essen und Trinken

20 Sempre
21 Pod Volat
22 Dvor
23 Fil Rouge
24 Kafana des Hotels Crna Gora
25 Maestro
26 Dion
27 Merkur

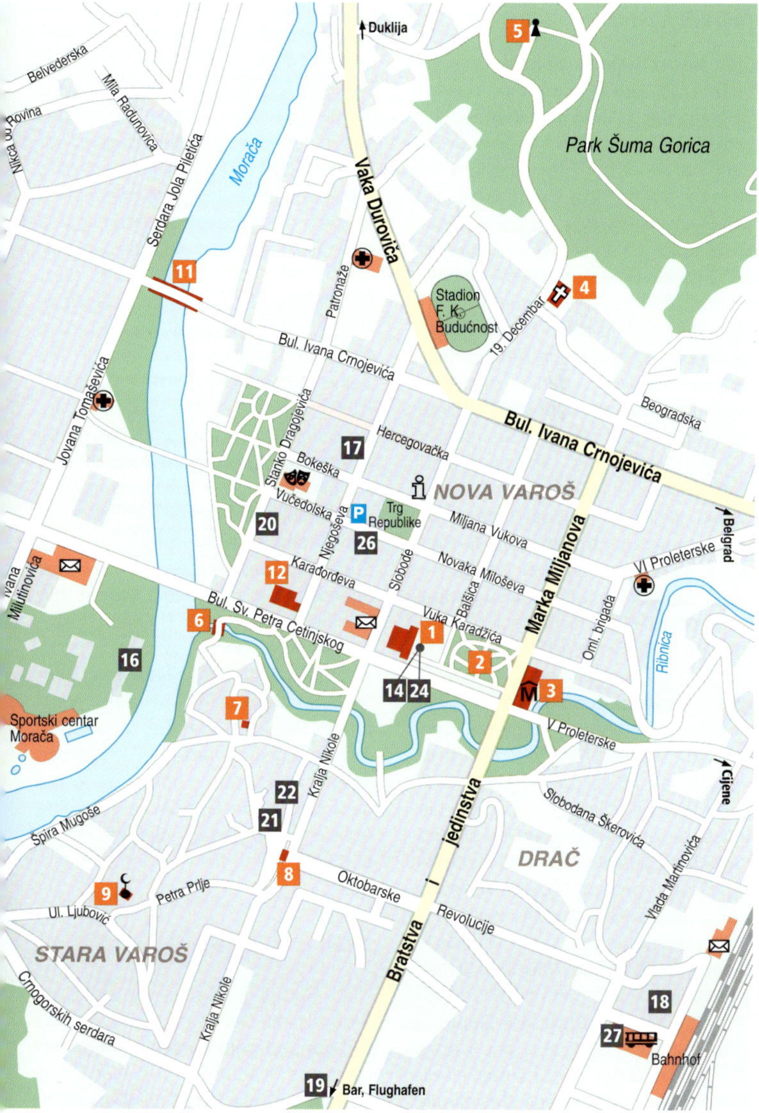
Duklija
5
Park Šuma Gorica
Belvederska
Mila Radunovića
Serdara Jola Piletića
Morača
Vaka Đurovića
11
Patronaže
Stadion F. K. Budućnost
19. Decembar
4
Bul. Ivana Crnojevića
Jovana Tomaševića
Stanko Dragojevića
Hercegovačka
Beogradska
Bul. Ivana Crnojevića
17
Bokeška
NOVA VAROŠ
Vučedolska
Njegoševa
Trg Republike
20
26
Miljana Vukova
Belgrad
Marka Miljanova
VI Proleterske
Novaka Miloševa
Slobode
Karađorđeva
12
Balšića
Oml. brigada
Milutinovića
Bul. Sv. Petra Cetinjskog
Vuka Karadžića
Ribnica
6
1
16
2
14
24
3
7
Sportski centar Morača
V Proleterske
Kralja Nikole
Cijene
Slobodana Škerovića
22
jedinstva
21
Špira Mugoše
DRAČ
8
9
Petra Prlje
Oktobarske
Revolucije
Vlada Martinovića
Ul. Ljubović
Bratstva i
STARA VAROŠ
Crnogorskih serdara
Kralja Nikole
18
27
Bahnhof
19
Bar, Flughafen

Nova Varoš

Man beginnt einen Spaziergang am besten im neuen Zentrum, dessen Straßen nach 1945 in einem rechtwinkligen Rastersystem angelegt wurden. Die Front zur Ribnica bildet der **Bulevar Sveti Petra Cetinjskog.** Von den Bauten sticht besonders das **Hotel Crna Gora** 1 hervor, das in den frühen 1950ern als Renommierhotel errichtet wurde. Die Inneneinrichtung in pompösem sozialistischem Eklektizismus ist sehenswert. Mehrere Parks umgeben Nova Varoš, in den Grünanlagen an der Ribnica gegenüber dem Hotel erinnern einige spärliche Mauerreste an die mittelalterliche Vorgängerstadt Podgoricas, den Ort Ribnica. Gleich neben dem Hotel liegt der leider etwas überbeanspruchte **Karađorđev-Park** 2 mit einem Denkmal des Königs Petar II. aus der Karađorđević-Dynastie, die nach 1918 das Königreich der Serben, Kroaten, Slowenen (und auch der nicht im Namen genannten Montenegriner) regierte. Auf der anderen Seite des Parks (jenseits der Marka Miljanova) steht das Gebäude des **Stadtmuseums** 3 (Muzej grada Podgorica, Di–Fr 9–21, Sa/So 9–14 Uhr). Die historischen, ethnologischen und archäologischen Sammlungen sind im ersten Stock untergebracht (bemerkenswert das römische Glas aus Doclea!).

Die Hauptstraße von Nova Varoš ist die **Ulica Slobode**, die sich in der Stadtteilmitte zwischen zwei kreuzenden Straßen zum **Platz der Republik** (Trg republike) erweitert, der wenige Monate nach der Unabhängigkeitserklärung zum unbestrittenen Mittelpunkt der Stadt wurde. Die Slobode, deren Seitenstraßen und die parallele Njegoševa (mit schicken Läden) sind zum Teil Fußgängerzone. Abends sind sie für jeden motorisierten Verkehr gesperrt, denn ab ca. 17 Uhr beginnt der ›Korzo‹: Ganz Podgorica spaziert dann durch diesen Stadtbereich oder nimmt in einem der zahlreichen Straßencafés einen Espresso oder ein Nikšićko.

Vom Nordende der Slobode führt ein Sträßchen in Richtung **Gorica-Hügel.** Man passiert das Stadion (links) und erreicht am Hangfuß die kleine Kirche **Sveti Đorđe** (Hl. Georg) 4. Für sie werden das 11. und 12. Jh. als Bauzeit genannt, von den heftig übermalten Fresken im Inneren wird ein bis ins 16. Jh. zurück gehendes Entstehungsdatum beansprucht. Nach der Kirche erreicht man den **Park Šuma Gorica,** der den Gorica-Hügel überzieht, ein meist aus Kiefern und wenigen immergrünen Bäumen bestehender Stadtpark mit geringem Unterwuchs. Das Sträßchen gabelt sich, der linke Straßenzweig führt zum pompösen **Denkmal für die gefallenen montenegrinischen Partisanen** (Spomenik Partizanu borzu) 5, rechts geht es auf die **Gorica** (leider keine Aussicht) und jenseits hinunter in den nördlichen Stadtteil von Podgorica.

Stara Varoš

Nach Süden quert man von der Ulica Slobode die Ribnica auf einer hohen Brücke und geht geradeaus auf den Uhr- und Wachturm des türkischen Viertels in **Stara Varoš** zu. Wesentlich

Unterwegs im alten türkischen Viertel von Podgorica

attraktiver ist jedoch der alte Weg zwischen den Stadtteilen: Man geht im Park entlang der Ribnica in Richtung der Mündung in die Morača, nimmt die breite Treppe hinunter zur Ribnica und findet sich vor einer alten **türkischen Brücke** 6, die den Fluss hier im Eselsbogen überspannt. Jenseits führen Treppen hinauf ins türkische Viertel, wo man sich zunächst an der **Džamija Melihce** 7 und dann am hohen Uhrturm orientiert. Der Turm **Sahat kula** 8 steht heute recht einsam auf dem überrestaurierten Platz mit dem für Deutschsprachige nicht leicht auszusprechenden Namen **Trg Vojvode Bećir-Bega Osmangića** (so benannt nach einem Pascha und großzügigen Gönner der Stadt, der ihr im 18. Jh. neben dem Turm auch zwei Moscheen spendierte). Im Restaurant Pod Volat nebenan und im Dvor in der schmalen Straße Braće Zlatičanina (sie läuft parallel zur Kralja Nikole, der Fortsetzung der Ulica Slobode) ist noch ein wenig von der türkisch-orientalischen Tradition zu spüren, wie auch in den beiden Moscheen des türkischen Viertels, in dem heute noch die Mehrheit der Muslime der Stadt lebt.

Der Weiterweg führt durch die Gassen des Viertels in Richtung der zweiten Moschee, die nach ihrer ursprünglichen Nutzung als Chan (Handwerkerhof) **Džamija Mechihat Han** 9 genannt wird.

›Niagara Falls‹

Der Unterlauf der Cijevna ist zunächst ein schmales, nur wenige Meter tief in die Zeta-Ebene eingetieftes Tal. Dann stürzt der Fluss plötzlich in einen schmalen Canyon und fließt fast unsichtbar in diesem weiter, bevor er noch Kilometer vor der Mündung in die Morača völlig verschwindet. Der Wasserfall am Beginn des Cijevna-Canyons ist als ›Niagara Falls‹ bekannt, der Bereich oberhalb ist ein beliebtes Freibad (privat geführt, an Badetagen ab 10 Uhr geöffnet). Die Niagara Falls erreicht man von der Straße zum Flughafen aus. Auf der Abzweigung nach Tuzi südlich von Podgorica, unmittelbar nach der Bahnunterführung und vor der Brücke über die Cijevna biegt man rechts ab.

Novi Grad

Von Stara Varoš führt eine viel befahrene Brücke über die Morača in den Stadtteil Novi Grad. An der Straßengabelung zweigt links der Bulevar Revolucije ab, an dem gleich links ein etwas erhöht liegendes Parkgelände auffällt, der **Hügel Kruševac** (dorthin auf Trampelpfad oder über die schmale Dječija ulica). Der Park umgibt ein ehemaliges königliches Schloss, das nach seinem Besitzer **Dvorac Kralja Nikole** 10 genannt wird. Das eigentliche Schloss, nicht mehr als eine große Villa, liegt am höchsten Punkt des Hügels, eine repräsentative Treppe führt nach Osten ins Nirgendwo. Nebenan liegen die Gebäude der Leibwache und – sehr idyllisch zwischen den Schwarzkiefern – die königliche Privatkapelle. Gewohnt hat hier nie ein Mitglied der königlichen Familie, aber nach Montenegros Besetzung durch die Österreicher waren einige ihrer Mitglieder hier interniert. Der Gebäudekomplex ist derzeit nur von außen zu besichtigen (gratis).

Über den Park jenseits der von der Straßengabelung rechts abzweigenden Ivana Milutinovića erreicht man, vorbei am Sportzentrum Morača und dem architektonisch interessanten Hotel Podgorica, die Morača-Brücke (mit Blick auf die **Millennium-Brücke** 11 weiter flussaufwärts) und den Bulevar Sveti Petra Cetinjskog, auf dem man nach rechts zum Ausgangspunkt zurück kehrt. Wer die Neubauten von Novi Grad kennen lernen will, folgt dem Boulevard hingegen nach links, hat gleich zur Rechten das aus den 1960er-Jahren stammende **Parlamentsgebäude** (Vlada Republike Crne Gore) 12, zwei Querstraßen weiter den postmodernen **Vektra-Gebäudekomplex,** der den **Rimksi trg** mit den neuen **Ministerien** (und Tourismus-Information) umfasst, und gleich darauf rechts den Blick auf die neue **Orthodoxe Kathedrale** 13.

Doclea

Doclea (heute Duklija) ist die antike Vorgängerin Podgoricas. Die einst sicher bedeutendste Stadt im Bereich des heutigen Montenegro hatte ein großes Forum mit Basilika, das heute noch das auffälligste erhaltene Bauwerk ist, da die Mauern noch übermannshoch stehen. Die im übrigen wenig anschaulichen, weil jahrzehntelang seit den Ausgrabungen, die noch vor dem Ersten Weltkrieg stattfanden, überwucherten und nicht gereinigten Ruinen der römischen Stadt findet man auf der alten Straße nach Nikšić: Man folgt zunächst dem Lauf des Morača-Flusses und quert unmittelbar nach der Einmündung der Zeta diesen Fluss über eine Brücke. Jenseits bei Gabelung rechts, die Ausgrabungen liegen auf der linken Seite.

Turistićka organizacija Podgorice: Ulica Slobode 47, 81000 Podgorica, Tel. 081-66 75 36. Prospekte und kostenloser Stadtplan. Auch die Staatliche Touristeninformation am Rimski Trg (›Vektra‹-Komplex) gibt Auskunft, hat aber keine Stadtpläne.

Crna Gora 14: Bulevar Sv. Petra Cetinjskog br. 2, Tel. 081-63 49 96, Fax 081-63 42 94. Abschreckend teuer mit 210 € für ein nicht sehr großes Doppelzimmer (mit Frühstück) mit seit längerem nicht renoviertem Bad und einem sehr kahlen Balkon. Aber dafür pompöses Mobiliar aus der Erbauungszeit, damals in Massivholz mit Messingdekor (handwerklich korrekt hergestellt und stilistisch irgendwo zwischen Art déco und kleinbürgerlicher Gründerzeit angesiedelt. Das wäre auch heute noch was zum Protzen, aber zusammen mit den ergrauten Vorhängen und den billigen Teppichen macht alles einen eher betrüblichen Eindruck. Vermeiden Sie zu telefonieren, die Minutenpreise vom Hotelzimmer lassen alle bisherigen Rekorde hinter sich liegen.

Montenegro Best Western Premier 15: Bulevar Sv. Petra Cetinjskog 145, Tel. 081-40 65 00, Fax 081-40 65 99, www.bestwestern-ce.com/montenegro. Das 2006 eröffnete Haus gibt Podgorica endlich ein modernes Hauptstadthotel in direkter Nähe zu den Ministerien am Rimski trg. Außen postmodern mit viel blauem Glas, innen 41 Zimmer und 7 Suiten, alle mit Internetzugang, individueller Regelung der Klimaanlage und modernen Bädern. Es gibt auch Nichtraucherzimmer und ein vorbildlich reichhaltiges Frühstücksbüffet. DZ/FR 130–170, Suite 200–230 €.

Podgorica 16: Bulevar Sv. Petra Cetinjskog br. 1, Tel. 081-40 25 00, Fax 081-50 25 01, www.hotelpodgorica.cg.yu. In zu seiner Erbauungszeit (1967) preisgekröntes Terrassenhotel über dem steilen Flusstal der Morača, das heute mit seinen großen Glasflächen und ungeschminkten Betonwänden noch durchaus modern wirkt. Citynahe Lage im Park, Zimmer mit Balkon zum Fluss mit Blick auf die Mündung der Ribnica mit der alten Brücke. Gute Ausstattung (neue Bäder), große ›Aperitifbar‹ mit Panoramafenster und Restaurant mit Aussichtsterrasse. DZ/FR mit Balkon zum Fluss ca. 85, zum Park ca. 75 €.

Eminent 17: Njegoševa 25, Tel. und Fax 081-66 46 46, 66 45 45, eminent@cg.cu, www.eminent.cg.yu. Freundliches Haus in der Fußgängerzone mit guten Zimmern und einem ruhigen Innenhof, auf den die sieben Apartments (auf zwei Ebenen mit Kochnische und Queensize-Betten) gehen. Apt./FR ab 80, DZ/FR ab 70 €.

Evropa 18: Orahovačka 16, Tel. 081-62 18 89, Fax 081-62 34 44, www.hotel evropa.cg.yu. Vorbildlich ausgestattete, wenn auch meist kleine Zimmer, Sat-TV, Video, Fön, moderne Bäder, Klimaanlage), sehr freundliches und kompetentes Personal, ruhige Lage neben dem Bahnhof, sehr gutes Frühstücksbüffet und die Offerte eines Taxiservice von/zum Flughafen für 10 € (Vorbestellung!) – ein echter Tipp! DZ/FR ab 70 €.

Lovćen 19: Petrovaćki put, Tel. 081-62 52 09, Fax 081-62 52 19, www.hotellovcen.cg.yu. Autofahrer werden dieses kleine Familienhotel (34 Betten) an der Flughafenstraße schätzen, komfortable und moderne Zimmer mit Internetanschluss, nicht sonderlich laut. DZ/FR 60 €.

Sempre 20: Stanka Dragojevića bb., Tel. 069-55 16 61. Authentisches italienische Restaurant (Personal spricht Italienisch), hausgemachte Pasta ab 8, Fleisch/Fisch mit Beilagen ab 12 €, als Aufmerksamkeit des Hauses kommt eine delikate Bruschetta auf den Tisch, das Brot ist hausgebacken. 25–35 € für ein komplettes italienische Dreigangmenü.

Pod Volat 21: Trg Nikole Kovačevica 23. Traditionelles Lokal im muslimischen Viertel mit lokalen Stammgästen und traditionellen Speisen, der Garten ist eine kühle Oase. Zwei Vorspeisen (Hauskäse und Rinderschinken) und Hauptgang mit Beilagen, dazu ein Bier 8–10 €.

Dvor 22: Braće Zlatičanina 24, Tel. 081-62 22 65. Das idyllische und ruhige Lokal in der alten Parallelstraße zur Kralja Nikole ist im Rest eines Chans (Handwerkerhofs) von 1630 und im Garten untergebracht. Nationale Gerichte, Fleisch und sehr gute Grillgerichte, Fisch aus See und Meer und besonders freundlicher Service.

Fil Rouge 23: Bulevar Sv. Petar Cetinjskog 143 (neben dem Hotel Montenegro). Modernes, helles Café-Restaurant mit internationaler Küche (sogar für Vegetarier ist gesorgt: Salate 5–10 €), Pasta, einigen nationalen Gerichten und guten Fischzubereitungen (Weißfisch I. Kat. 30 €/kg).

Kafana des Hotels Crna Gora 24: Petra Cetinjskog br. 2, Tel. 081-44 34 67. Was im Hotel angestaubt wirkt, ist hier Tradition: Der Imbiss wird mit weißer Tischwäsche zelebriert, zum Mineralwasser gibt es einen Glasbehälter mit Eiswürfeln (auch auf der gedeckten Terrasse zur Hauptstraße kann es heiß werden), und das Personal ist zuvorkommend. Am Spätnachmittag regelmäßig bis auf den letzten Platz gefüllt. Omelett mit Schinken, Mayonnaiseei, je 4, Salat 1,50 €.

Maestro 25: Ivana Kujoševića/Bulevar Revolucije. Bar-Café und Pizzeria an belebtem Ort, Grün um die Terrasse und ein plätschernder Brunnen geben die Illusion von Stille. Pizzen auf Pitaboden, Pasta (beide 4–6 € je nach Typ und Größe) Sandwiches, Eisbecher und Torten.

Dion 26: Vučedolska 18: Ausgezeichnete Café-Konditorei am Trg Republike, überdurchschnittlich gute Konditoreiwaren, Terrasse zum Platz.

Merkur 27: Selbstbedienungsrestaurant im Bahnhofsgebäude, sehr preiswert.

Die Straßen Slobode und Njegoševa sind die **Boutiquenstraßen** Podgoricas mit Niederlassungen internationaler Firmen; **Supermärkte** der Kette Carine an mehreren Orten, am besten sortiert in der Moskovska 6 neben dem Vektra-Komplex (Rimski trg). Riesiger täglicher Markt nahe dem Bahnhof.

Das **Nationaltheater** (Ul. Stanka Dragojevića bb., Tel. 081-66 40 74, www.cnp.cg.yu) hat ein zwar ausschließlich auf Serbisch aufgeführtes, aber durchaus international ausgerichtetes Programm.

Radfahren und Mountainbiken: Dank breiter Straßen kann man in Podgorica ganz gut Rad fahren. Aber: Bei Straßenquerungen nehmen sich Abbieger grundsätzlich die Vorfahrt! Tempo Trade vermietet Räder (Bratstva i jedinstva 57, Tel. 067-32 53 26, tempobike@cg.yu).

MILOVAN ĐILAS – TITOS WEGGEFÄHRTE FÄLLT IN UNGNADE

Der Kroate Josip Broz ›Tito‹ und der 1911 im Flecken Podbišće bei Mojkovac geborene Montenegriner Milovan Đilas (ins Deutsche wird sein Name meist mit Djilas transkribiert) waren schon ein Team, als Jugoslawiens Kommunistische Partei noch illegal war. Bereits 1932 war Đilas der KPJ beigetreten, 1933–36 saß er als Parteimitglied im Gefängnis, 1938 wurde er Mitglied des Zentralkomitees und schließlich 1940 des Politbüros der Partei. Er half, den Partisanenkrieg zu organisieren, für die Volksbefreiungsarmee reiste er 1944 nach Moskau. Im Nachkriegs-Jugoslawien wurde er zum Generalsekretär der KPJ ernannt und diente als Minister in der Regierung, 1953 wurde er Präsident des Bundesparlaments.

Die Bilderbuchkarriere des Montenegriners fand 1954 ein jähes Ende, plötzlich war sein Name als Dissident weltweit bekannt: In einer im KPJ-Parteiblatt veröffentlichten Artikelserie hatte er eine Demokratisierung des Parteiwesens vorgeschlagen und in einem Interview mit der ›New York Times‹ wagte er es, auf einer internationalen Plattform Kritik am jugoslawischen Weg und am Kommunismus schlechthin zu üben. Seit dem Bruch Titos mit Moskau (1949) hatte Đilas sich innerlich immer mehr von der Parteilinie entfernt, wobei seine Überzeugung wuchs, dass der Kommunismus nichts anderes sei als ein ideologisch verbrämter Imperialismus. Mit seiner Kritik am jugoslawischen Weg wollte er vor dieser Entwicklug warnen. Tito ließ ihn sofort fallen, und im Januar 1955 wurde er zu einer Gefängnisstrafe von 18 Monaten verurteilt. Das Manuskript seines Buches ›Die Neue Klasse. Eine Analyse des kommunistischen Systems‹ konnte er außer Landes schmuggeln. Diese bittere Kritik am Sowjetsystem und am Kommunismus wurde 1957 veröffentlicht und brachte ihm weitere neun Jahre Gefängnis ein. Bis 1968 saß er immer wieder im Gefängnis, bis 1987 konnte er sich nicht frei bewegen und erst 1989 wurde er rehabilitiert. 1995 starb er in Belgrad.

Im ersten Teil seiner Autobiografie ›Besudna Zemlja‹ (Land ohne Recht) beschreibt Milovan Đilas das Leben im Montenegro der Zeit vor dem Ersten Weltkrieg und in seiner Kindheit. Er schildert Clan-Loyalität gegenüber den ›Häuptlingen‹ (so genannt in der deutschen Übersetzung), bewaffnete Aufstände, Blutrache, Ehrenhändel mit tödlichem Ausgang, ganz generell Mord und Todschlag. Das Buch liest sich wie eine Sage aus fernen Zeiten; die ersten Kapitel, in denen er vor allem über die Herkunft und die Tradition seiner Familie berichtet, ähneln einer mittelalterlichen Heldensaga. Đilas mag als Dissident berühmt geworden sein, als Schriftsteller bekam er eine Bedeutung, die heute noch anhält.

In deutscher Sprache sind von Đilas erschienen: ›Land ohne Recht‹ und ›Die Neue Klasse‹, beide Köln und Berlin (Kiepenheuer & Witsch) 1958, sowie ›Tito. Eine kritische Biographie‹, Wien u. a. (Fritz Molden) 1980.

Plausch zu Füßen des Dichters: das Puschkindenkmal am Karađorđev-Park

Wandern und Bergsteigen: Podgorica hat zwei Bergsteigervereine, Komovi (Tel. 067-67 62 55, www.komovi.cg.yu) und Gorica (Tel. 069-60 61 48, www.planinarskogorica.cg.yu). Versiert und mehrsprachig (u. a. Deutsch) ist Branko Božović, der auch als Führer tätig wird (Tel. 069-41 11 55, brankoboz@cg.yu).

Ballsport und Ballonfahrten: Stadion F.K. Budućnost unter dem Gorica-Hügel (vor allem Fußball, der Klub Budućnost bietet vom Stadion aus Ballonfahrten an, Tel. 067-25 46 69); Sportski Centar Morača nahe dem Hotel Podgorica (moderne Sporthalle über dem Morača-Fluss).

Linienflüge von Montenegro Airlines zwischen Podgorica und Wien (mit Austrian; Ul. Slobode 23, Tel. 081-66 44 41), Frankfurt und München, die serbische Jat (Trg Republike, Tel. 081-66 47 50) fliegt mehrmals tgl. Belgrad an. Der moderne Flughafen Podgorica befindet sich 7 km außerhalb in Richtung Skadarsee (Info-Tel. 081-24 30 07, Ankünfte/Abflüge Tel. 081-24 49 16). Ein Taxi zum Flughafen kostet regulär 20 €, für Gäste des Hotels Evropa (s. o.) ist es günstiger. Direkte **Busse** in alle größeren Orte des Landes, in die Nachbarländer, nach Österreich und Deutschland. Moderner Busbahnhof beim Bahnhof, Mitra Bakica 5, Tel. 081-62 04 30. Vom vernachlässigten Bahnhof nebenan tgl. mehrere **Züge** nach Bar, Bijelo Polje, 3 x nach Belgrad (nach Bar und Belgrad 1 x mit Autotransport), Tel. 081-63 36 63.

Parkplätze sind in Podgorica extrem rar, es empfiehlt sich, den Parkplatz des Hotels zu nutzen und sonst zu Fuß oder mit dem Taxi unterwegs zu sein. Ein größerer zentraler Parkplatz liegt neben dem Hotel Crna Gora (gebührenpflichtig).

Taxis u. a. am Busbahnhof und Bahnhof, vor den Ministerien und am Rimski trg (bei der Tourismusinformation); mehrere Anbieter, etwa Oranz 19 (Tel. 081-97 07) und Taxi Lux (Tel. 081-97 06).

DER SKADARSEE

Ein Naturwunder ist dieser größte See des Balkans, der nur 6 m über dem Meeresspiegel liegt. Halb von Seerosen und Wassernüssen überwuchert, ist er ein wahres Vogel- und Fischparadies. Klöster und alte Festungen liegen auf kleinen Inseln, und Orte wie Rijeka Crnojevića, Virpazar und Vranjina sind eng mit Montenegros Geschichte verbunden.

Reiseatlas: S. 234/235, C–F 3/4
Im Frühsommer nach der Schneeschmelze in den Bergen erreicht der Skadarsee seinen höchsten Stand und eine Größe von bis zu 540 km², im Spätherbst nach dem langen und meist trockenen Sommer schrumpft er auf 370 km² zusammen. Auch seine Tiefe schwankt, im günstigsten Fall erreicht sie 44 m und liegt damit doch noch weit unter Meeresspiegel, denn der Skadarsee hat einen mittleren Wasserspiegel von nur 6 m über NN und ist im Mittel nur 5–6 m tief. Der unter dem Meeresspiegel liegende Seeboden wird damit erklärt, dass das Seebecken einst ein Meeresarm war, der allmählich (oder sehr schnell durch ein tektonisches Großereignis) abgeschnitten wurde und aussüßte. Nur die Mitte des Sees ist ohne Vegetation, in keiner Bucht sieht man das Wasser: Beim Dorf Murići ist ein längerer Uferstreifen nicht von dichter Wasservegetation gesäumt, sonst fast überall nur der dichte Teppich der Wasserpflanzen. An zwei weiteren Stellen, etwa beim Restaurant Jezero (s. u.), befinden sich ebenfalls kurze Strände.

Über dem Grün auf der Wasseroberfläche sieht man die schwarzen Silhouetten der Kormorane, die weißen der Silberreiher und ganz im Südosten auch der größten Rarität des Sees, der Krauskopf-Pelikane (auch Dalmatinische Pelikane genannt). 281 Vogelarten wurden am See gezählt, viele sind Brüter, einige besuchen den See regelmäßig während der Frühjahrs- und Herbstzüge. Haubentaucher, Purpurreiher, Nachtreiher, Graureiher, Seidenreiher, Zwergscharben (eine Kormoranart), Löffler, Schwarzhalstaucher, Wasserrallen können beobachtet werden. 35 Fischarten sind bekannt, der schlanke Karpfen *(šaran)* und der fette Aal (*ljegulja*) landen besonders gerne auf den Tischen der Restaurants ringsum, aber es gibt auch andere, die sich gut auf dem Teller machen, wie die köstlichen Felchen *(ukljeva)*.

Die Zuflüsse des Sees sind sämtlich in ihrem Unterlauf ebenfalls von Wasserpflanzen bedeckt, sodass man oft nicht mehr unterscheiden kann, was noch Fluss und was schon See ist, wie bei der Rijeka Crnojevića. Viele der mehr als 50 Inseln im See sind kaum als solche zu erkennen, weil sie allseits von dichter Wasservegetation umgeben sind. Andere sind zu hoch, um übersehen zu werden, so das doppelgipfelige **Vranjina,** über das die Straße zwischen Podgorica und Budva läuft. 303 m hoch thront der westliche der beiden Berge über dem Seespiegel. Besonders von Norden aus, etwa vom Hotel Panorama in Rijeka Crnojevića, wirkt das doppelgipfelige Vranjina wie ein wohlgeformter Busen (›Busen der Loren‹ wird er von den Einheimischen genannt).

Der Nationalpark Skadarsko jezero wurde 1983 gegründet; er umfasst den gesamten montenegrinischen Teil des Sees (ca. 40 000 ha). Das albanische Drittel der Seefläche ist nicht geschützt, aber seit 1996 ist der gesamte See im Rahmen der Ramsar-Konvention für Feuchtgebiete zumindest auf internationalem Niveau als schützenwert definiert. Der Name des Sees bezieht sich auf das heutige Shkodër in Nordalbanien direkt südlich des Sees, den historisch wichtigsten Ort und mit 115 000 Einwohnern auch bei weitem größten der Region.

Nacionalni park Skadarsko jezero: Radomira Ivanovića 2, 81000 Podgorica, Tel./Fax 081-65 80 71, www.nparkovi.cg.yu. Der Nationalpark besitzt ein neues Informationszentrum direkt am See: Vranjina bb. (am Ostufer der Brücke zwischen Virpazar und Vranjina im ersten Stock über dem dortigen Restaurant), das offiziell an Wochentagen 9–18 Uhr geöffnet ist (was in der Hauptsaison auch eingehalten wird).

Ufer und Inseln

Reiseatlas: S. 234/235, C/D 3/4
Von Süden her überwindet man auf der wenig befahrenen Straße zwischen Ulcinj und Virpazar zunächst die Ausläufer des Rumija-Gebirgszuges, bevor man einen großartigen Tiefblick auf den See und die Berge im Hintergrund, vor allem das Prokletije-Gebirge, weiter nach rechts aber auch auf die Adria und das Delta der Bojana hat.

Bei **Ostros** hat man das erste der albanischen Dörfer erreicht, die den fruchtbaren Bereich zwischen 300 und 500 m hoch über dem See sprenkeln, der sich wie eine breite Aussichtsplattform parallel zum Seeufer bis nach Virpazar hinzieht. In **Gornja Briska** zweigt der Wanderweg auf den Gipfel der Rumija ab (s. S. 126), Dazu liefert der kostenlose ›Hiking Guide National Park Skadarsko jezero‹, den man in der Nationalparkinfo oder anderen Infostellen bekommt, eine Kurzbeschreibung. **Murići** besteht heute aus drei Ortsteilen, dem fast verlassenen Oberdorf Gornji Murići, dem Unterdorf Donji Murići (an der Straße) und dem Strand – dort befindet sich nämlich der einzige Strand am See, vom dem man direkt ans Wasser gelangt. Vor allem aber zu den Kloster- und anderen Inseln im See. Nicht in Schwimmentfernung liegt **Otok Beška** mit den Ruinen eines Klosters und der Votivkapelle der adligen Dame Jelena Belšić aus dem 15. (oder 16.) Jh. Auf der Insel **Starčeva gorica** ist dagegen das Manastir Starčevo in gutem Zustand und von einem Mönch behütet. Auf **Starčevo** befindet sich das Grab des Buchdruckers Božidar

REIHER UND PELIKANE AM SKADARSEE

»In den ... (seit dem Ersten Weltkrieg) verstrichenen Jahren wurden ... (die Pelikane) jedoch mit fortschreitender Erbitterung ausgerottet. Früher standen sie im Schutz des Aberglaubens, der ihnen die Gabe des Zuzugs von Fischen zuschrieb. Denn selbstverständlich suchen diese gewaltigen Fischfresser ihre Nahrung vor allem in fischreichen Gewässern. Man verwechselte also Ursache mit Wirkung, und als die moderne Aufklärung den Tatsachen ihren gebührenden Platz anwies, begann ein unbarmherziges Vernichtungswerk. ... So sind fast überall die Nistplätze der Pelikane vernichtet worden, die alten wurden abgeschossen, die jungen dem Hungertode und den Raubvögeln preisgegeben.

Heute noch ist der Skutarisee wegen seines Vogelreichtums berühmt, doch zehrt er unberechtigt vom Glanze einer allerdings nahen Vergangenheit. Fast alle Pelikane und alle Edelreiherarten sind getötet, die wenigen Überlebenden aus den ungastlichen Urwäldern und Schilfdickungen vertrieben. ... Ich selbst hatte dem legendären Rufe des Skutarisees noch vertraut und einen Führer gedungen, der behauptete, er könne mich an Horste von Silberreihern bringen. Als aber nach tagelangem Umherrudern die Reiher sich nicht zeigen wollten, war es dem Manne ganz unverständlich, daß er an einem Orte, wo er noch vor drei Jahren 54 prächtige Silberreiher erlegt habe, nun kein einziger zu sehen sei.«

Hugo Adolf Bernatzik, in dessen Buch ›Albanien Land der Skipetaren‹ (Wien 1930, 3. Aufl. 1941) dieser Nachruf auf die Vogelwelt des Skadarsees erschien, würde den See heute kaum wieder erkennen. Im Jahr 1929 stellte er fest, dass hier sowohl die Pelikane als auch die meisten Reiherarten fast komplett ausgerottet waren. Es erschien ihm dann fast ein Wunder, als er am 800 m hoch gelegenen Malik-Sumpf in Albanien eine Gruppe von Pelikanen entdeckte, nachdem er zuvor an mehreren »noch im letzten Jahr« von zahlreichen Pelikanen besiedelten Seen und Sümpfen hatte feststellen müssen, dass sie dort inzwischen ausgerottet worden waren. Das Ende der internationalen Nachfrage nach Reiherfedern für Schmuckzwecke und die Schaffung des Nationalparks 1983 haben die Populationen wieder gestärkt und manche Reiherarten so häufig werden lassen, dass man auch als Tourist auf einem zweistündigen Bootsausflug – es muss gar keine Vogelbeobachtungstour sein – Silberreiher, Purpurreiher, Graureiher und viele andere Vögel zu Gesicht bekommt. Der Pelikan entzieht sich aber nach wie vor den meisten neugierigen Zudringlichen, denn er nistet nur im östlichen Sumpfgebiet des Hodkso jezero, dessen Nordseite (mit den Nistplätzen) montenegrinisch, und die Südseite albanisch ist. Diese Sumpfzone ist von Pothum (südöstlich Podgorica an der Straße nach Albanien) zugänglich. Vogelbeoachtungstouren werden zwischen Januar und Juli organisiert von der Grupa za održivi razvoj i evrointegracije (Tel. 067-23 63 51, gore@cg.yu, www.montenegro-ecoturism.com). Alternativ wendet man sich an das Büro des Nationalparks Skadarsko jezero, s. 160.

Der Skadarsee wird von Seerosen und Wassernüssen bedeckt

Vuković (1540), einer jener Männer, die als erste Bücher mit kyrillischer Schrift gedruckt haben. **Grmožur,** schon nahe Virpazar, trägt eine ziemlich verfallene türkische Festung, die nach der Übernahme der Insel durch die Montenegriner als Inselgefängnis verwendet wurde. Sie wird üblicherweise von den in Virpazar startenden Ausflugsbooten nicht angesteuert.

An der Mündung der Rijeka Crnojevića liegt links auf einer Insel Virpazar (s. u.), dessen türkische Festung auf einem Festlandshügel vom See aus deutlich zu erkennen ist. Unter der modernen Straßen- und Bahnbrücke hindurch geht es den Fluss aufwärts (man erkennt nicht, dass das Wasser fließt), links liegt ein Ausflugslokal mit kleinem Strand (nur vom Wasser aus erreichbar), rechts schwimmen bis zu 228 m hohe Felsinseln im Grün des Sees. Eine davon ist die **Klosterinsel Kom.** Auf dieser Klosterinsel wurde Montenegros großer Dichter-Fürst Njegoš zum Archimandriten erklärt, das ruinöse Kloster wird derzeit aufwendig restauriert. Das Ufer auf der Ostseite der Brücke wird durch die eindrucksvolle Ruine der türkischen **Festung Lesendro** markiert, die leider von Bahn und Straße bedrängt und schlecht einzusehen ist. Der Doppelgipfel des Berges hinter Vranjina (›Busen der Loren‹) wurde schon erwähnt. Das im 13. Jh. errichtete Kloster **Vranjina** war Sitz des ersten Bischofs von Zeta, später war der Ort Residenz der Crnojević, bevor sie sich auf der Flucht vor den Türken zuerst in Rijeka Crnojevića und dann in Cetinje niederließen. Auch **Žabljak Crnojevića** flussaufwärts an der Morača in Richtung Podgorica gelegen, war einstmals eine Insel, ist aber heute Teil des Festlands und auf einem Sträßchen zu erreichen. Von der Festung Žabljak Crnojevića begannen die Njegoš ihr Reich zu regieren; die Ruinen der 1478 von den Türken eingenommenen Burg auf dem schroff aus der Ebene ragenden Hügel sind recht gut erhalten.

Jezero: am östlichen Brückenkopf, Vranjina, Tel. 067-61 96 09. Neues Restaurant mit großer Terrasse, die den an dieser Stelle schilflosen See überblickt, eigener Bootsanleger (Bootstouren und Vermietung), tagsüber von montenegrinischen Feinschmeckern belagert, die sich an Aal, Karpfen und Felchen laben, die hier exquisit, vor allem fettarm und ohne Brimborium auf den Tisch kommen (zwei Gänge ab ca. 20 €); Fassweine der Gesellschaft 13. jul (Krstac und Vranac). Im ersten Stock befindet sich die Infostelle des Nationalparks Skadarsko jezero.

Virpazar

Reiseatlas: S. 234, C 3
Dass der alte Kern des winzigen, aber historisch bedeutenden Ortes auf einer Insel liegt, erkennt man nur daran, dass man Brücken überqueren muss, um ihn zu erreichen. Die Verbindung von der Küste ins Landesinnere war von Budva aus schneller über den Skadarsee mit Booten zwischen Virpazar und Vranjina zu bewältigen, als auf den Gebirgsrouten über Cetinje und Rijeka

Crnojevića. Dieser verkehrstechnische Vorteil hat zur Gründung des winzigen Ortes an diesem gottverlassenen Platz auf einer von Wasserlinsen, Teichrosen und Wassernuss, aber nicht von offenem Wasser umgebenen Insel geführt. Zu sehen ist weiter nichts in Virpazar, aber als Ausgangspunkt von Bootsfahrten, Standort zweier guter rustikaler Restaurants und zweier Hotels erfreut sich der Ort einer vergleichsweise kräftigen touristischen Nachfrage.

13. Jul: Tel. 085-31 30 70, Fax 085-31 25 10, www.korali.org, ganzjährig geöffnet. Ein einfaches, aber großartig auf einer Terrasse mit Seeblick gelegenes Hotel der Korali-Gruppe. Die Substanz ist noch aus Jugo-Zeiten, alle Zimmer (kein TV) mit Terrasse oder Balkon, im Haus Restaurant und Kaffe-Bar. DZ/FR 42 €.
Pelikan: Tel. 081-71 11 07, Fax 081-71 10 11, www.pelikan-zec.cg.yu. Privathotel, die sieben Zimmer mit Balkon zum einzigen Platz des Örtchens, komplett renoviert (Klimaanlage, TV, gute, recht kleine Bäder). Der Slogan des Hauses (»Sie werden mit einer Serenade verabschiedet werden…«) entspricht nicht der Realität, in unserem Fall der frühen Abreise gab es nicht einmal einen Kaffee zum Abschied, geschweige denn eine Thermoskanne davon und kein in Folie eingewickeltes Brötchen (der Frühstückszuschlag wurde dennoch verlangt). DZ/FR 45 €.

Pelikan: Das Restaurant des Hotels hat einen mit Sammelobjekten wie Hüten aus aller Welt ausstaffierten Saal, der die Herzen nicht unbedingt höher schlagen lässt, aber draußen entlang der Brücke eine idyllische Reihe von Tischen, von denen man auf das Grün des Sees unter sich blicken kann. Karpfen und anderer Seefisch geröstet (aus der Pfanne) oder geräuchert, alles frisch und nicht zu fett zubereitet, sogar der Aal, sehr gut das *Ordever* mit gebackenem und geräuchertem Fisch, Fischpastete, eingelegten kleinen Fischchen, Weißkäse und Rohschinken, dazu Oliven (7 €/Person, aber die Portion reicht voll für zwei). Die Dame des Hauses spricht Deutsch. 2 Gänge mit Wein ab ca. 15 €, wenn man sich Wein und Vorspeise teilt.
Bardaj: Centar bb., Tel. 081-71 25 09, 069-50 80 19. Die rustikale Konoba mit dem großen offenen Kamin dehnt sich im Sommer auf die unnachgiebig von Pop beschallte Terrasse zur Seebrücke aus. Auf der Karte stehen einige der lokalen Spezialitäten mit Seefisch: Karpfen und Aal in jeder Form, *kaštradina,* das ist gekochter Grünkohl *(raštan)* mit Räucherfleisch, Lamm in Milch, gutes hausgemachtes Maisbrot.

Bootstouren, Vogelbeobachtung: Der zweistündige Bootsfahrt mit Pelikan in den Arm des Skadarsee, der durch die Rijeka Crnojevića gebildet wird, kostet 10 € zzgl. 2 € Ortstaxe. Für die Vogelbeobachtungstour (3 Std., tgl. 6–9 Uhr) werden 20 € verlangt.
Eine halbstündige Bootsfahrt führt zur kleinen sandigen (!) Badebucht Pješačać südlich von Virpazar, mit Konoba (nur mit einem Boot erreichbar; Tel. 069-32 11 62, 081-66 20 83, rezervacije@labeatis.com, www.labeatis.com).
Windsurfen: Der Klub ›Pelikan‹ leiht nicht nur seinen Mitgliedern, sondern auch Gästen Ausrüstung und Surfbetter aus (15 €/Tag; Tel. 069-42 40 13, www.pelikansurf.cg.yu). Windsituationen mit Südwind (Yugo) sind für das Windsurfen auf dem Skadarsee am günstigsten.

Busse und **Züge** nach Podgorica und Bar.

Rijeka Crnojevića

Reiseatlas: S. 234, B 2
Von Cetinje legt man immerhin 16 Straßenkilometer zurück, um nach Rijeka Crnojevića zu gelangen, 800 m tiefer. Die kurvige Straße war bis zum Bau der Magistrala in den 1950ern die einzige Straße zwischen Cetinje und Podgorica, Hauptlinie des Verkehrs in Montenegro. Und Rijeka Crnojevića war ein wichtiger Ort, ehemals sogar Hauptstadt und immer noch wichtig als Rastort zwischen den beiden großen Städten. Hier stieg auf die Schiffe, wer den Skadarsee besuchte, und fuhr die Rijeka hinunter nach Virpazar oder Vranjina.

Die neue Straße hat Rijeka Crnojevića abseits positioniert, kaum jemand überquert noch die zweifach geschwungene türkische Brücke über die Rijeka; den Schiffsverkehr auf dem See hat Virpazar für sich gepachtet. Nur Fischer fahren noch auf dem Fluss, der wenig oberhalb des Ortes in einer riesigen Höhle entspringt.

Jenseits des Flusses liegt der **Hügel Obod,** der Vorgängerort stand hier. Eine bescheidene Gedenktafel erinnert daran, dass hier 1493 die erste Druckerpresse der Südslawen ihren Dienst aufnahm. Fürst Georg Crnojević hatte sie aus Venedig eingeführt, aufgestellt wurde sie in der Familienburg. Der Mönch Makarios hatte schon vor Ankunft der Druckerpresse die kyrillischen Buchstaben gegossen, mit denen man das erste Buch auf südslawischem Boden druckte, den Oktoih, Grundstock des orthodoxen Kirchengesangs.

Ein Super-Blick und 1a-Karpfen

In einer prachtvollen Panoramalage über der großen Schlinge der Rijeka Crnojevica liegt das **Hotel Panorama.** Die Wirtin spricht Deutsch mit Wiener Akzent. Die kleinen Zimmer sind mit Klimaanlage und Bad ausgestattet, von den Balkonen bietet sich ein viel fotografierter Prachtblick bis hinüber zum Skadarsee. Aufgrund der freiliegenden Stromleitungen kommt es immer wieder mal zu Stromstörungen und Wasserausfällen, was man mit Nonchalance nehmen sollte. Im Restaurant kommen ortsübliche Spezialitäten auf den Tisch: Karpfen (hervorragend fettarm zubereitet) und Aal!
Hotel Panorama (Gazivoda): Pavlova strana bb., 81253 Rijeka Crnojevića, Tel./Fax 081-71 20 37, DZ mit Balkon/FR 50 €.

Hotel-Restaurant Stari Most: Rijeka Crnojevića. Direkt an der alten türkischen Brücke verbürgt sich dieses populäre Restaurant (mehrere Schilder an der Hauptstraße zwischen Podgorica und Cetinje) für seine hochwertige Fischküche.

Rijeka Crnojevića ist von Cetinje aus nicht mit öffentlichen Verkehrsmitten zu erreichen, die Fahrt im **Taxi** kostet ca. 20 €. Von und nach Podgorica gibt es an Wochentagen zwei **Busse,** die Fahrer halten auf Anforderung auch beim Hotel Panorama.

Der Norden

Felsenkloster Ostrog

Reiseatlas S. 238/239

NIKŠIĆ UND UMGEBUNG

Kaum ein Reisender verirrt sich nach Nikšić, aber orthodoxe Gläubige und neugierige Touristen besuchen in großer Zahl das nahe Felsenkloster Ostrog, eines der alten geistlichen Zentren Montenegros. Auf den ausgedehnten Almen der Karstgebirge rund um Nikšić und im Piva-Tal mit seinem gleichnamigen Kloster ist man wiederum als Besucher fast mit sich allein.

Nikšić

Reiseatlas: S. 238, C 3
Nikšić liegt in einer fruchtbaren Hochebene, die von einem Kreis touristisch kaum erschlossener Karstberge umstanden ist. Der zweitgrößte Ort des Landes, der jedem Montenegriner durch sein Bier *Nikšićko pivo* vertraut ist, hat eine lange Geschichte, einige interessante Kulturdenkmäler wie die frühere fürstliche Residenz (heute Museum) und vor allem eine Fülle von interessanten Ausflugsmöglichkeiten zu bieten.

Der neue Busbahnhof des Ortes liegt neben dem Bahnhof, der an die erst in sozialistischen Zeiten eröffnete Strecke zwischen Nikšić und Podgorica erinnert, auf der nach wenigen Jahrzehnten der Personenverkehr wieder eingestellt wurde. Vom Kreisel Trg Save Kovačevića beim Busbahnhof zweigen alle wichtigen Straßen ab. Nach rechts (Bulevar 13. jul in Richtung Podgorica) oder halbrechts (Vučedolska) gelangt man zum Palais des Fürsten Nikola mit Heimatmuseum und zur auf einem Hügel errichteten **Hauptkirche Sveti Vasilje.** Geradeaus führt die Ivana Milutinovića zur Philosophischen Fakultät der Universität von Montenegro, weiter hinein in große Plattenbau-Wohnsiedlungen und ausgedehntes Werksgelände. Leicht links verläuft die **Njegoševa,** die Einkaufs- und Vergnügungsmeile der Stadt, die vor und nach dem großen **Trg Slobode,** den man auf ihr passiert, Fußgängerzone ist. Die Ruine des großen Einkaufszentrums folgt zur linken, der auf schlankem Betonfuß stehende Turm des Hotels Onogošt auf der rechten Seite.

Links der Ausfallstraße nach Plužine befindet sich ein ausgedehntes Ruinengelände, es handelt sich um **Tvrđava Beđem,** die Reste der türkischen Festung auf dem Hügel Onogošt. Hier stand die antike Vorgängerin der Stadt, die wohl schon auf einen illyrischen Ort zurückging. Was an Ruinen zu sehen ist, ist immer noch eindrucksvoll, und das Bewusstsein

Reste der türkischen Festung Beđem auf dem Hügel Onogošt

der Geschichtsträchtigkeit des Ortes gibt dem Abstecher seine Bedeutung. Ähnliches gilt für die **Residenz von Fürst Nikolas**, in der das städtische **Heimatmuseum** untergebracht ist (Di–Sa 9–13, 17–20 , So 9–12 Uhr, Eintritt 1 €). Die Sammlungen in den ehemaligen Repräsentationsräumen im ersten Stock sind schon lange nicht mehr museumsdidaktisch aufbereitet oder auch nur geordnet worden. Die Texte sind nur in Serbisch (und kyrillischer Schrift), sodass fremde Besucher mitunter wenig profitieren. Dabei gibt es viel zu sehen: Vor- und Frühgeschichte (Räume 1 und 2), Römerzeit (mit Reiterrelief – Raum 3), Trachten und Waffen (5), ein interessantes Modell von Onogošt (6), ab Raum 7 wird fast nur noch Kriegsgeschichte ab dem Ersten Weltkrieg zelebriert, samt Ehrenhalle für die Partisanen (Räume 8 und 9).

Im engeren Umkreis von Nikšić sind die beiden fischreichen Stauseen **Slansko jezero** (12 km) und **Krupačko jezero** (8 km) wegen ihrer idyllischen Lage und der teilweise improvisierten Fischlokale am Ufer einen Abstecher wert. Beide gehen auf natürliche Seen zurück. Die fruchtbare **Župa** im Südosten ist das Tal der ins Becken von Nikšić entwässernden Gračanica, besonders ihre Nordseite ist dicht an dicht von Bauernhäusern, Obstgärten. Feldern und Weiden besetzt. Aus der Šupa kommt der Großteil des Gemüse- und Obstangebots auf dem Markt in Nikšić.

Keine **Touristeninfo;** nicht ganz aktuelle, aber brauchbare Ortspläne auf Tafeln am Trg Slobode und am Busbahnhof, als Faltplan gratis in den Hotels.

Sindcel: Danila Bojovica bb., Tel. 083-21 25 91. Die ehemalige Funktionärsabsteige des Metallsyndikats ist ein angenehmes kleines Hotel in sehr ruhiger Lage fünf Gehminuten vom Zentrum. Nicht sonderlich große Zimmer mit TV, etwas altmodisch, im Haus auch ein *nacionalni restoran.* DZ/FR ab 42, Apt. für 2 Pers./FR 80 €.
Onogošt: Njegoševa 18, Tel. 081-24 36 08, onogost@cg.yu. Auf einem schmale Betonsockel erhebt sich ein Zimmerkubus über der Stadt – der Bau war zu seiner Zeit (in den 1960er-Jahren) ein viel bewundertes Architektursymbol für die Leistungen der jugoslawischen Sonderform des Sozialismus. Heute eher Standard, gleichwohl gibt es anständige Zimmer mit TV (auch im baumäßig schlichteren Nebentrakt). DZ/FR 62 €.

Kaffe-Bars, Pizzerien und Café-Konditoreien an der Njegoševa und rund um den Trg Slobode, Restaurants in den Hotels Onogošt und Sindcel (s. o.), beide haben auch ein *nacionalni restoran.* Die beste Café-Konditorei heißt **Fontana,** Njegoševa 5 (ein zweites Lokal dieses Namens, Fontana 2, Trg Slobode 24) und bietet eine große Auswahl an süßen Stückchen, Schnitten und Torten, wie üblich in Montenegro mit Pudding-Margarine-Cremes statt Buttercreme und Schlagsahne.

Für **Bergwandern** und **Mountainbiking** ist Nikšić ein idealer Standort, denn viele Touren beginnen praktisch gleich am Stadtrand (s. ›Die Berge zwischen dem Polje von Nikšić und Šavnik‹, S. 174). Der Bergsteigerverein heißt Unlimited (Tel. 083-20 06 13, www.pd-unlimited.org.yu).
Höhlenerkundungen organisiert der örtliche Speläologische Klub (Tel. 083-24 21 33, speleologija@cg.yu).

Nikšić ist mindestens 2 x stdl. per **Bus** mit Podgorica verbunden, die Fahrzeit beträgt etwa 1 Std. Weitere Verbindungen gehen direkt in die großen Küstenorte (1–2 x tgl.) nach Plužine (4 x) und Žabljak (6–7 x tgl.). Die alte **Bahn** nach Trebinje existiert seit Jahrzehnten nicht mehr, die Personenbeförderung der in Jugo-Zeiten mit viel Pomp eingeweihten Bahn nach Podgorica wurde ebenfalls bereits vor Jahren eingestellt.

Ostrog-Klöster

Reiseatlas: S. 238, C 3
Schon von fern und selbst von der Schnellstraße auf der anderen Seite des Bjelopavlićko-Tales sieht man hoch oben in der Felswand einen weißen Fleck. Im Näherkommen nimmt man schon einen Kirchenbau wahr, aber man muss erst die 12 km lange Zufahrtstraße hinauffahren, bis man erkennt, dass es sich hier um den oberen, weiß gestrichenen Teil eines Klosters handelt. Vom Vorplatz des Unteren Klosters führen die kehrenreiche Straße und der alte Wallfahrtsweg zum Oberen Kloster hinauf.

Der älteste Teil des **Oberen Klosters** (Gornji manastir) ist in 900 m Höhe in einen senkrechten bis überhängenden Felsen hineingebaut. Die Einsiedlerhöhle des hl. Vasilje, des Klostergründers, der 1672 als Metropolit der Herzegowina starb, ist über einen engen, vier Stockwerke hohen Stiegenaufgang zu erreichen. Heutzutage, denn zu Vasilijes Zeiten waren es sicher nur Leitern, die hinaufführten und die bei Bedarf – wenn etwa die Türken vor de Tür standen – hochgezogen werden konnten. Die Einsiedlerhöhle des Heiligen wurde nach dessen Tod und den vielen Wundern, die er tat und auch heute immer noch tun soll, als Kapellenraum eingerichtet und entsprechend ausgemalt. Links beim Eingang der sog. Vavedenie-Kirche sind – wie überall im orthodoxen Raum – Konstantin und seine Mutter Helena zu sehen, die Gottesmutter mit dem Kind, der Pantokrator und eine Anzahl Heiliger schmücken die entsprechenden Partien.

Der junge Mönch, der in einer Ecke sitzt und aufpasst, dass niemand die Gebeine des hl. Vasilije, die sich in einem Sarkophag im Raum befinden, mitnimmt, ist bereit, jeden einzelnen Heiligen zu benennen (sie sind zwar namentlich genannt, aber in altmodischem Kyrillisch, was nicht jedem mitteleuropäischen Besucher geläufig ist). Eine weitere winzige Höhlenkirche, ein Stockwerk höher, dem hl. Kreuz gewidmet, war zum letzten Besuch nicht geöffnet.

Das **Untere Kloster** (Donji manastir) steht auf einer Terrasse am Hang, hier konnten die Mönche einen großen Garten anlegen. In der kleinen **Kirche der hl. Dreifaltigkeit** (Sv. Trojica) fällt sofort auf, dass alle Fresken komplett neueren Datums sind und dass sich auf der linken Wand (der Nordwand) ein ziemlich scheußliches ›modernes‹ Fresko befindet, auf dem der hl. Sava zwischen anbetenden Montenegrinern dargestellt ist, deren Kleidung von traditioneller Tracht bis zum derzeitigen Stil der Jugendlichen reicht. Andererseits fehlen jene Fresken, von denen es in den kunsthistorischen Führern heißt, dass sie aus dem Oberen Kloster hierher überführt wurden, da sie oben zu stark gefährdet waren. Warum und wohin sind sie und die alten Fresken aus dem späten 18. Jh., die ursprünglich diesen Kirchenraum schmückten, verschwunden, bzw. warum wurden sie übermalt?

Hinauf zum Felsenkloster

Vom Unteren Kloster führt nicht nur die asphaltierte Straße (die eigentlich jenen vorbehalten ist, die anders nicht weiterkommen), sondern auch der alte, gut erhaltene und gepflegte **Wallfahrtsweg** zum Oberen Kloster. Er beginnt als gemauerte Stiege in der ersten Haarnadelkurve oberhalb des Unteren Klosters und quert mehrfach die Straße. Großes Plus im Sommer: Er verläuft fast durchgehend im Schatten, die trotz der Höhe (das Obere Kloster liegt auf etwa 900 m!) noch mediterrane Macchienvegetation (u. a. mit Kornellkirsche) erreicht Baumhöhe.

Vor dem Parkplatz des Unteren Klosters laden in einer Geschäftszeile Cafés und Restaurants zur körperlichen Stärkung, dort auch und im vorderen Gebäude des Oberen Klosters Souvenirs und Wallfahrtsandenken. In Bogetići, dem Ort, den man nach Abfahrt von der Schnellstraße Podgorica–Nikšić erreicht, bietet die **Konoba Koliba** (Tel. 069-60 39 86) traditionelle Kost, u. a. Gerichte ›unter der Glocke‹ (Hauptgericht ab ca. 8 €), jene langsam unter meist gusseisernem Deckel gegarten Fleischspeisen, die so zart sind, dass sie im Mund zerfallen ...

Zwischen dem Unteren und dem Oberen Kloster gibt es einen **Taxidienst,** die Taxen stehen am Parkplatz vor dem Unteren Kloster bereit. In den Touristenorten an der Küste steht Ostrog mindestens einmal wöchentlich auf dem Ausflugsprogramm.

Piva-Tal, Pivski Manastir und Plužine

Reiseatlas: S. 238, B 2

Von Nikšić erreicht man Bosnien und Herzegowina auf zwei Hauptstraßen. Nach Westen führt eine weniger gut ausgebaute Straße (bisher Nr. 6) über Vilusi nach Trebinje; nach Norden führt die E 762 (bisher Nr. 18) über den Javorak-Pass (1235 m) ins **Piva-Tal,** nach Plužine und weiter nach Sarajevo. Piva nennt sich der Unterlauf der aus dem tiefen Einschnitt zwischen dem Vojnik (1997 m) und dem Durmitor (Bobotov kuk, 2523 m) nach Norden fließenden Komarnica, ab der Stelle wo sie sich an der Staatsgrenze mit der Tara vereinigt, nennt sich der Fluss Drina. Dieses heute recht zentrumsferne Tal war früher ein wichtiger Karawanenweg zwischen der Küste bei Kotor, Onogošt (Nikšić) und Srbinje in Bosnien sowie weiter nach Sarajevo bzw. Višegrad. Dort wurde die berühmte Brücke über die Drina im 16. Jh. errichtet, um die Karawanen sicher über den Fluss zu leiten, der bei Hochwasser oft tagelang nicht fährbar war.

Das Kloster an der Piva, **Pivski manastir,** erinnert an die Zeit der Karawanen. Es entstand im späten 16. Jh.; einer der Maler der Fresken ist vermutlich mit jenem identisch, der die meisten Fresken im Kloster der Dreifaltigkeit in Pljevlja geschaffen hat (s. S. 189). Das recht kleine Kloster mit seiner dreischiffigen, basilikalen Klosterkirche war zu seiner Zeit sehr bedeutend. Das geht schon daraus hervor, dass der Bruder des Klostergründers Savatije, des Metropoliten und späteren Patriarchen der Herzegowina, der berühmte Mehmet Pascha war, Stifter der Brücke über die Drina in Višegrad (Bosnien). Er ist übrigens (als Muslim!) zusammen mit seinem Bruder im Fresko über dem Kirchenportal dargestellt. Die Fresken im Schiff entstanden 1604–06, jene im Narthex, die von zwei Meistern stammen, bis 1626.

Das Kloster hat nicht immer an dieser Stelle gestanden. Mit dem Bau des Wasserkraftwerks stromabwärts (zwischen Plužine und der Grenze) wurde der Piva-Stausee geflutet, der das Kloster überdeckt hätte, wenn man es nicht 1969–82 Stein für Stein über eine Distanz von 3 km an seinen heutigen Platz versetzt hätte.

DIE ORTHODOXE KIRCHE IN MONTENEGRO UND DER HL. VASILIJE ›DER HEILER‹

Etwa 70 % der Montenegriner bekennen sich zum orthodoxen Glauben und sind als solche Mitglieder der autokephalen, also in ihren Entscheidungen unabhängigen serbisch-orthodoxen Kirche. Nach der Errichtung eines unabhängigen Serbenstaates durch den Nemanjiden Stefan um 1171 strebten die serbischen Machthaber und Kirchenfürsten Unabhängigkeit an. Stefan und sein Sohn Rastko, die unter den Namen Simeon und Sava ins Kloster gingen, schufen dafür gute Bedingungen, Sava wurde zum serbischen Nationalheiligen. Bis 1375 blieb Konstantinopel hart, dann anerkannte es die serbische Autokephalie und Peć wurde Sitz des Patriarchen. Unter den Türken wurde das Patriarchat erneuert, aber nach der Flucht der meisten Serben nach dem Aufstand von 1670 wurde es nach Sremski Karlovic (Syrmisch-Karlovitz) in das sichere Habsburgerreich verlegt. Die Wiederbegründung des serbischen Staates ließ dann eine nochmalige Verlegung opportun erscheinen: Belgrad wurde 1879 Sitz der autokephalen serbisch-orthodoxen Kirche.

Montenegro teilte das Schicksal der Serben bis 1670, als jedoch das Patriarchat nach Sremski Karlovic verlegt wurde – für Montenegro, das ja noch türkisch war, ins Ausland –, gewann der in Cetinje residierende Metropolit und Fürstbischof (Vladika) immer größere Eigenständigkeit. Dies ging so weit, dass ab der Mitte des 18. Jh. der Metropolit praktisch ohne Weisung durch einen Patriarchen regierte – autokephal. Während Montenegros sich im 19. Jh. entwickelnder Autonomie und dann staatlicher Selbstständigkeit, die ja von den Metropoliten selbst vorangetrieben wurde, wurde die montenegrinische orthodoxe Kirche de facto zur autokephalen Kirche. 1918 war das mit der Eingliederung Montenegros in den neuen Südslawenstaat vorbei, und nach 1945 war im kommunistischen Jugoslawien sowieso nur eine vom Staat gelenkte Kirche denkbar.

Nun ist Montenegro seit Mai 2006 ein souveräner Staat. Von den Serben hat man sich ganz bewusst (wenn auch nur mit einer Zustimmung von 55 %) getrennt, sollte man sich nun nicht auch wieder von der serbisch-othodoxen Kirche trennen? Interessant ist in diesem Zusammenhang ein großer Artikel im Touristenblatt ›Explorer‹, herausgegeben vom Tourismusministerium (mit Vorwort des Ministers). Unter dem Titel ›Vor den Gebeinen des Heiligen Vasilije verbeugen sich Gläubige aller Religionen‹ (was eine ziemlich kühne Behauptung ist) und in einem Nebenartikel ›Wächter der Geschichte – Klöster‹ werden Montenegros Klöster genannt und kurz beschrieben. Über den hl. Vasilije wird lang und breit berichtet, samt seinen Wundern (sein Nebenname ist ›der Heiler‹) und Wallfahrten. Aber der Name jenes Heiligen, der heute noch in den meisten Haushalten präsenter ist, wird nicht erwähnt: der serbische Nationalheilige Sava.

9 km nördlich liegt **Plužine**, ein Retortenort, der während des Baus der Kraftwerksanlagen entstand. Der alte Ort, den der neue, höher gelegene ersetzt, wurde schnöde geflutet. Für Besucher wirkt das Ensemble der 1970er-Jahre wenig attraktiv, der Tourismus ist trotz der landschaftlich reizvollen Lage über dem Stausee fast nicht vorhanden.

Der 220 m hohe Damm des **Piva-Stausees** liegt 17 km flussabwärts von Plužine. Die Straßenbrücke etwas unterhalb ist ein graziles Bauwerk. Nur vom Flugzeug aus kann man die Höhe des Dammes in einen Bezug zu den Größenverhältnissen der umgebenden Landschaft setzen: Aus den Fenstern der aus Wien und Graz anfliegenden Maschinen wirken beide wie Kinderspielzeug in einer Riesenlandschaft.

Piva: am südlichen Ortsrand von Plužine, Tel. 083-27 11 32. Das einzige Hotel am Platz bietet anständige Zimmer, von denen einige einen schönen Seeblick haben, Restaurant. DZ/FR 31 €.

Messe im Kloster Ostrog

Sočića: Restoran gegenüber dem Hotel, regionale Küche in großen Portionen. 2 Gänge ab ca. 15 €.

Angelscheine sind in der Gemeindeverwaltung erhältlich. In der Hochsaison ist unterhalb des Ortes ein **Bootsverleih** in Betrieb.

Zwischen Plužine, Nikšić und Podgorica verkehren tgl. fünf **Busse,** vier davon sind grenzüberschreitende Verbindungen von Podgorica nach Sarajevo.

Die Berge zwischen dem Polje von Nikšić und Šavnik

Reiseatlas: S. 238, C 3

Nikšić ist ein touristisches Dornröschen, die Berge rings um den Ort sind merkürdigerweise touristisch nicht existent. Anderswo wären Spielwiesen wie diese Almen und Matten im Sommer und Winter stark besuchte Ziele.

Zwischen dem ausgedehnten, flachen Becken von Nikšić und dem Durmitor-Gebirge erstrecken sich mehrere sehr schwach oder gar nicht besiedelte Gebirgsketten. Sie erreichen im Gipfel des Vojnik-Massivs im Norden 1997 m, im Veliki Žurim im Osten, dem höchsten Gipfel des Žurim-Bergzuges, 2035 m, und in der Žuta greda des Maganik-Gebirgszuges im Südosten 2104 m. Die alte, kaum noch befahrene, aber gut erhaltene Straße zwischen Nikšić und Šavnik führt über dieses Gebirge, das durch eine Reihe paralleler, abflussloser Karsttäler gegliedert wird, die man wie auf einer Riesentreppe bis zum 1487 m hohen Pass erklimmt. Dabei ändert sich das Landschaftsbild mit der Höhe. Die kultivierten Talböden und von Buschwald bedeckten Hänge der unteren Zonen machen immer häufiger Grasland und Kalksfels Platz, und der Wald verschwindet bis auf ein paar völlig isolierte Zonen herrlichen Buchenwaldes, der sich trotz unkontrollierten Holzeinschlages bis in die Gegenwart gerettet hat.

Almfluchten

Die riesigen Hochalmen des Krnovo-Plateaus sind neben dem Plateau um Žabljak im Durmitor-Gebirge das ausgedehnteste Grasland Montenegros. Wenige Familien bewohnen noch die alten Kolibe, strohgedeckte Hütten mit einem bis zum Boden gezogenen Dach, die keinen Rauchfang haben, denn der Rauch zieht durch das lockere Stroh (mehr oder weniger) ab. Andere haben sich längst neue Häuschen gebaut, die sie nur im Sommer, oft nur während der Ferien benutzen – vor zwei Generationen lebten die Familien noch ständig hier. Mit der Industrialisierung Jugoslawiens in der Nachkriegszeit wurden sie ins Tal gelockt, um in den riesigen neuen Industriebetrieben am Band zu arbeiten. Die Betriebe haben zugemacht, die alte Landwirtschaft existiert nicht mehr, wie es weitergehen soll, weiß niemand. Als eine bemerkenswert gut gehende *cash crop* hat sich die Kartoffel erwiesen, die auf windigen Höhen in der kurzen Vegetationszeit angebaut wird. Sie muss zwischen Mai und Mitte Oktober reifen. Dafür kommt sie spät und beherrscht dann den lokalen Markt und sorgt für gute Einnahmen für die Bauern.

Beste Aussichten

Von der welligen Hochebene blickt man in alle Himmelsrichtungen, der Orjen an der Grenze zur Herzegowina ist zu sehen und natürlich der **Lovćen,** im Nordwesten erhebt sich der **Vojnik** und genau nördlich das gewaltige Massiv des **Durmitor.** Näher liegt, im Nordosten, die **Ostr(a)vica** (1836 m) und ziemlich genau im Osten das Massiv der **Lola** (2032 m). Nach Südosten erstreckt sich die Kette der **Gatskove grede** und in ihrer Fortsetzung das **Žurim-Massiv** (2035 m). Das entfernungsmäßig nächste Bergmassiv liegt im Süden: Der **Borovnik** (1935 m) zeichnet sich dadurch aus, dass er an seinen Hängen einen alten Fichtenwald trägt. Direkt unterhalb des Hochplateaus liegt die lang gezogene Talung **Donja Lukavica,** in der die Bauern Felder angelegt haben und noch spät im Jahr Heu auf den Wiesen ernten. An den Rändern stehen noch einige der alten strohgedeckten Kolibe.

Für Wandern, Bergwandern und Mountainbiken ist diese Berglandschaft wie geschaffen. Die riesigen Almweiden und Grasflächen sind offen, man sieht weit, die Grate sind fast überall problemlos zu gehen, die Gipfel, auch in der Region über 2000 m, verhältnismäßig leicht zu erreichen. Zahlreiche Allradwege und Erdstraßen locken regelrecht zur Befahrung mit einem Mountainbike. Und an Pflanzen interessierte Besucher können hier zahlreiche Endemiten Montenegros und des südwestlichen Balkans finden.

Man muss nicht in der Region wohnen, um sie zu erkunden. Wer ein Fahrzeug hat, kann Tagesausflüge ab Nikšić machen. Öffentlichen Verkehr gibt es nicht, der Bus nach Žabljak verkehrt über neue Straße am Fuß des Vojnik (Tunnel). Dieses Land ist noch Neuland, nicht einmal Montenegriner kennen es. Pioniergefühl à la ›Wilder Westen‹? Keine Frage. Und das zwei Flugstunden von Mitteleuropa!

Bisher ist das Gebiet nur in Tagesausflügen ab Nikšić oder Šavnik (s. u.) oder evtl. auch Podgorica erreichbar. Ein Häuschen in idyllischer Lage am Rand des oben erwähnten Buchenwäldchens (Čeranića gora, 2 km von der Hauptstraße) wird ab 2007 für 2–5 Gäste zur Verfügung stehen (Verpflegung kann arrangiert werden). Von dort aus sind zahlreiche Wanderungen und Mountainbiketouren möglich (Kontakt: Dr. Sylvia Drovs, Tel. 00381-69-31 51 01, sylvia.drovs@gmx.de). Die einzige Verpflegungsmöglichkeit weit und breit ist (außer Nikšić und Šavnik) eine kleine **Familienkonoba** unter der Straße bei der Abzweigung nach Ivanje. Der in mehreren Karten eingezeichnete Ort Gvozd existiert nicht mehr, es handelt sich um eine fast entvölkerte Handvoll Häuser in einem Polje.

Kein öffentlicher Verkehr, auf Nebenstraßen ist ein Allradfahrzeug nötig.

Šavnik, der Vojnik und die Schlucht der Komarnica

Reiseatlas: S. 238, B/C 2/3

Folgt man von Nikšić der Hauptstraße nach Norden in Richtung Plužine, zweigt nach 16 km die moderne Straße nach Žabljak ab, die den erwähnten Pass meidet und stattdessen in einem Tunnel durch die Basis des Vojnik (1997 m) geführt wird. Trotz des niedrigeren Scheitelpunktes muss sie tief hinunter nach Šavnik, das an der Komarnica liegt, die etwas unterhalb des Ortes einen spektakulären Canyon bildet.

Šavnik ist das einzige Dorf zwischen Nikšić und Žabljak, attraktiv am Komarnica-Fluss gelegen, umgeben von Wald. Es bietet eine minimale touristische Infrastruktur (Hotel, Esslokale, Tankstelle, Busverbindung) und ist der Ausgangspunkt für den Besuch des **Kanjon Komarnica** – aber kaum jemand übernachtet hier, der Sog des nahen Žabljak ist zu groß. Die Komarnica hat sich in der Nähe des Ortes etwas flussabwärts ähnlich wie die Mrtvica auf der anderen Seite der Berge (und der europäischen Hauptwasserscheide) rasch und tief in die umgebenden Gesteine eingefressen und eine bis zu 30 m tiefe Klamm ausgefräst. An den engsten Stellen sieht man das Tageslicht nicht mehr. Man kann nur, abhängig vom Wasserstand, der mit der Jahreszeit stark schwankt (am leichtesten, weil am niedrigsten im Herbst), die ersten 15 bis 25 Minuten in die Klamm eindringen. Einen Weg gibt es nicht – kann es bei der Enge der Klamm gar nicht geben. Man erreicht den Kanjon Komarnica von dem an der Straße nach Žabljak links abzweigenden Sträßchen (mit braunem Hinweisschild auf die Klamm!). Nach ca. 4,5 km und der Brücke über die Klamm noch 300 m weiter, dort gibt es eine Parkbucht.

Šavnik: Tel. 083-662 27. Einfachste und einzige Nächtigungsmöglichkeit. DZ/FR 30 €. Ein kleiner **Supermarkt** im Ort sorgt für die Verpflegung.

Šavnik wird von den **Bussen** auf der Linie Nikšić–Žabljak bedient. Die Busse nehmen in Richtung Žabljak die stellenweise sehr enge Straße über Tušina. Mit dem **PKW** nimmt man die direktere Straße über Slatina (bei erster Gabelung über dem Ort links).

DAS DURMITOR-GEBIRGE

Der Durmitor ist ein isoliertes Kalkgebirge, das sich ganz unvermittelt über der welligen Hochebene von Žabljak erhebt. Er ermöglicht eine Fülle großartiger Naturerlebnisse auf Wanderungen, auf Berg- und Mountainbiketouren oder Raftingtrips auf dem bis zu 1300 m tief in die Hochebene eingeschnittenen Tara-Fluss. Im Bergort Žabljak konzentriert sich das touristische Angebot des Durmitor.

Nationalpark Durmitor

Reiseatlas: S. 238, C/D 2

Unesco-Weltnaturerbe, 39 000 ha, 48 Gipfel über 2000 m, 13 Hochgebirgskare, 18 Seen wie der Crno Jezero beim Hauptort Žabljak, 748 Quellen (wer hat sie gezählt?), Höhlen, Schneefelder bis in den Sommer hinein, uralte Bergkiefern, der Nordteil von der bis zu 1300 m tiefen Schlucht der Tara wie von einem Messer durchschnitten – schon diese Daten lassen mehr als eine Ahnung aufsteigen von diesem Gebirge, das neben dem Prokletije im äußersten Osten die höchsten Höhen von Montenegro erreicht.

Das Durmitor-Gebirge besteht hauptsächlich aus Kalk und ist wie alle Kalkgebirge stark verkarstet. Im Klartext: Es gibt keine oder nur sehr wenige Quellen. Bei gleich alten und ähnlich aufgebauten Gesteinen der Nordalpen aus der Trias sieht man ähnliche Oberflächenformen (Wendelsteingruppe, Gebirge des Berchtesgadener Landes, Dachsteingruppe). Nur in tonigen Senken und ein paar Flyschbecken am Rand des Gebirges tritt Wasser in Form von Quellen und kleinen Seen aus, deren größter und schönster der Crno jezero bei Žabljak ist. Der Baumwuchs tritt mit der Höhe stark zurück, den obersten Baumgürtel bildet die Zwergkiefer, die wir ebenfalls aus den Kalkalpen kennen. Mit ihren ineinander verschränkten, elastischen Ästen bildet sie nahezu undurchdringliche Zonen, was das Weiterkommen abseits der Wege stark behindert. Das Gestein ist häufig brüchig und deshalb beim Klettern mit großer Vorsicht zu genießen, riesige Schutthalden am Hangfuß und das immer wieder zu hörende Geräusch von Steinlawinen machen diese Gefahr auch dem Wanderer klar.

Im Jahr 2005 hatte der Nationalpark 10 000 Besucher, die Zahl für 2006 betrug mehr als 15 000, Tendenz stark steigend. Mitteleuropäische Besucher sind jedoch Mangelware.

Wandern und Bergsteigen im Durmitor

Reiseatlas: S. 238, C 2
Žabljak und seine nähere Umgebung, vor allem der Umkreis des nahen Crno Jezero, bieten einige hübsche Wanderungen, die Landschaft des Durmitor-Gebirges erschließt sich jedoch nur dem Bergsteiger.

Der **Crno jezero,** der ›schwarze See‹, liegt in einer Karstmulde auf 1418 m, er hat Zuflüsse, aber keinen oberirdischen Abfluss. So kommt es, dass man auf der Straße von Žabljak zum Durmitor *hinunter*geht. Das Wasser des Sees ist kalt, Baden ist etwas für Abgehärtete, selten sieht man jemand im See schwimmen. Dieser besteht eigentlich aus zwei Seen, die nur durch eine schmale Rinne miteinander verbunden sind. Tatsächlich waren der Große und der Kleine See wohl früher getrennte Seen. Der unterirdische Wasserabfluss des Großen Sees erfolgt nur im Sommer, wenn der See nach der Schneeschmelze am Überlaufen ist. Das Wasser fließt oder sickert dann unter dem Ort Žabljak hindurch nach Norden in Richtung Tara-Fluss, wo es nicht etwa auf der dem See zugewandten, sondern auf der rechten, abgewandten Seite wieder zutage tritt. Niemand hat diese unterirdischen Gänge und Klüfte je erforscht. Wir wissen nur, dass sie existieren, da Pflanzenpollen und Farbpigmente, die man ab Abfluss einließ, dort wieder an die Erdoberfläche kamen. Umgekehrt tritt das Wasser des Kleinen Sees ausschließlich unterirdisch aus und fließt in Richtung des Komarnica-Flusses und der Piva im Süden.

Waldwanderung von Žabljak zum Crno jezero

Folgt man der Straße zum ›schwarzen See‹, findet man noch im Ortsbereich an der Straße eine große **Hinweistafel,** die den Nationalpark Durmitor zeigt. Hier beginnt links ein hübscher Wanderweg durch Wald. Im Spätsommer wachsen reichlich Pilze (u. a. Riesenexemplare der Krausen Glucke, die hier anscheinend nicht als hervorragender Speisepilz bekannt ist) und die anderswo seltene, lichtscheue Schmarotzer-Orchidee Epipogium aphyllum. Man kommt nach leichten Auf- und Abstieg

Gute Zeiten für Pilzfreunde

Die Montenegriner verwenden nur wenige Speisepilze, außer dem Steinpilz und dem Pfifferling ist ihnen fast jeder Pilz suspekt. Sogar der Parasol, der in lichten submediterranen Wäldern vorkommt (z. B. im Küstengebirge unter den Flaumeichen), wird oft nicht gepflückt. Besonders köstliche Speisepilze wie die Krause Glucke, ein Begleiter des Pfifferlings in eher feuchten Nadelwäldern wie rund um den Crno jezero, werden wegen ihrer Form nicht gesammelt geschweige denn gegessen. Nur der Steinpilz wird immer seltener – der wird getrocknet und nach Italien exportiert, zusammen mit Marone, Birkenpilz und der seltenen Rotkappe.

beim **Crno jezero** an der Brücke neben dem dortigen **Restaurant** heraus. Die Umwanderung des Sees sollte man im Uhrzeigersinn machen, also links gehen. Weg und Steig, auch ein paar Treppen, an einer Stelle wegen ihrer Steilheit gesichert, wechseln ab. Das letzte Stück zurück zum Restaurant (und Ende der Straße von Žabljak) kann man auch am Ufer entlang gehen (der Höhenunterschied im Aufstieg ist kumulativ ca. 70 m, im Abstieg sind es ca. 120 m, bis zum See ist man ca. 40 Min. unterwegs, um den See etwa 1 Std.).

Über den Zminje jezero zur Alm Crepulj poljana

Der hochwaldumstandene **Zminje jezero** (›Schlangensee‹) liegt idyllisch in einer Karstmulde auf 1495 m. Im See, der mit seinen umliegenden Quellen die Trinkwasserversorgung Žabljaks regelt, kommen mehrere seltene und endemische Tierarten vor, so der Bachsaibling und der auf diesen winzigen See und einen weiteren im slowenischen Triglav-Gebirge beschränkten Wassermolch Mesotriton alpestris lacusnigri. Weitere drei Arten von Wassermolchen kommen nur in ganz wenigen Bergseen Montenegros vor (eine Liste der europäischen Wassermolche im Internet: www.livingunderworld.org/caudata/database/salamandridae/tri turus/).

Vom Nordufer des Crno jezero ist der Zminje jezero zunächst auf einem Fußweg über die **Mühle Tekov mlin,** im Mittelteil auf einem Fahrweg und dann wieder auf Fußweg leicht zu erreichen. Wer sein Auto schinden will, fährt von Žabljak bis zum Ende des Fahrwegs etwas oberhalb des Schlangensees: Vom Ort aus erreicht man den Fahrweg auf der Straße, die zwischen Hauptplatz und Hotel Planinka nach links abzweigt (also nicht über den Crno jezero!).

Wer eine wunderschön gelegene, blumenreiche **Alm** auf der Höhe der Waldgrenze entdecken will, nimmt vom Ende der Straße nicht den Pfad zum Schlangensee, sondern einen etwas rechts davon und zunächst in gleicher Richtung verlaufenden (gesperrten) Fahrweg (Hinweisschilder). Er führt in ein sich allmählich verschmälerndes **Trockental** (wer es bis zu seinem abrupten Ende begeht, steht bald unter den gewaltigen Felsfluchten der Crvena greda, 2164 m) und über einen steilen Waldhang auf den Almboden **Crepulj poljana** (ca. 1660 m) in einer grasigen Mulde. Zwei alte Almhütten, an Blumen reiche Wiesen, die Glocken der weidenden Kühe und das scharfe Profil der Žuta greda (2118 m) bestimmen das Bild (vom Schwarzen See zum Schlangensee und zurück sind es ca. 1.30 Std., vom Ende des Fahrwegs zur Alm Crepulj poljana noch einmal 1.30–2 Std. hin/zurück).

Von Bosača auf die Crvena greda

Diese gut markierte und beschilderte Wanderung führt bis zur Alm Bosača (1515 m) über Straßen (PKW bis zur Jausenstation **Od Maralište,** wo das Flaschenbier im Quellwasser gekühlt wird), dann auf einem **Viehtriebweg** oft steil durch Wald zu den herrlichen blumen- und aussichtsreichen Wiesen un-

Einladung zum Innehalten am ›Schlangensee‹ Zminje jezero

ter der Ražana glava (1720–1830 m). In leichtem Anstieg geht es durch Wiesen und lockeren Wald und einen Quellbereich zu einem beweideten Rücken mit Almgebäuden – hier kreuzt der Weg, der nach links zum Karsee **Jezero pod gredom** (auch Jablan oder Malo jezero, 1788 m) hinunterführt, den man ein wenig später unter sich liegen sieht. Die **Mala greda** (1900 m) ersteigt man unschwierig durch eine steile Felswand, dann geht es hart am Abgrund durch Latschengebüsch weiter in Richtung der **Crvena greda** (2164 bzw. 2175 m), auf welcher der ausgeschlagene Weg durch die Latschen oft so eng ist, dass man um das Weiterkommen fürchtet. Vom ersten (markierten) **Aussichtspunkt** an geht es fast wild durch dichten Latschenwald, die Weiterführung des Weges zum Gipfel ist nur noch schlecht, dann gar nicht mehr markiert (ab Bosača ca. 700 m im Auf- und Abstieg, ca. 5 Std. hin/zurück).

Rund um das Međed-Massiv

Diese ist für Nicht-Kletterer wohl die großartigste aller Touren im Durmitor-Gebirge. An einer Stelle ist Schwindelfreiheit nötig oder die Reepschnur eines Mitwanderers. Man beginnt am **Crno**

jezero (1418 m) und folgt dem links abzweigenden Weg zur **Mioč Poljana** (1560 m), wobei man eine **Quelle** passiert. Von der Poljana nach rechts durch lockeren Wald und später von Felsen durchsetzte alpine Matten zum Pass Struga mit Blick in das vom verschwundenen Gletscher ausgehöhlte Hochtal zwischen Međed (rechts) und Sljeme mit Savin kuk (links). Die **Biwakschachtel** auf einem abgerundeten Felsriegel im obersten Teil des Hochtales und direkt vor dem Schneefeld Debeli mamet hat zwölf Schlafplätze. Man lässt die Biwakschachtel links liegen und geht steil und nahezu steiglos halbrechts zum Pass auf dem Grat des Međed-Massivs (2145 m). Dabei muss eine ca. 10 m lange etwas ausgesetzte und ungesicherte Partie passiert werden. Jenseits über Schutthalden hinunter in die Folge von Dolinen und Poljen, die sich **Lokva** nennt. Bei den **Lokvice-Hütten** (ca. 1905 m) liegt etwas oberhalb ein Unterstand mit 20 Notlagern. Kurzer Gegenanstieg zu einem kleinen Pass am Ausgang des Lokvice-Hochtales, dann u. a. vorbei an der Abzweigung zur Höhle **Ledena pećina** (ca. 1740 m; Eishöhle!), hinunter zur Mühle knapp oberhalb des Crno jezero, von der aus man dem Weg zurück zum Seeufer und zum Ausgangspunkt folgt (ab Crno jezero ca. 700 m im Auf- und Abstieg, ca. 6–7 Std.).

Von Süden auf den Bobotov kuk

Vom **Sedlo-Pass** (1907 m) mit neuer Schutzhütte führt der kürzeste Weg auf den Bobotov kuk. Man geht zweimal etwas steiler ansteigend durch ein Hochtal, passiert das Seeauge Zeleni vir (2028 m) im Kar unter dem **Bobotov kuk** (2523 m), der vom Pass Velika Prevcija (2351 m) aus auf einem etwas ausgesetzten Grat kletternd erstiegen wird (Aufstieg 3, Abstieg 2.30 Std.).

Zum Skrčko jezero und in das Tal der Sušica

4 km westlich des Sedlo-Passes an der Straße nach Trsa zweigt in ca. 1700 m Höhe ein Wanderweg ab, der zum Pass **Skrčko Zdrijelo** (2114 m) führt. Von dort geht man in ein von Gletschern tief eingeschürftes Tal mit zwei Stufen, die jeweils Seen und eine Schutzhütte beherbergen. Zuerst erreicht man die Schutzhütte Škrka auf 1723 m über dem Veliko Skrčko jezero (1680 m).

Durch den Talabschnitt Luke und steil hinunter am und oberhalb des Wasserfalls der Sučica erreicht man die tiefere, längere Stufe mit dem **Sučićko jezero,** an dem die kleine Schutzhütte mit zehn Lagern und Zeltplatz liegt. In den Wäldern und alpinen Matten an den Hängen dieses Tales gibt es noch Bären und Wölfe, im Felsgebiet oberhalb sind Gämsen nicht selten (von der Straßenabzweigung zum Sučićko jezero hin ca. 7 Std.).

Žabljak

Reiseatlas: S. 238, C 2
Das touristische Zentrum des Durmitor liegt auf ca. 1450 m Höhe am Rand der ausgedehnten Hochebene, die den Durmitor und das südöstlich angren-

zende Gebirge der Sinjavina miteinander verbindet. Diese Lage an der Grenze zwischen Almweiden mit Schafherden und reicher Vegetation (auffällig im Hochsommer die hohen Blütenkerzen des Gelben Enzians) und zunächst bewaldetem, dann nacktem Berg- und Gebirgsland ist ausgesprochen attraktiv. Der Ort entstand in den letzten hundert Jahren als Sommerfrische und später Wintersportort. Vor der modernen touristischen Entwicklung gab es in Žabljak nur die sonst in Montenegro üblichen schlichten Almhütten und Häuser mit Steinfundament und Strohdach – nicht ein einziges ist heute mehr zu finden. Die älteren Häuser in Holzbauweise mit steilen Dächern machen wiederum modernen Zweckbauten Platz.

Žabljak hat Sommer- und Wintersaison, die Wintersaison ist am Ort eher geschäftiger, denn die Lifte am Fuß des Durmitor, einer direkt am Ortsrand, sind von Serbien aus relativ leicht zu erreichen und der Durmitor ist schneesicher. Allen Wintersportarten kann im 5 km entfernten Skizentrum **Savin kuk** gefrönt werden. Im Sommer ist das Gebiet von Žabljak ebenfalls stark besucht, dann kommen nicht nur die Touristen aus den großen serbischen Städten, die hier eine geruhsame Sommerfrische verbringen möchten (und generell keinen Fuß auf einen der Wanderwege setzen, sieht man vom Rundweg um den Crno jezero ab), sondern auch begeisterte Bergsteiger und Rafter aus ganz Europa (vor allem aus Slowenien, Polen und Tschechien, aber zunehmend auch aus anderen Staaten der EU). Viele Touristen kommen auf Tagesausflügen von der Küste hierher und werden kurz mit dem Durmitor bekannt gemacht, bevor sie ihren Raftingtrip auf der Tara antreten.

Die touristische Infrastruktur ist ausreichend, auch im Hochsommer findet man bei spontaner Suche noch freie Betten. Die Qualität ist eher untere Mittelklasse bis einfach, ein wirklich gutes Hotel wird man in Žabljak nicht finden. Die Ära des sozialistischen Massentourismus ist noch in mehreren Großhotels präsent, aber es gibt mittlerweile auch eine Reihe kleinerer Privathotels.

Turist Information: 84220 Žabljak, Kiosk am Hauptplatz unterhalb des Hotels Žabljak. Keine Broschüren, keine Listen, kaum Gedrucktes (mehr auf www.zabljak.cg.yu). Das echte Auskunftsbüro des Ortes ist die private Touristenagentur **Summit Travel** (Kiosk an der Straße zum Crno jezero, Frau Anna Grbović ist deutschsprachig, Tel./Fax 089-36 15 02, danilog@cg.yu). Die **Nationalpark-Info** an der Straße zum Crno jezero direkt nach dem Hotel Durmitor hat keine Infos und nur wenige Broschüren und Landkarten über den Durmitor (Neubau und Erweiterung geplant). Keine eigene Webseite, einige Infos auf www.visit-montenegro.org/english/priroda/durmitor.htm und auf http://whc.unesco unter dem Stichwort Durmitor.

Internetcafé ›Start‹ an der Straße in Richtung Nikšić (Nordseite), leider fast völlig (wie viele andere im Lande) in der Hand von spielsüchtigen Jugendlichen.

Jezera: Njegoševa bb., Tel. 089-36 02 04, Fax 089-36 02 05, hmd@cg.yu, Nov.–Weihnachten und nach Dreikönig bis April geschl. Ca. 1 km vom Ortszentrum entfernt, sehr idyllisch mit tollem Blick auf den Durmitor, eines jener

jugoslawischen Hotels mit stark abgeschrägtem Giebel, das an moderne finnische Architektur angelehnt ist, etwas Gegenwartsluxus von der Sauna zum Pool und zum Basketballplatz und – wichtig – ein Restaurant (›internationale‹ Küche mit lokalem Einschlag bei den Vorspeisen, Zwei Gänge ab ca.12 €). DZ/HP 44–70, Apt. 44–75 €.

MB Hotel: Vojvode Tripka Džakovića bb., Tel. 089-36 16 01, Fax 089-36 16 02, www.durmitorcg.com. Kleineres Hotel am Ortsrand in Richtung Savin kuk, anständige Zimmer mit Bohlenböden und Holztäfelung (kein TV), einige mit Balkon und Durmitor-Blick, im Haus Restaurant (vor allem Fleischgerichte, ab 6 €) und Bar. DZ/FR 44–50 €.

Planinka: Tel. 089-36 13 44, Fax 089-36 15 79. Das etwas abseits des Ortes stehende ältere Hotel bietet von den Balkons der recht schlichten Zimmer großartigen

Viehtrieb am Durmitor

Blick auf Ort und Gebirge. Das Abendbüffet für die Pensionsgäste kann sich mit jenen wesentlich teurer Hotels messen. 136 Zimmer, 11 Apts. DZ/FR 40 €.
Žabljak: Tel. 089-36 02 04, Fax 089-36 02 05. Das einfache Schräggiebelhotel wird renoviert, ist aber weiter geöffnet. DZ/HP 32–38 €.
Javor: Božidara Žugića 8, Tel. 069-03 13 85, Fax 089-36 13 07, sslobo@cg.yu, www.durmitor.org.yu. Zentrales Hotel in altmodischem, aber neuem Bau, kleine aber saubere Zimmer mit TV, mit Café-Restaurant. DZ/FR ab 32 €.

Javivovaća: Tel. 089-36 02 36, 8–23 Uhr. Das Restaurant am Fuß des kleinen Skizentrums am östlichen Ortsausgang bietet traditionelle Gerichte der Region von *mesanica* (wie *popara* lokal heißt) über *ćićvara* bis *kačamak (sa kiselim m lijekom),* unter den Käsen finden sich neben lokalem *Durmitorski sir* der oft als ›serbisch‹ bezeichnete, leicht säuerliche und dem Cacciacavallo ähnelnde *lisnati sir.* Käse als Vorspeise und ein Hauptgericht ab 10 €.
Restoran Crno Jezero (auch ›Katun‹ genannt): am Crno Jezero, Tel. 089-36 13 46. Ein wenig wie ein österreichisches Dorfgasthaus wirkt dieses Restaurant direkt am See. Das macht das Holz, das in Bau und Verkleidung gesteckt wurde, in die Tische und Bänke draußen auf der Terrasse, das macht aber auch das Angebot, das im süßen Bereich neben *baklava* (hervorragend!) auch Buchteln bietet (Kaffee & Kuchen für zwei zu 3 €).

Supermarkt Durmitor an der Hauptkreuzung des Ortes, mit Käse- und Wursttheke, frisches Brot; es gibt auch einen **Bäcker** (vom Supermarkt Richtung Crno Jezero, durch den Bogen rechts, nach 50 m links).

›Night Club‹ im Hotel Enigma (am Ortsrand Richtung Tara-Brücke), jede Kaffe-Bar ist während der Saison (Winter wie Sommer) bis spät geöffnet.

Ausflüge: Die ›Fotosafari‹ rund um den Durmitor mit Allradfahrzeug (Kurzbeschreibung des Weges s. u.) ist neben dem Rafting auf der Tara (s. u.) das lohnendste Unternehmen, das man in Žabljak buchen kann. Die Strecke von 80 km auf Schotter- und Erdstraßen ist durchaus auch mit dem eigenen Allradfahrzeug zu schaffen, die Fahrt ist dann aber kein Vergnügen. Anbieter ist z. B. Summit Travel (s. S. 183)).

Wandern, Bergsteigen, Hochgebirgstrekking: Die wichtigsten und schönsten Touren sind im Abschnitt ›Wandern und Bergsteigen im Durmitorgebirge‹ zusammengestellt, s. S. 179. Die einfachen Hütten sind nicht bewirtschaftet, das Essen muss man also selbst mitbringen. Es sind dies die kleine Hütte am Katun lokvice (8 Notlager) und die Biwakhütte am Schneefeld Debeli namet (12 Notlager), die beide an der Umwanderung des Međed liegen, die neue Schutzhütte am Pass Sedlo (30 Lager), die Biwakhütte Valoviti do unter dem Bobotov kuk (6 Notlager), die Schutzhütte am Škrkško jezero (40 Lager) und jene am Sućićko jezero (20 Lager). Übernachtungen in den beiden Letzteren müssen bei der Nationalparkverwaltung vorab persönlich gebucht werden (Adresse s. o.). Diese Hütten sind im Gegensatz zu den Biwaks nicht ständig geöffnet.

Summit Travel (s. S. 183) und der Bergsteigerverein ›PSD ‹Durmitor‹ in Žabljak bieten geführte Wanderungen und Touren an (Tel. 069-48 06 44, vitkos@cg.yu, www.durmitor.org).

Radfahren und Mountainbiking: Viele der Straßen rund um Žabljak eigenen sich Dank ihrer geringen Verkehrsdichte und wegen des meist fehlenden Asphalts hervorragend für Mountainbiketouren. Ein besonderes Erlebnis ist die Umrundung des Durmitor-Massivs per Mountainbike: Von Žabljak (1420 m) folgt man zunächst der Straße nach Šavnik und Nikšić bis zur Abzweigung der nicht geteerten Straße über den Sedlo (1908 m) zur Alm Šarban (1707 m) und über den Prijespa (1884 m) zu den ausgedehnten Almen von Pišče (1385 m). Auf der Alm Trsa (1440 m) beim Denkmal (rechts) Gabelung, hier rechts weiter. Auf z. T. sehr schlechtem Fahrweg hinunter zum Sućićko jezero (1150 m) und steil hinauf auf die Hochebene nordwestlich des Durmitor (1500 m). Über den Štuoc (1930 m) mit großartigen Blicken in die Tara-Schlucht zurück nach Žabljak (Höhendifferenz 1800 m im Auf- und Abstieg, 80 km Länge, nicht unter 6 Std. reiner Fahrzeit, nur für Trainierte). Summit vermietet auch Fahrräder; Fahrrad- und Scooter-Verleih auch am Hauptplatz.

Rafting und Kajak: Rafting auf der Tara (s. u.), in geringerem Maße auch Kajaken, sind beliebte Freizeitsportarten, die von verschiedenen Agenturen angeboten werden, vorrangig von Summit (s. o.). Ein weiterer Anbieter in Žabljak ist ›Drum i Putokazi Dormitores‹ (www.drumiputokazi.com); verlässlich sind der Klub Društvo Splavara Triftar (Žabljak, Tel. 069-23 66 31, www.triftar.com) und Tara River Express (Žabljak, Tel. 089-70 59 31, www.tarafriends.com).

Wintersport: Das Skizentrum (Schlepplift und Babylift) am östlichen Ortsausgang, Tel. 089-36 11 44, Fax 089-36 15 79, ist tgl. 9–16 und 19–21 Uhr geöffnet, abends Flutlicht. Mehr bietet die Skiarena am Savin kuk, bei der zwei Doppelsessellifte auf immerhin 2200 m Höhe hinaufführen. Die beiden Skigebiete haben keinen gemeinsamen Pass (Savin kuk ca. 10 €/Tag), Ski- und Schuhverleih an beiden Talstationen.

Busse halten am Busbahnhof (Kiosk und Parkplatz) im Osten des Ortes; nach Nikšić fahren tgl. 6–7 Busse, Podgorica direkt 3–4 x, mit Umsteigen in Nikšić 6–7 x, nach Pljevlja 3–4 x, nach Belgrad über Pljevlja 3 x, mit Umsteigen an der Tarabrücke 5–6 x tgl. nach Kolašin und Podgorica. **Taxen** am Hauptplatz, bei Busankünften auch am Busbahnhof.

Tara-Schlucht

Reiseatlas: S. 238, C/D 2
Den Nordwesten Montenegros durchschneidet die Schlucht des Tara-Flusses mit bis zu 1300 m hohen Wänden. Der tiefste Canyon Europas ist Teil des Nationalparks Durmitor und selbstverständlich des Unesco-Weltnaturerbes – es war besonders die gewaltige Schlucht, die für die Aufnahme der Region um den Durmitor in die Liste sprach.

Nur im oberen Teil, flussaufwärts von der 1941 errichteten **Brücke** bei Đurđevića Tara – über sie läuft der Verkehr zwischen Žabljak und Pljevlja – begleitet eine Straße den Fluss. Unterhalb der Brücke wird das Tal enger und erreicht seine größten Tiefen, an begleitende Wege oder gar Straßen ist mangels flacher Uferzonen nicht zu denken, erst kurz vor der Mündung in die Drina an der Staatsgrenze bei Šćepan Polje ist der Talboden wieder breit genug, um einen Fahrweg zuzulassen. Dennoch war die Tara nie eine sehr effektive Grenze, alte Wege führen von den begleitenden Hochplateaus in zahlreichen Kurven zum Fluss, der an zwei Stellen durch eine Holzbrücke oder Fähre gequert werden konnte – Almen auf der Nordseite wurden z. T. von Bauern von der Südseite bestoßen, die mit allem ihrem Vieh diesen Weg bewältigen mussten.

Der Thrill: Rafting

Der Grund für die zahlreichen Besucher ist weniger die großartige Landschaft als der Thrill des (organisierten) Raftens mit Schlauchboot oder – sehr viel ursprünglicher – mit dem Floß, wie es früher eingesetzt wurde, oder auch des (privaten) Kajakens. Im Prinzip ist die Tara auf ihren 141 Flusskilometern mindestens ab Mateševo (20 km ab Quelle) befahrbar, bis Bistrica am Beginn der Teufelsschlucht (zwischen Mojkovac und der Tara-Brücke) gibt es jedoch keinen kommerziellen Anbieter (Mateševo–Kolašin WW I–II+, Kolašin–Mojkovac WW III, Mojkovac–Bistrica WW I–II – WW bezieht sich auf die internationale Klassifizierung von Wildwasser, die von I ›leicht‹ bis VI ›nicht befahrbar‹ reicht). Der Abschnitt von Bistrica durch die Teufelsschlucht (WW IV (V), nur für Erfahrene) ist derzeit für Paddler gesperrt, ebenfalls der Abschnitt vom Ende der Teufelsschlucht bis zur Station des Nationalparks unterhalb von Žabljak (WW III–II). Im letzten Abschnitt durch die zweite Engstelle der Tara bis nach Šćepan Polje (WW II–III) bildet die Tara übrigens im unteren Teil die Staatsgrenze mit Serbien. Auf diesem Abschnitt finden die meisten Raftingtouren statt, die bei Hochwasser im Frühjahr allerdings nur durch Cracks gewagt werden, Touristen werden erst im Sommer auf den Fluss geschickt, wenn der Wasserspiegel gesunken ist und die Fließgeschwindigkeit abgenommen hat.

Der **Nationalpark** (s. S. 183) unterhält am Beginn der Tara-Schlucht (also des letzten Abschnittes) einen Zeltplatz und bietet bescheidene Zimmer an (17 €/Pers.). In Šćepan Polje bieten die u. g. Unternehmen Übernachtungen in Zelten und Campern an (bei mit Nächtigung gebuchten Touren inkl.). Das Motel direkt an der Tara-Brücke ist derzeit geschl.

Reiseatlas: S. 239

Restoran Kanjon Tare: Đurđevića Tara, an der Žabljak zugewandten Seite der Tara, Tel. 069-42 82 84. Der Kaffee kostet hier ganze 50 Cent, den Blick auf Brücke und Canyon (in seine Tiefe kann man nicht hinuntersehen) gibt es oben drauf.

Raftingtouren gibt es als Halbtagestouren, aber auch mit Nächtigung; von der Küste aus werden fast ausschließlich die kurzen Touren angeboten. Veranstalter sind z. B. Summit Travel in Žabljak (s. o.), Vila Jelka und Eco Tours in Kolašin (s. S. 197). Es gibt Angebote mit Schlauchbooten und mit Flößen, wie sie früher für den Transport verwendet wurden. Der Preis ohne Übernachtung liegt vor Ort bei ab 60 €, von der Küste aus muss man mit mindestens 80 € rechnen. Die Nationalparkgebühren für private Paddler sind sehr hoch: 105 € in der Hauptsaison, 75 € in der Nebensaison. Die Campingmöglichkeit auf dem Zeltplatz der Station des Nationalparks ist die einzige Gegenleistung.

Pljevlja

Reiseatlas: S. 239, D 1

Montenegros nördlichste Stadt ist historisch ein Teil des serbisch-türkischen Sandschak, war lange Zeit Sitz des Paschas der Herzegowina und kam erst 1912 mit dem westlichen Teil des Sandschaks zu Montenegro. Die Vergangenheit sieht man dem Ort trotz seiner vier Moscheen, eine davon aus dem 16. Jh., nicht an, denn selbst im sehr traditionellen Basar mit seinen schmalen Fußgängergassen zwischen den einzelnen Verkaufsständen sind die Käufer modern gekleidet, die jungen Frauen der ganz überwiegend muslimischen Bevölkerung ohne Scheu vor tiefem Ausschnitt oder Nabelfreiheit. Das Stadtbild ist bis auf einen kleinen Teil durch Gebäude des sozialistischen Jugoslawien geprägt. Viele dieser Gebäude – wie das baulich charakteristische Hotel Pljevlja – wurden während der Industrialisierungsphase Nachkriegs-Jugoslawiens errichtet, wie das riesige Kohlekraftwerk südlich der Stadt.

Bereits im 16. Jh. entstand Pljevljas bedeutendste Hinterlassenschaft aus türkischer Zeit (sieht man von der Religion ab), die **Hussein-Pascha-Moschee** (Husein Pašina džamija). Diese ist nach ihrem Auftraggeber benannt, Hussein Pascha Boljanić, Bey des türkischen Sandschaks, ein hoher türkischer Würdenträger, der aber aus der Region stammte (die berühmte ›Brücke über die Drina‹ im gar nicht weit entfernten bosnischen Višegrad entstand in etwa zur selben Zeit als Auftrag des ebenfalls aus dieser Gegend stammenden Großwesirs). Die Moschee im klassischen Stil ist ein schlichter Kubus mit aufgesetztem Oktogon und flacher Kuppel, die hölzerne Galerie für die Frauen ist ungewöhnlich groß. Am Bau wirkten Meister aus Dubrovnik mit, als Bauleiter wird ein Architekt genannt, dessen Schwiegervater die berühmte Brücke über die Neretva bei Mostar schuf. Der hübsche Brunnen am Eingang zum begrünten Friedhof mit alten Grabsteinen um das Gebäude stammt aus dessen Erbauungszeit, während das 42 m hohe Minarett der Moschee erst im 20. Jh. errichtet wurde (Hinweis: Die Moschee bleibt 2007 voraussichtlich wegen Restaurierungsarbeiten geschlossen).

Während sich um das heutige Zentrum zwischen Hotel Pljevlja und Hussein-Pascha-Moschee kaum ältere Häuser erhalten haben, besteht ein Stadtviertel in der Verlängerung der Hauptstraße nach Norden noch überwiegend aus mit Ziegeln gedeckten Häusern, die in Fachwerktechnik errichtet wurden und einen uneinsehbaren Innenhof besitzen, in dem sich traditionell die Frauen aufhielten. In diesem Viertel stehen auch zwei weitere **Moscheen,** eine davon ist aus dem 18. Jh. und besitzt einen schönen umfriedeten Hof mit alten Grabsteinen.

3 km nördlich des Ortes steht am bewaldeten Berghang das **Dreifaltigkeitskloster** (Manastir Sveti Trojica). Das bereits in türkischer Zeit (ab 1565) begonnene Kloster war trotz seiner einsamen Lage eines der wichtigsten geistlichen Zentren der Region. Ein großer mehrstöckiger Klosterbereich mit hölzerner Galerie umfängt die kleine Kirche mit getrenntem (später zugebautem) Glockenturm. In der schlichten Kirche sind die prachtvollen Fresken von 1595 zu bewundern, die an mehreren Stellen von Erdbebenrissen durchzogen, auf großen Flächen deutlich übermalt aber überall eindrucksvoll erhalten sind. Der Künstler folgt etwas bieder den orthodoxen Vorbildern. Das wird deutlich in der Taufe Christi im Jordan, der Geburt Christi, der Darstellung im Tempel und der Heimsuchung (alle rechte Wand). Wo es weniger zwingende Bildvorlagen gab, griff er zu eigenen, etwas naiv wirkenden Bildlösungen wie im Bildrahmen, der Judas zeigt, wie er die dreißig Silberlinge von drei jüdischen Ältesten erhält. Rechts wird der Strick, mit dem erhängt wird, von zwei Teufeln weiter gestrafft.

Pljevlja: Kralja Petra I bb., Tel. 089-32 33 02, 089-32 31 40, www.hotelplevlja.cg.yu. Das ältliche Staatshotel an der Hauptstraße hat 2005 eine Auffrischung erfahren, es bietet anständige Zimmer mit freundlichem Service. DZ/FR 46 €.
Gold: Marka Miljanova br. 2, 84210 Pljevlja, Tel. 089-32 31 02, 069-45 15 20, goldtv@cg.yu. Angenehmes Privathotel am nördlichen Rand des Zentrums, Zimmer mit Sat-TV, Fön, Klimaanlage, einfach, aber freundlich. DZ/FR 40 €.

Gold: Marka Miljanova br. 2, Tel. 089-32 31 02. Das Restaurant des Hotels Gold hat eine große Terrasse mit Blick auf den Ort, das Essen trägt starke lokale Züge (kein Schweinefleisch). 2 Gänge ab 13 €.
Čevabdžinica Trebovina: im Kiosk mit steilem Ziegeldach an der Nebenstraße hinter der Moschee Hussein Pascha. Kleiner Gastgarten nebenan, einer der besten Imbisse im Lande, eigenes Fladenbrot *(domači hleb)*. Große Portion *ćevapi* mit Salat, Hausbrot und Bier 3,50 €.

Der kleine **Ganztagsmarkt** vom Typ Basar zwischen der Moschee Hussein Pascha und der Altstadt, rechts parallel zur Hauptstraße, ist ein Fälscher-Dorado: Jeans von D&G, Armani, Replay und Diesel sind garantiert nicht echt.

Busse 5 x tgl. nach Podgorica über Mojkovac, 2 x tgl. über Žabljak. Von Pljevlja führt die gut ausgebaute Autostraße Nr. 8 nach Serbien weiter (Prijepolje und Belgrad).

Der Osten

Kunstvolle Fresken
im Kloster Morača

Reiseatlas S. 239

DAS KOMOVI UND DIE BIOGRADSKA GORA

Im Nationalpark Biogradska Gora besitzt Montenegro einen der wenigen verbliebenen Urwälder Europas und den am leichtesten erreichbaren. Dafür ist das Komovi-Gebirge ein ausgesprochen einsames Bergwanderland. Schlucht und Kloster Morača sind weitere gut erreichbare Ziele einer Region, die zwischen Adria und Balkan vermittelt.

Morača-Schlucht

Reiseatlas: S. 239, D 3/4
Von Podgorica führt Montenegros Hauptverbindung nach Norden durch die **Schlucht des Morača-Flusses.** Die Bahn nach Belgrad kann den tiefsten und engsten Strecken der Schlucht durch einen Tunnel ausweichen, aber die Straße muss sich bis zum 1045 m hohen Pass und mit ihm zur Hauptwasserscheide des Balkans durch die Schlucht quälen. Die Flüsse auf der Südseite des Passes, die Morača und ihre Zubringer, fließen zum Skadarsee und damit zum Mittelmeer, die Tara auf der Nordseite fließt zur Drina und Donau und damit zum Schwarzen Meer. Die Morača hat sich tief in das Gebirge eingefressen. Im unteren Teil wird ihr Flussbett noch von den Resten einer alten Terrasse (aus der Eiszeit, als der Meeresspiegel höher war als heute) begleitet, auf der Wein und Obst gezogen werden. Dann muss sich die Straße durch Tunnel zwängen, weil die Wände der Schlucht zu steil sind für die normale Trassierung (Gelder für einen großen Tunnel sind bereits genehmigt).

Bei Međuriječje mündet der Nebenfluss Mrtvica in die Morača, hier führt ein Sträßchen zur **Mrtvica-Klamm** (Kanjon Mrtvica). Die Mrtvica muss sich auf mehr als 12 km bis zu 1100 m tief in das mit der Moraka kapa bis zu bis zu 2227 m hohe Gebirge einschneiden. Sie bildet eine echte Klamm mit streckenweise nahezu senkrechten Wänden, dann wieder bewaldeten Ufern und grünem, frischem Bergwasser. Ein gut gepflegter Wanderweg führt durch die Schlucht, teilweise sogar durch die senkrechte Wand, hin und zurück ist man bei mehr als 600 m Höhenunterschied gute fünf Stunden unterwegs.

Morača-Kloster

Nicht zu übersehen ist das Kloster Morača nahe der Straße, da ein riesiger Parkplatz und Cafes darauf aufmerksam machen. Das Kloster ist eines der bedeutendsten Zeugnisse des reifen Stils der raszischen Kunst und Architektur. Die **Klosterkirche** und die kleine **Nikolauskapelle** am Klostereingang entstanden 1251/52; damit liegt ihre Bauzeit zwischen den wesentlich berühmteren aber keineswegs bedeutenderen Kirchen in Mileševa (um 1235) und Sopočani (1250-60, beide im heutigen Serbien). Alle Kirchen wurden unter der Herrschaft König Uroš I. errichtet, dessen Regierungszeit von 1243 bis 1276 als absoluter Höhepunkt der serbischen Kunst angesehen wird.

Die von Fürst Stefan, einem engen Verwandten des Königs, gestiftete Klosterkirche ist eine einfache Kreuzkuppelkirche byzantinischen Stils wie damals üblich. Sie ist nach Westen durch eine äußere Vorhalle verlängert, an das Langhaus ist im Süden ein Diakonikon angebaut. Die Fresken dort sind die ältesten, sie entstanden um 1260, darunter jenes bekannte Bild des Propheten Elias, der einen Raben füttert. Das Fresko entspricht in seiner Eleganz und feinen Zeichnung den besten Leistungen der klassischen byzantinischen Monumentalmalerei, wie sie während der raszischen Kunstperiode gepflegt wurde. Die Kirche musste nach der Verwüstung durch die Türken im späten 14. Jh. und der Aufgabe des Klosters bis in das frühe 16. Jh. ohne Dach auskommen. Der überwiegende Teil der heutigen Fresken wurde folglich erst ab dem Ende des 16. Jh. gemalt, davon haben sich einige erhalten. In der Nikolauskapelle sieht man weitere Fresken des 16. (?) Jh., wobei das große Fresko links vielleicht am interessantesten ist: Der hl. Nikolaus, dem das Gotteshaus gewidmet ist, führt den Stifter mit einem Modell der Klosterkirche zur Gottesmutter, die rechts mit ihrem Kind auf einem Thron sitzt. In einer jüngeren, aus dem 17. Jh. stammenden Stiftungsszene, wird der Stifter mit seinem Modell vom hl. Stefan herangeführt. Die Ikonostase in der Klosterkirche ist eine Holzschnittarbeit aus dem 17. Jh., einige der Ikonen datieren ebenfalls aus diesem oder einem noch früheren Jahrhundert.

Mit dem Boot auf der Morača: Im Bericht einer österreichisch-montenegrinischen Paddelgruppe, die 2005/06 alle montenegrinischen Flüsse befuhr, heißt es zur Morača-Schlucht zwischen Kloster Morača und Podgorica (WW II-IV (V), befahrbar Frühjahr–Frühsommer): »Traumhaft schöner Canyon, darf zu Recht zu den schönsten Schluchten Europas gezählt werden. Interessantes und abwechslungsreiches Wildwasser. Ein Muss für jeden Paddler in Montenegro!« Eine organisierte Tour durch den im Mittelteil Platije genannten Canyon veranstaltet ab Kloster Morača zwischen März und Mai Eco Tours in Kolašin (s. S. 197).

Kolašin

Reiseatlas: S. 239, D 3
Kolašin ist nur 65 km von Podgorica entfernt. Aber um dorthin zu kommen, muss man den 1045 m hohen Crkvine-Pass überwinden, und das auf einer der gefährlichsten Straßen Montenegros: Die vielen bunt geschmückten Kreuze entlang der Straße künden von ebenso vielen Verkehrstoten.

Die Morača fördert manchen Schatz zu Tage

Kolašin kam erst 1878 im Berliner Kongress zu Montenegro, hat es aber – nicht ohne Blutvergießen – geschafft, sein orientalisches Erbe weitgehend abzulegen. Das Ortszentrum, ein lang gezogener rechteckiger Platz, wird durch ein Meisterwerk des sozialistischen Futurismus beherrscht: Das **Rat- und Kulturhaus** samt Stadthalle wäre mit seinen gegeneinander verschobenen Betondreiecken ein eindrucksvolles Beispiel für die Architektur der 1960er-Jahre, wäre es nicht so heruntergekommen. Dagegen ist das recht üppige **Denkmal** zur Erinnerung an den Volksbefreiungskampf mit seinen beiden heftig bewegten Figuren auf demselben Platz in gutem Zustand. Man muss wissen, was in Kolašin hinter diesem großen Denkmal steht: Der Ort wechselte im Zweiten Weltkrieg vielfach die Besatzer, in Kolašin wurde 1943 der ›Antifaschistische Volksbefreiungsrat‹ für Montenegro gegründet, hier fanden im heutigen Gymnasium die ersten Sitzungen dieses Rates statt, der nach 1945 die Regierung der Teilrepublik stellte.

Kolašin hat in der von Linden flankierten Gasse IV Proleterske, der Verlängerung des Hauptplatzes nach Osten, eine im Sommer überdimensionierte Café-Meile und westlich im Park mit großer Sporthalle das ebenso überdimensionierte **Hotel Bianca.** Erst im Winter füllen sich beide, denn Kolašin ist, dank seines nur 8 km entfernten Skigebietes Jezerine, nach Žabljak der bedeutendste Wintersportort Montenegros. Und das obwohl Kolašin Ausgangspunkt für den Besuch des Nationalparks Biogradska gora ist – aber der wird meist nur als kurzer Abstecher von der Urlaubsroute zur Küste aufgesucht und wirkt sich auf den Tourismus des Ortes kaum aus.

Botanischer Garten Vincek

Seit 1961 hat der passionierte Alpinist und Botaniker Daniel Vincek im Ortsteil Dulovine die **Botanička bašta Vincek** aufgebaut, einen in Montenegro einzigartigen Alpengarten, der sämtliche wichtigen Pflanzen des umgebenden Gebirges, der Bjelasica, der Komovi und der Sinjavina enthält, aber auch andere Gebirgszüge sind mit Beispielen vertreten. Der Garten ist meist zwischen dem 20. Mai und Ende Juni geöffnet. Es empfiehlt sich jedoch vorher anzurufen, außerhalb dieser Zeiten kann ein Anruf evtl. bewirken, dass der Garten geöffnet wird (Tel. 081-86 54 77, 069-01 54 78; ein kleiner Prospekt mit Lageplan und den Namen der wichtigsten Pflanzen in Lateinisch und Englisch ist 2005 erschienen und gratis in den Tourismus-Informationen zu bekommen, s. u.).

In der Umgebung

Wenn auch der Nationalpark Biogradska gora im Bjelasica-Gebirge nördlich des Ortes das wesentlich bekanntere Bergwandergebiet ist, so haben die Komovi südlich Kolašin doch den Vorteil, weniger erschlossen, einsamer und noch blumenreicher zu sein. Auch die Höhenzüge der in Plateaus und einzelne Gebirgsketten aufgelösten, in der Torna bis zu 2277 m hohen Sinjavina im Nordwesten des Ortes sowie von Kapa moračka und Stožac im Westen (Lastva 2226 m) bieten für Bergwanderer lohnende Ziele. Selbst bei den rührigen Bergsteigerklubs in Montenegro sind diese Gebirge recht wenig bekannt. Kolašin ist dank seiner beiden rührigen Agenturen (s. u.) ein gutes Zentrum auch für andere Unternehmungen im Norden des Landes (etwa Rafting auf der Tara und Wanderungen durch den Mrtvica-Canyon von Kolašin aus). Der Wintersportort Kolašin ist für Mitteleuropäer, die an die Skiarenen Österreichs und Norditaliens gewöhnt sind, nicht so interessant, **Jezerine** hat nur einen Doppelsessellift und Schlepplifte.

In **Mojkovac** verlassen Straße und Bahn die Tara, um über einen niedrigen Pass in das Tal des Lim nach Norden zu wechseln. Dieser wichtige Standort an der alten Hauptverbindung zwischen Montenegro und dem Sandschak war über Jahrhunderte immer wieder umkämpft. Dabei ging es aber auch um den Besitz der nahen Silberminen, in denen schon in frühserbischer Zeit für Münzsilber geschürft wurde. Von Mojkovac aus erreicht man ebenfalls den Nationalpark Biogradska gora.

Turistićka organizacija Kolašina: Mirka Vešovića bb. (Hauptplatz Nordseite), 85330 Kolašin, Tel. 069-81 05 19. Neben einigen wenigen Prospekten gibt es hier auch einen Stadtplan von Kolašin. Information des Nationalparks Biogradsko jezero: Buda Tomovića bb. (Hauptplatz Südseite), Tel./Fax 081-86 56 25, npbiogradskagora@cg.yu.

Bianca Resort & Spa: Mirka Vesovica bb., Tel. 081-86 31 00, Fax 081-86 31 68, www.biancaresort.com. Das von Beppler & Jacopson neu gestaltete Hotel aus Montenegros sozialistischer Ära ähnelt mehr einer monumentalen Lodge in der kanadischen Wildnis als einem Hotel im Mittelmeerraum. Großes Hallenbad – auch hier massive Baumstammsegmente als Teile der Konstruktion –, Fitnesscenter und jede Menge Wellness im Taiyang Wellness Beauty Spa. Sehr komfortabel, aber die Zimmer ohne Klimaanlage und mit nur einen Spalt zu öffnenden Fenstern sind im Sommer oft überhitzt. DZ/FR 158 €.
Brile: Buda Tomovića 2, Tel./Fax 081-86 50 21, info@brile.info, www.brile.info. Kleines Privathotel (25 Betten) im Zentrum des Ortes, einfach, aber freundlich eingerichtet, mit Sauna und Klimaanlage, die meisten Zimmer ohne TV, Restaurant im Haus. DZ/FR 50 €.
Apartments Savardak: Biočinovići bb., Tel. 069-05 12 64. An der Straße zum Skizentrum Jezerine liegen neben dem kaum zu übersehenden Rundhüttenbau des Restaurants Savardak die drei gleichnamigen Apartments. Sie sind in modernen Holzblockhäusern untergebracht und einfach ausgestattet (aber mit Zentralheizung und TV). Apt. für max. 4 Pers. Juni–Sept. 40, Okt.–Mai 50 €.
Čile: Braće Milošević bb., Tel. 081-86 50 39, Fax 081-86 05 60, www.zlatnido.com. Kleines, warm dekoriertes (und im Winter gut geheiztes) Familienhotel, die Zimmer z. T. mit Parkett und Vollholz, mit TV, im Winter Transfer zum Skigebiet Jezerine. DZ/FR 36 €.
Vila Jelka: S. Miloševića bb., Tel. 081-86 01 50, www.vilajelka.cg.yu. Eine Familienpension mit schlichten Zimmern (ohne TV), angenehme Atmosphäre, die Besitzer sind auf Aktivitäten im Bergland spezialisierte Reiseveranstalter. DZ/FR ab 30 €.

Brile: Buda Tomovića 2, Tel. 081-86 50 21. Nicht ganz sicher, ob sie sich in einer Konoba oder in einem Restoran befinden, schwanken die Kellner, ob sie jemand fragen sollen, was er wünscht (meist Einheimische), oder ihm einfach die mehrsprachige Speisekarte in die Hand drücken (allen Fremden). So kommt es, dass das, was am Nebentisch gegessen wird, sich oft gar nicht auf der Karte befindet wie *Kačkamak,* das deftige Gericht aus Kartoffelnocken und Käse, zu dem man saure Milch und vielleicht einen Salat nimmt. Aber *kajmak* und *Lisnanski sir* (der faserig ist wie ein Cacciacavallo) als Vorspeise, freundliche Bedienung und nicht zu hohe Preise, zu zweit unter 30 € für zwei Gänge mit Wein.
Savardak: Biočinovići bb. an der Straße (3 km) zum Skizentrum Jezerine. Unter der runden Strohhütte verbirgt sich ein Restaurant, das traditionelle Spezialitäten anbietet: *kačkamak* (10 €/2 Pers.), hausgebackenes Maisbrot, *gotivac (civcara,* 10 €/2 Pers.), *Lisnati sir* (›Blätterkäse‹ aus der Region, oft als ›serbischer Käse‹ bezeichnet. Vorspeise, Hauptgericht und Wein für zwei um 25 €.

Selbstversorgung in zwei **Supermärkten,** die auch frisches Brot führen (der eine nennt sich ein ganz wenig übertreibend ›Megadragstor‹, der andere hatte tagelang keinen Wein), beide am Hauptplatz, mehrere Kioske und

Gemüse- und Obstläden an den Ausfallstraßen, täglicher Grünmarkt an der Straße zum Bahnhof.

Kneipen, Cafés und **Bars** in der am Hauptplatz beginnenden IV Proleterske.

Die beiden Anbieter am Ort haben ein volles Programm von Freizeitaktivitäten zu bieten: **Eco Tours** (Mojkovačka bb., Tel. 081-86 07 00, Fax 081-86 07 01, www.eco-tours.cg.yu) veranstaltet jede Art von Outdoor-Aktivität im Inneren des Landes von Rafting auf der Tara bis zu Trekkingtouren mit Camping. Beliebt sind die ›Jeep Safaris‹, die Bjelasica, Komovi, Durmitor und Sinjavina auf alten Karrenwegen und neuen Almzufahrtsstraßen erkunden. Die kombinierte Tour Rafting auf der Tara und Jeep Safari im Durmitor kostet ca. 80 €. Als ›extrem‹ wird die Frühjahrs-Raftingtour auf dem Morača-Fluss bezeichnet, die ab Kloster Morača durch den spektakulären Canyon führt. Eco Tours vermietet auch Fahrräder und veranstaltet geführte Mountainbike-Touren, darüber hinaus werden Ausritte mit Reitpferden vermittelt! **Vila Jelka** (S. Miloševića bb., Tel. 081-86 01 50, www.vilajelka.cg.yu) bietet eine Vielzahl von Touren mit Jeep, Rafting, Mountainbike, Nächtigung im Eko Katun (siehe Nationalpark Biogradska gora, S. 200) etc. Der örtliche **Bergsteigerverein** ist Bjelasica (Tel. 069-02 84 77).
Wintersport im Skizentrum Jezerine (Tel. 081-86 03 50, Höhendifferenz 460 m, Bergstation 1880 m), im Winter (Saison von Dez. bis Mitte/Ende April) ist an der Talstation des Doppelsessellifts ein Restaurant in Betrieb.
Paragliding bietet der Sportverein Brskovo in Mojkovac (Kontakt: Rade Đorđevic, Tel. 084-47 22 90), Abflugsbasis ist der 2033 m hohe Razvršje (auf dem Kamm oberhalb des Biogradsko jezero), den man mit Jeep erreicht, gelandet wird nahe dem Sportplatz von Mojkovac.

In Kolašin halten die meisten **Busse** auf der Strecke von Podgorica in den Norden (nicht alle fahren hinein zum Busbahnhof zwischen Brücke und Ort, einige halten an der Brücke); Busbahnhof Tel. 081-86 03 00.

Komovi-Gebirge

Reiseatlas: S. 239, D/E 3
Das Gebirge südlich Kolašin, in dem der Tara-Fluss entspringt und über das die Grenze zu Albanien verläuft, nennt sich Komovi nach dem 2487 m hohen Kom Kučki. Es besteht aus jüngeren, nicht sehr stabilen Kalken, die riesige Schutthalden bilden, was das Bergsteigen bis auf wenige Ausnahmen wie den Kom Kučki nicht ungefährlich macht. Große Wälder mit Resten von Urwald, die jenem im Nationalpark Biogradska gora kaum nachstehen, und alpine Matten mit einer Fülle von Bergblumen, unter denen sich zahlreiche Endemiten befinden, überziehen das Bergland.

Zwei Berghütten und der Eko Katun Štavna machen die **Besteigung des Kom Kučki** zur Wochenendtour, zumal man mit Allradfahrzeug bis zur Hütte bzw. zum Eko Katun auf der Alm Štavna (ca. 1800 m) fahren kann, mit normalem PKW bis zum Trešnjevik-Pass, von dem aus man ca. 1.30 Std. Gehzeit bis zur Alm hat. Auf den Kom Kučki führt ein im obersten Gratbereich bei starkem Wind und Regen wegen der instabilen Felsplatten gefährlicher und sehr ausgesetzter Steig, man gehe diesen letzten Gratabschnitt nur bei gutem Wetter. Der Beginn des Grates ist sowohl von Süden (über die nicht mehr bestoßene Alm Carine, 1820 m) als auch von Norden (über das Međukomlje-Kar, ca. 1860 m) zu erreichen, alle genannten Wege sind markiert.

Eine weitere Tour auf markierten Wegen führt auf den Vasojevički Kom (2461 m). Auch für sie gilt, dass man im Gipfelbereich besonders vorsichtig sein muss, hier kommt ein zusätzliches Blitzschlagrisiko hinzu.

Gehzeiten: Alm Štavna–Alm Carine 2–2.30 Std.; Alm Carine–Kom Kučki 2.30 Std.; Alm Šavna–Međukomlje-Kar 2 Std.; Međukomlje-Kar–Kom Kučki 3.30 Std.; Abstieg ca. zwei Drittel der Aufstiegszeit (Karte: ›Bjelasica Komovi‹ im Maßstab 1:60 000).

Schutzhütte Štavna: 30 Lager, im Sommer an Wochenenden geöffnet. **Eko Katun Štavna:** 50 Lager/Betten in modernen, grün bedachten Holzhütten im Almgelände (Tel. 069-40 97 11, ekodrust vokomovi@cg.yu).

Neben den erwähnten Bergtouren ist **Mountainbiken** auf den kaum befahrenen und nicht asphaltierten Straßen des Komovi eine besonders geeignete Aktivität. Die Karte ›Bjelasica Komovi‹ (s. u.) gibt nicht nur die Wanderwege wieder, sondern auch die nicht asphaltierten Straßen und Fahrwege. Die Straße von Mateševo südlich Kolašin über den Trešnjevik-Pass nach Andrijevica, von der die Touren auf die Komovi ausgehen, bietet übrigens als sehr schmale, kurvenreiche und nicht asphaltierte Bergstraße ebenfalls eine ausgezeichneter Mountainbiketour.

Nationalpark Biogradska gora

Reiseatlas: S. 239, D/E 3

Luftbilder machen es besonders deutlich: Um den Biogradsko jezero, einen Bergsee nördlich von Kolašin, breitet sich ein ungestörtes Waldgebiet aus. Aus der Nähe erkennt man, dass es sich um einen Urwald handelt, um einen von Laubbäumen bestimmten Mischwald mit uralten und ganz jungen, stehenden und umgefallenen Bäumen, durchflossen von klaren Bächen. Diesen entlang ziehen sich von üppiger Vegetation bewachsene Feuchtzonen. Auf 5650 ha breitet sich der Nacionalni park Biogradska gora aus, seit 1878 ist das eigentliche Urwaldgebiet um den See geschützt, seit 1952 als Nationalpark.

Um den See, der auf einem leicht zu gehenden **Rundweg** in ca. 1 Std. zu umrunden ist, dominieren Rotbuchen, unter die sich einige riesige, offensichtlich uralte Ahornbäume (nach den Infos der Tafel am Straßenende handelt es sich um Acer heldreichii) mischen. Weiter oben an den Hängen und abseits des Weges sieht man Bestände von Tannen, die auffälligerweise den Jungwuchs unter dem dichten Buchenwald am Seeufer dominieren. Im Urwald wurden Baumhöhen bis 44 m gemessen, die ältesten Exemplare dürften ein Alter von über 400 Jahren erreichen. Am hintersten Seeende fließt der Biogradska-Bach in mehreren Armen in den See, das ausgedehnte Feuchtgebiet wird von einem Holzsteg mit Aussichtsplattformen gequert. Dieser Steg und andere touristische Ein-

Am Bootsanleger des Biogradsko jezero

richtungen wurde von der Austrian Development Corporation finanziert.

Neben dem Rundweg gibt es einen am Straßenende beim See beginnenden **Fahrweg zu den Almen der Bjelasica,** der im großen Bogen hinauf nach Süden führt, um beim Skigebiet Jezerine in die von Kolašin ins Tal führende Straße zu münden. Die Tour auf diesem Fahrweg dauert mit dem Mountainbike ca. 4–6 Std. Ein einziger Wanderweg beginnt direkt am See: Der markierte Steig, der am Talschluss (auf der Südseite des Steges) beginnt, führt steil hinauf zur Alm **Goleš.**

Den besten Blick auf den Nationalpark und hinunter auf den Biogradsko jezero hat man von seinem äußersten Südende, das man von Kolašin aus am leichtesten erreicht.

Wanderung von Jezerine auf die Crna glava

Landschaftlich besonders reizvoll und voller unvergesslicher Ausblicke ist diese Wanderung auf die Crna glava (2139 m). Ab Jezerine nimmt man den oben erwähnten Fahrweg, deutliche Markierungen zeigen Abkürzungen für Wanderer. Man kommt bei der Alm **Katun Vranjak** auf die Hochweiden; etwas höher liegt idyllisch auf einer Wiesenterrasse der **Eko Katun Vranjak.** Von hier in der Falllinie zum querenden Fahrweg, auf diesem kurz nach links und in der Mulde hinauf zum Rücken links oberhalb. Zwei Fahrwege führen vom Rücken zur Crna Glava. Der linke ist der schon erwähnte Fahrweg zum Biogradsko Jezero, man folgt ihm bis

Zum Essen gehört Musik!

zu einem spitz nach rechts abgehenden Weg (das Schild mit den vielen Verboten bezieht sich nur auf die ohnehin umzäunte Spitze des Gipfels). Ab dem Rücken des Bergzuges (Blick nach Osten auf den Pešića-See unterhalb und das Prokletije-Gebirge gegenüber) Steig nach links auf dem Rücken bis zur **Crna glava.** Von dort zurück und weiter zum Berg mit den Antennen. Links vom Zaun beginnt das oben erwähnte rechte Fahrsträßchen, dem man bis zur Gabelung des Hinweges folgt, auf diesem zurück nach Jezerine (ca. 1000 m im Auf- und Abstieg, Gehzeit ca. 6–7 Std.; die Karte ›Bjelasica Komovi‹ im Maßstab von 1:60 000 ist in Kolašin in der städtischen Info und in der Parkinfo zu bekommen).

Die **Info** des Nationalparks befindet sich in Kolašin (s. S. 196); Eintritt in den Nationalpark 1 €.

Eko Katun Vranjak: Katun Vranjak c/o Vila Jelka, Tel./Fax 081-86 01 50, www.vilajelka.cg.yu. 21 Hüttchen, 30 € für 2 Pers., Buchung über Vila Jelka (s. S. 197). **Bungalows** des Nationalparks: 12 Hüttchen am See, 15 €/Pers., Buchung über die Nationalparkverwaltung (s. S. 196).

Restoran Biogradsko jezero: Das Nationalparkrestaurant am Straßenende etwas oberhalb des Sees bietet traditionelle. 2 Gänge ab ca. 12 €.

Neben **Wandern** und **Mountainbiken** erfreut sich das **Bootsfahren** auf dem Biogradsko jezero großer Beliebtheit, man mietet die Ruderboote beim Kiosk am Straßenende beim See.

Bijelo Polje

Reiseatlas: S. 239, E 2
Die Stadt am Lim-Fluss ist keine Schönheit. Sozialistische Industrien und ihre Folgeerscheinungen wie Plattenbauten bestimmen in unterschiedlichen Stadien des Verfalls das Bild der Stadt – aber Bijelo Polje ist eine echte Stadt, hat ein städtisches Zentrum und ist der wichtigste Ort im montenegrinischen Norden.

Für Besucher hat die Stadt durchaus Reize, die man aber erst auf den zweiten Blick entdeckt. Bijelo Polje besitzt zwei bedeutende Kirchen altserbischer Tradition, in nächster Entfernung liegen **Mineralwasserquellen,** denen man gesundheitsfördernde Wirkung nachsagt. Der **Lim** ist im Frühjahr, wenn er genug Wasser hat, ein Angel-, Rafting- und Kajakerfluss, und die Berge ringsum, vor allem die Lisa im Nordwesten, obwohl mit Durmitor, Bjelasica oder Komovi nicht zu vergleichen, verdienen durchaus den einen oder anderen Trip.

Die Kirche **Sveti Petar** (Sveti Petra na Limu) entstand noch während der Zeit des Reiches von Doclea am Ende des 12. Jh. (vor 1195). Diesen frühen Zeitpunkt haben die Restaurierungsarbeiten 1955–60 nahe gelegt. Bijelo Polje war seit der Gründung der Kirche durch Fürst Miroslav, Bruder Stefan Nemanjas, ein wichtiges religiöses Zentrum und bis zur Eroberung durch die Türken (Ende 14. Jh.) Bischofssitz. Ob die Kirche mit dem Bistum zu tun hatte, ist nicht gesichert. Dies darf man aber auf Grund der Bibliothek vermuten, die wertvolle Manuskripte aus dem Mittelalter enthielt. Die besten, wie das Miroslav-Evangelium, sind heute in Belgrad. Als die Türken die Kirche nach der Eroberung zur Moschee machten und einen der beiden romanischen Türme abtrugen (der andere diente dann über Jahrhunderte als Minarett), übertünchten sie die 1320 entstandenen Fresken, die bei der Renovierung der 1950er-Jahre freigelegt wurden. Absoluter Höhepunkt ist die Darstellung der Himmelfahrt Christi, dessen kreisrunder Heiligenschein wie eine durchscheinende Decke von Engeln gehalten wird.

Sveti Nikola ist jünger und wurde im 17. Jh. ausgemalt, die Fresken sind weder von einer Hand noch aus derselben Zeit, was sie für Kunsthistoriker besonders interessant macht. Auch Sveti Nikola besitzt eine Bibliothek mit zahlreichen Handschriften und alten Drucken.

Durmitor: Rakonje bb., 84000 Bijelo Polje, Tel. 084-48 81 11. Einfaches Motel an der Hauptstraße südlich des Ortes, 28 Betten in Zimmern mit Minimalausstattung, aber sauber und ohne Mängel, einfaches Restaurant. DZ/FR 50 €.

Kiselje Vode: Tel. 084-43 27 71. Das Restaurant an den Heilquellen 5 km nördlich vom Zentrum serviert zum Essen das Mineralwasser direkt aus dem Brunnen. Hauptgericht ab 6 €.

Festival der Tamburizaorchester: An einem Augustwochenende treten Gruppen aus dem gesamten Balkan auf (2007 schon zum 5. Mal).

Gute **Bus- und Bahnverbindungen** nach Podgorica; **Taxistand** am Busbahnhof.

DAS PROKLETIJE-GEBIRGE UND DAS BECKEN VON PLAV

Prokletije, das sind die ›verfluchten‹ Berge an der albanischen Grenze, die höchsten Erhebungen Montenegros und die wildesten. An ihrem Fuß erstreckt sich um Plav und seinen See ein zweites Salzkammergut. Hier sind wie in Berane und Rožaje Besucher trotz großartiger Landschaft immer noch Mangelware.

Berane

Reiseatlas: S. 239, E 3
Durch eine Schlucht des Lim-Flusses, zuletzt durch den engsten Teil, erreicht man Berane, und der erste Blick trifft auf eine Fabrik. Wie so viele andere Orte Jugoslawiens bekam auch Berane in der Zeit des Sozialismus Großindustrie verpasst und wurde mit einer Eisenhütte beglückt. Und wie bei fast allen anderen sind sie heute obsolet geworden und werden nur noch mit Verlusten weiterbetrieben, um nicht die letzten Arbeitsplätze zu vernichten. Die Müßiggänger, die die Kaffe-Bars am ebenfalls aus der Titozeit stammenden großen Hauptplatz füllen, ficht das Problem der Zukunft Beranes nicht an – nach einem Espresso und einer halben Packung Zigaretten ist immer noch Zeit, über die Zukunft zu diskutieren. Zwei Drittel der Bevölkerung sind Muslime, die anderen sind serbisch-orthodoxe Christen. In ihrem Äußeren und ihren Alltagsgewohnheiten sind sie für Außenstehende nicht zu unterscheiden.

Die Gründung im Jahr 1862 und der Name des Ortes (ursprünglich *Berani)* sind türkisch. Nicht, dass die Gegend vor dem 19. Jh. nicht bewohnt gewesen wäre: So steht am westlichen Ortsrand (jenseits der Durchgangsstraße und direkt am Beginn des großartigen Wanderweges über das Bjelasica-Gebirge hinüber nach Mojkovac) die **Kirche Đurđevi stupovi,** die um 1213 errichtet wurde, Rest der Klosterstiftung eines serbischen Stammesfürsten. Die recht gut erhaltene Kirche war über Jahrhunderte zweckentfremdet und musste zwischenzeitlich sogar als Pferdestall herhalten.

Die Geschichte von **Andrijevica,** dem nächsten Ort im Süden und ebenfalls am Lim-Fluss, verbindet sich mit der Gründung einer Kirche durch den Fürsten Andrija aus der Nemanjiden-Dynastie. Seit damals – dem ausgehenden 12. Jh. – hat sich der Ort, ein lang gezogenes Straßendorf auf einer alten Flussterrasse, nicht wesentlich vergrößert. Von Andrijevica führt eine Bergstraße (s. S. 207) über den Trešnje-

Im Talschluss Grbalja im Prokletije-Gebirge

vik-Pass nach Mateševo und Kolašin. Die Straße über den Čakor-Pass nach Peć im Kosovo ist nicht offiziell geöffnet und auch derzeit nicht passierbar (die einzige geöffnete direkte Verbindung von Montenegro nach Peć beginnt in Rožaje, s. S. 209).

Turistićka organizacija Berana: Mojsija Zečevića 8, 84300 Berane, Tel. 087-23 33 57.

Hotel S: Ulica Mitropolita Pajsije, Tel. 087-23 93 91, drvoprex@cg.yu. Sympathisches kleines Stadthotel mit lagebedingt nicht immer ganz ruhigen Zimmern mit TV. DZ/FR 48 €.

Mehrere Cafés am breiten Hauptplatz, angenehm das **Grand Caffe Berane** mit gutem Cappuccino.

Dva Jelena: Tel. 087-23 50 14, 069-47 74 14. Ein italienisch inspirierter Garten auf der Flussseite lädt in dieses angenehme Restaurant, in dem regionale Küche zelebriert wird. Die Dame des Hauses spricht etwas Deutsch.

Wintersport im Skizentrum Lokve (14 km von Berane, Zufahrt gleich vor dem Scheiteltunnel der Straße nach Rožaje) , Doppelsessellift und Schlepplifte (htpberane@cg.yu).

Der **Flughafen** Berane wird bis voraussichtlich 2009 wieder als Binnenflughafen zur Verfügung stehen, es ist an eine Flugverbindung mit Podgorica gedacht. Häufig **Busse** nach Podgorica (ca. 3 Std. Fahrzeit), meist überfüllte Minibusse, der Busbahnhof befindet sich am Stadtrand.

Plav und Gusinje

Reiseatlas: S. 239, E 4

Am Fuß des gewaltigen Prokletije-Gebirgszuges liegt eine idyllische Seenlandschaft mit zwei großen Dörfern, Plav und Gusinje, Weilern und Almen. Die Bevölkerung der beiden Orte, von denen Plav der größere ist, bekennt sich zum Großteil zum Islam. Die Menschen in Gusinje sind fast ausschließlich albanischer Herkunft, jene in Plav zu einem großen Teil. Im Sommer schwellen beide Orte an – fast ausschließlich von Auswanderern, die in aller Welt ihr Glück gefunden haben und nun für ein paar Wochen den großen Mann spielen. Manche haben in der alten Heimat bisweilen sehr aufwendige Häuser gebaut.

Durch die Nähe zum Kosovo diente das einzige Hotel der Gegend lange als Flüchtlingsabsteige, heute ist es nur noch abrissreif. Die Übernachtung ist für Besucher nicht ganz einfach, es gibt nur zwei sehr kleine Herbergen. Das ist ein Trauerspiel, denn die Landschaft um Plav und Gusinje ist von einer Schönheit, die den Atem raubt. Um den nur maximal 9 m tiefen, stillen Plavsko jezero auf 907 m Seehöhe dehnt sich welliges Bauernland, Plav sitzt etwas höher auf einer Endmoräne eines Eiszeitgletschers und blickt auf das Massiv des **Visitor** (2198 m), das sich jenseits des 2 km^2 großen Sees abrupt erhebt. Umgekehrt hat man vom Visitor den Blick auf See, Ort und Hintergrund, das majestätisch schroff bis auf 2534 m hoch aufsteigende Prokletije-Gebirge. Mehrere von Gletschern ausgehöhlte Täler führen in das Gebirge, das von Flüssen entwässert wird. die immer wieder in Schlucklöchern verschwinden und in großen Karstquellen wieder austreten.

Die Orte selbst haben wenig zu bieten, **Plav** ist in den letzten Jahren durch zahlreiche Neubauten etwas aus den Fugen geraten und nicht mehr das idyllische Dorf von früher. Mehrere Moscheen überragen mit ihren Minaretten den dicht verbauten Ortskern, die älteste ist nur noch im Fundament alt, der Holzbau ist modern. Wenige Häuser bewahren den früheren Typ, dazu muss man in die Umgebung fahren oder wandern, dort sieht man sie noch zwischen den typischen kegelförmigen Heuhaufen der Gegend, massive zweistöckige Natursteinhäuser mit quadratischem Grundriss und stark abgeschrägtem Dach. **Gusinje** hat noch mehr von diesen Häusern und obwohl stärker muslimisch geprägt eine zentrale christliche (katholische) Kirche. Mehr als einen Blick sind die Friedhöfe der beiden Orte wert, die großen muslimischen mit Grabstein und oft einem Mini-Minarett am Kopfende, vor allem aber die christlichen, bei denen die häufig aus poliertem schwarzem Stein bestehenden, übergroßen Grabsteine mit ihren seitlichen Engelsflügeln ein seltsames Bild ergeben (auf der Straße von Plav nach Babino Polje passiert man Friedhöfe beider Religionen).

Der See von Plav und seine Zuflüsse

Der **See von Plav** (Plavsko jezero) ist ein Jahreszeitensee, sein Wasserspiegel und damit auch seine Fläche schwanken stark mit der Wasser-

Das alte Handwerk trügt: Plav ist nicht mehr ganz das idyllische Dorf von früher

führung der Zuflüsse. Man kann den See auf Trampelpfaden umrunden, Gummistiefel oder gute hohe Bergwanderschuhe sind wegen der feuchten Zonen entlang dem Ufer angebracht. See und Berge sind nicht geschützt, die Diskussion um einen Nationalpark Prokletije, der auch den See umfasst, geht zwar schon eine Weile vor sich, hat aber noch keinen Abschluss gefunden.

Von Westen mündet in den See der **Ljuča-Fluss,** der bei Gusinje aus mehreren Quellflüssen entsteht. Die durch Straßen erschlossenen Täler dieser Quellflüsse sind für Nicht-Bergsteiger die beste Möglichkeit, die wilde Natur des Prokletije-Gebirges kennen zu lernen. Folgt man dem Tal der Vruja nach Süden in Richtung des Dorfes Vusanje, trifft man auf große Wasserflächen zur Rechten. Die **Ali-Pascha-Quellen** (Ali pašini izvori) sind eine Reihe starker Karstquellen, die am Fuß einer Felswand aus deren Schutt austreten. Man kann an einer alten Wassermühle vorbei an die Felswand heran und zusehen, wie das Wasser unter den Steinen herausquillt. Das Wasser stammt weniger aus der Vruja als aus einem Nebenfluss, dessen Tal man erreicht, wenn man bei Vusanje nach rechts abbiegt. Wo die Straße endet, hat man nicht nur einen Traumblick auf das Prokletije-

Pension Palma

Plav hat kaum Unterkunftsmöglichkeiten und die Verpflegung geht im Zweifelsfall über *čevapi* nicht hinaus. Da ist es besonders erfreulich, dass ein kleines Privatunternehmen beides liefert und eine Portion Freundlichkeit noch dazu. Der Besitzer der schlichten, kleinen Pension, Feratović Kadrija, vermietet vier saubere Zimmer mit Waschbecken (DZ/FR 20 €). Im gut geführten kleinen Restaurant im Erdgeschoss (7 Tische) isst man deftige Hausmannskost zu sehr zivilen Preisen (z.B. Kalbsbraten mit Kartoffelpüree und zweierlei Sorten eingelegten Paprika zu unter 5 €). Im Speisesaal Rauchverbot – und man hält sich dran.
Palma: am Busbahnhof, Racina bb., Tel. 069-56 83 17.

Massiv mit dem Gipfel Malji i Šenikut (2554 m), der sich bereits auf albanischem Territorium befindet. Jenseits der Wiese am Fuß des Berghanges gegenüber bietet sich zudem ein eindrucksvolles Naturschauspiel: Die Rijeka Skakovica, ein selbst im wasserarmen Herbst noch kräftig fließendes Flüsschen, stürzt dort aus ihrem flachen Tal plötzlich in die Tiefen eines unterirdischen Sees. Das Wasser des **Ponor Grja,** wie dieses Phänomen genannt wird, tritt bei den Ali-Pascha- Quellen wieder ans Tageslicht. Folgt man dem Fluss weiter ins Tal, findet man einen nach links zur Alm Zastan abzweigenden Fußweg, in dessen Fortsetzung man die drei Hauptgipfel des Prokletije auf montenegrinischem Gebiet auf einem markierten Weg erreichen kann. Sie sind auch die drei höchsten Gipfel des Landes (und nicht der Bobotov kuk im Durmitor, wie behauptet wird): Maja e Rosit (2524 m), Maja Kolata (2528 m) und Zla Kolata (2534 m).

In einem anderen Nebental, das man von Gusinje über Dolje erreicht und dessen oberste Talstufe **Grbalja** genannt wird, kommt man noch näher an die Bergriesen heran. Zur Linken liegt die Karanfili-Kette, zur Rechten die Voljusnica, im Talschluss, der sich bereits auf albanischem Gebiet befindet, erkennt man die verkarsteten Hochplateaus, die das Kernland des Prokletije-Gebirges bilden. Von Grbalja aus führen markierte Wanderwege auf die Karanfili-Kette und auf die Voljusnica mit ihrem Almenplateau.

In den Bergen unterwegs

Zwei großartige Bergtouren ab Plav seien noch genannt: Der **Visitor** ist auf einem mäßig gut markierten Wanderweg zu ersteigen (8–9 Std. hin/zurück), wobei man auf einem Abstecher den idyllischen **Visitorsko jezero** besuchen kann. Der Weg beginnt 100 m nach der Brücke über den Lim-Fluss auf der rechten Seite der Straße nach Gusinje (vor dem Gasthaus).

Die zweite Tour beginnt im Tal **Babinjo Polje,** das man auf der Straße erreicht, die in der Ortsmitte von Plav nach links führt. Es ist die Wanderung zum Hridkso jezero, kombinierbar mit einer Besteigung der

Bogićevica (2374 m). Der markierte Steig beginnt auf der Alm **Hrdski Stanovi** (1751 m), zu der von der Alm Babinjo Polje (1128 m) im Tal ein Zufahrtssträßchen führt. Er führt durch Waldebiet zum kleinen See **Hridsko jezero** (1968 m; 1 Std.), der inmitten eines Bergsturzgebietes liegt, das wiederum ein eiszeitliches Kar bedeckt. Im von Nadelbäumen gesäumten See spiegeln sich die umgebenden Berge. Der weitere Anstieg über den Grat zum **Hrdski Krš** und zum isoliert stehenden und deshalb aussichtsreichen Gipfel **Krš Bogićevica** dauert etwa 3 Std. Die Berge, die man von hier aus im Südosten sieht, sind z. T. auf albanischem Gebiet, der Grenzübertritt wird von albanischer Seite aus geduldet (keine Kontrollen), auf montenegrinischer Seite wird empfohlen, sich vorher bei der Polizei zu melden und wieder abzumelden.

Lovać: An der Straße nach Gusinje, Tel. 069-28 67 40, 087-25 13 92. Die Familie Radenović führt ein schlichtes Gasthaus (keine Karte, nur ein oder zwei Gerichte), im ersten Stock gibt es drei spartanisch eingerichtete Zimmer (Gemeinschaftsbad), die beiden vorderen mit Balkon. DZ/FR ab 20 €.

In der Hauptgasse (die beim Busbahnhof beginnt und in der Ortsmitte von der Post zur Rechten und der neuen Moschee zur Linken flankiert wird) mehrere Čevap-Lokale, Kaffe-Bars und Konditoreien, aber kein Restaurant. Gut ist die **Čevapdžinica Izvor,** auch das **Čevap-Lokal Stara Varoš** bietet gute, nicht zu fette *čevapi.* Die knallrot ausgestattete **Kaffe-Bar As** im engsten Teil der Hauptstraße hat den besten, wirklich authentisch italienischen Espresso.

Bei **Bergtouren und Wanderungen** kann der rührige Bergsteigerverein von Plav behilflich sein (Planinarski Sportski Klub Hvid, Plav, www.pk-hrid.com). Die Markierungen in der Region und die neuen Hinweisschilder stammen vom Klub, der sein Büro in der Ortsmitte im ersten Stock eines Hauses auf der Straße in Richtung Babinjo Polje hat. Der Klub kann auch ausgebildete Bergführer vermitteln – für Touren, die an die Staatsgrenze und evtl. darüber hinausgehen, ein Muss!

Auf dem Plavsko jezero können **Ruderboote** und **Tretboote** gemietet werden, man erhält sie direkt am Bootsanleger unterhalb des Ortes.

Bus: Plav und Gusinje sind mindestens 4 x tgl. mit Podgorica verbunden, weitere Busse verkehren zwischen Gusinje, Plav und Berane. Die auf vielen Karten eingezeichnete Straße von Gusinje nach Mateševo über albanisches Gebiet hat keinen offiziellen Grenzübergang und ist für jeden Verkehr gesperrt. Die einzige Möglichkeit, die beiden Orte auf einer Straße zu erreichen, besteht derzeit über Andrijevica, auf guter Straße über Mojkovac und Berane (so fahren alle Busse). Nach Peć im Kosovo auf der 11 km nördlich Plav von Murino abzweigenden Straße über den Čakor-Pass gibt es zwar einen Grenzübergang, aber keinen öffentlichen Verkehr.

Rožaje

Reiseatlas: S. 239, F 3

Dass Rožaje ein fast rein muslimischer Ort und Zentrum eines muslimischen Siedlungsgebietes ist, sieht man ihm nicht an. Gewiss, auf dem Hochufer

Die moderne Flussbrücke ist das Einkaufszentrum von Rožaje

des Ibar gegenüber dem heutigen Stadtzentrum ist eine neue Moschee im Entstehen und zu den Gebetszeiten hört man die vom Muezzin rezitierten arabischen Suren. Aber bis auf ganz wenige Frauen, die den türkischen Frauen in Deutschland nacheifern, die sich mehr und mehr verschleiern und verhüllen, gibt man sich in Rožaje – wie fast überall in Montenegro – locker.

Rožaje hat keine Sehenswürdigkeiten, sieht man von dem massiven **Wohn- und Wehrturm** ab, der neben der Schule oberhalb des linken (dem heutigen Ortszentrum abgekehrten) Ufer des Ibar-Flusses steht. Seine Konstruktion aus einem mehrere Stockwerke hohen Steinsockel und darauf gesetzten Holzstockwerk (der frühere umlaufende hölzerne Wehrgang wurde nicht rekonstruiert) ist typisch für die Bauten der Führungsschicht in den Grenzgebieten der türkischen Herrschaft auf dem Balkan.

Die Besucher von Rožaje kommen im Herbst weniger wegen der Natur, auch nicht wegen der reichlich sprießenden Pilze, sondern wegen der Jagd. Viel Geld fließt vor allem von italienischen Großindustriellen in diesen

›Sport‹. Glücklicherweise zieht weniger der Grenzkamm südlich Rožaje, die bis 2144 m hohe **Hajla,** die Jäger an als das Waldgebiet nördlich der Stadt in den Vlahovi, so sich in dem hügeligen Gelände weiter Nadelwälder erstrecken. Die Hajla ist zumindest im höheren Bereich oberhalb der Waldgrenze und bietet Hirsch und Bär keine Deckung mehr, ihre Gipfelzone ist oft bis in den Frühsommer von Schnee bedeckt. Blumenreiche Wiesen mit großen Vorkommen an Edelweiß und raren Ständen der Bosnischen Kiefer finden Wanderer in den Sommermonaten. Ein markierter Pfad ab dem Straßenende beim Dorf **Dornji Bukelj** führt auf den Grenzkamm und hinunter zum Dorf **Bandžov,** wo es sogar eine im Sommer an Wochenenden geöffnete Schutzhütte gibt (gesamte Tour 7–8 Std., als Tagestouren von den beiden Enden zum Gipfel je ca. 6 Std.).

Turistićka organizacija Rožaja: derzeit ohne Büro, 84310 Rožaje, Tel. 087-27 01 58, turizamrozaje@cg.yu.
Internet-Café im grünen Brückenbau.

Das einfache, aus zwei gegeneinander versetzten dreieckigen Glas-Betonblöcken bestehende **Hotel Rožaje** an der Fußgängerzone, Maršala Tita bb., war zum Zeitpunkt der Drucklegung noch nicht wiedereröffnet, verspricht aber, ein gutes modernes Hotel zu werden (Infos über Tel. 086-27 11 87, t.hajdarpasic@cg.yu oder über die NTO in Podgorica, s. S. 218). Sehr einfache Zimmer (Waschbecken mit Kaltwasser, Bad auf dem Gang) vermietet das Restaurant **Millenijum** (hinter dem Café Fontana in der Fußgängerzone; Tel. 087-27 44 31, 069-37 30 22, DZ/FR 20 €).

Hotel Turjak: Đurenoviće luke (6 km außerhalb in Richtung Berane), Tel. 087-27 83 56, 087-27 21 87, t.hajdarpasic@cg.yu. Das demselben Besitzer wie das Rožaje gehörende Hotel am Weg zum Skigebiet Turjak (Lifte 100 m) war zum Zeitpunkt der Drucklegung dieses Buches (Anfang 2007) nahezu fertig gestellt, es wird nach Renovierung 160 Betten der Zweisterne-Kategorie, Restaurant, Bar und Fitnessraum bieten.

Pizzerija Restoran San Remo: in der Fußgängerzone gegenüber Hotel Rožaje, Tel. 087-27 47 79. Pizzen und gute Pasta (statt des Parmesan ist Skorup drauf, schmeckt gut!) um die 3 €. Es gibt auch Grillgerichte und Forelle in drei Zubereitungen.
Café Slastićara Ippon: neben dem San Remo. Gute Kuchen (sogar Apfelkuchen) und süße Stückchen, auf den Cappuccino gibt es ein Häubchen aus Eischaum, wie er hier statt Schlagsahne für viele Konditorwaren verwendet wird.

Ein **Einkaufszentrum** befindet sich im grünen Brückenbau über dem Lim-Fluss, dort gibt es im Untergeschoss auch einen **Supermarkt.**

Zum **Bergwandern** und zu den Öffnungszeiten der Schutzhütte Bandžov wende man sich an den Bergsteigerklub (PD) Jelenčica (Tel. 067-33 20 90).
Wintersport: Das Skigebiet Turjak liegt abseits der Straße nach Berane.

Tgl. 12–15 **Busse** nach Berane und – z. T. mit Umsteigen – nach Podgorica, ebenso viele nach Belgrad über Novi Pazar. Die Verbindung in die kleineren Orte der Umgebung und ins Kosovo nach Peć wird durch **Taxen** geleistet, die sich am Busbahnhof am Westrand der Innenstadt anbieten.

REISEINFOS VON A BIS Z

Alle wichtigen Informationen rund ums Reisen auf einen Blick – von A wie Anreise bis Z wie Zeit

Extra: Ein Sprachführer mit Hinweisen zur Aussprache, wichtigen Redewendungen, Zahlen und kulinarischem Lexikon

Tiefster Canyon Europas: die wildromantische Tara-Schlucht

INHALT

Anreise

... mit dem Flugzeug

Als Zielflughäfen für Montenegro kommen Podgorica im Binnenland, Tivat an der Küste und das nahe Dubrovnik (in Kroatien) in Frage. Linienflüge von Montenegro Airlines, Lufthansa und Austrian verbinden Frankfurt, München und Wien (im Sommer) mit Podgorica, Dubrovnik wird im Linienverkehr nur ab Zagreb angeflogen (Croatian). Nur in den Sommermonaten gibt es Charterverbindungen (Air Berlin, LTU, Aero Flight) von größeren deutschen Flughäfen (Leipzig, Berlin, Düsseldorf und Frankfurt/Main), Wien und Zürich nach Tivat; Dubrovnik wird während einer längeren Saison von einer wesentlich größeren Zahl von Charter-Carriern angeflogen. Die Belgrader Fluglinie Centavia fliegt ab etwa 10 € (maximal 79 €) zwischen Belgrad und Podgorica.

Die beiden internationalen Flughäfen Montenegros wurden 2006 nach Rekonstruktion und Erweiterung wieder eröffnet (siehe Podgorica S. 158 und Tivat S. 79; Flughafen Dubrovnik-Čilipi, Tel. 00385-20-77 33 77).

... mit der Bahn

Die einzige Bahnverbindung nach Montenegro führt über Kroatien und Serbien, wobei in Belgrad in den Zug nach Podgorica und Bar umgestiegen werden muss. Von Wien und München gibt es zwei direkte Verbindungen über Zagreb nach Belgrad, eine davon als Schlafwagenverbindung. Zwischen Zürich und Belgrad existiert eine günstige Schlafwagenverbindung. Die Reise von München bis Bar dauert im besten Fall 25 Std. Bahntickets können nur bis Belgrad gekauft werden, für die Fahrt von Belgrad nach Bar muss man das Ticket am Bahnhofsschalter in Belgrad lösen.

... mit dem Auto

Drei Hauptstrecken kommen in Betracht: Über Salzburg, Villach, Ljubljana, Zagreb, Split und Dubrovnik führt die erste Strecke. Der österreichische und der slowenische Anteil der Autobahn sind komplett ausgebaut, zwischen Split und Dubrovnik wird noch gebaut. Die gesamte Strecke ist mautpflichtig, in Österreich wird eine Vignette für die Autobahnbenutzung benötigt.

Die zweite Verbindung führt ab Zagreb über die Autobahn weiter nach Belgrad und von dort über Landstraßen nach Montenegro, das man bei Pljevlja oder Bijelo Polje erreicht. Beide Anreiserouten sind nur mit Zwischennächtigung zu bewältigen (München–Podgorica über Split ca. 1200 km, über Belgrad ca. 1500 km). Eine Reservierung für den täglichen Autozug zwischen Belgrad und Bar (und zurück) ist leider aus dem Ausland nicht möglich.

Die dritte Anreiseroute führt über Italien, wo von Ancona oder Bari aus Fähren nach Dubrovnik bzw. Bar fahren (s. u.). Die Autobahnstrecke zwischen München und Bari (ca. 1200 km) ist durchgehend mautpflichtig.

... mit dem Bus

Europabusse verbinden die großen Städte Mitteleuropas mit Dubrovnik, von wo aus man mit dem Linienbus nach Herceg Novi gelangt. So ist man z. B. von Nürnberg nach Dubrovnik etwa 22 Stunden unterwegs. Bei um die 120 € für die genannte Verbindung (hin und zurück) ist dies die billigste Anreisemöglichkeit. Eine weitere Verbindung führt nach Belgrad, wo man in einen der zahlreichen Busse umsteigen muss, die Belgrad mit vielen Orten Montenegros verbinden. Einen Direktbus zwischen Montenegro und Deutschland, Österreich oder der Schweiz gibt es nicht, lediglich Luxemburg wird bedient (sonntags). Reservierungen über: Deutsche Touring, Am Römerhof 17, 60486 Frankfurt/Main, Tel. 069-79 03 50, Fax 069-790 32 19, www.touring.de

Bus von Dubrovnik nach Herceg Novi (eine Strecke ca. 60 km), Abfahrt Dubrovnik 9.30 Uhr, am Sonntag auch Direktbus nach Podgorica.

... mit dem Schiff
Bar in Montenegro und Bari in Apulien sind durch die Fährschiffe der staatlichen Linie Montenegro Lines (Barska Plovidba AD) verbunden, ganzjährig drei Fähren, Juli–Anfang Sept. fünf Fähren wöchentlich (Barska Plovidba, 13. jula bb, 85000 Bar, Tel./Fax 00381-85-31 23 66, Buchungen 00381-85-30 34 69, www.montenegrolines.net). Große Autofähren italienischer und kroatischer Unternehmen verbinden Ancona und Bari mit Dubrovnik in Kroatien, das wegen seiner Nähe zur montenegrinischen Grenze ebenfalls als Start einer Montenegroreise in Frage kommt. Wegen der österreichischen (Autobahngebühr und Brenner-Autobahn) und italienischen Autobahnen sowie der Kosten des Fährtransportes ist sie die teuerste, aber wohl auch die am wenigsten anstrengende Variante.

Apotheken

Apotheken *(apoteka)* gibt es auch in kleineren Orten und in den Städten an jeder Ecke – private Anbieter konkurrieren stark miteinander. Das Angebot ist nicht sehr groß und in vielen Fällen billiger als in Deutschland, Österreich und der Schweiz. Es gibt alle wichtigen Medikamente, und manches, was man anderswo beim Arzt verordnet bekommen muss, geht hier so über den Ladentisch.

Ärztliche Versorgung

Die ärztliche Versorgung Montenegros ist wie auch die Krankenhäuser *(bolnica)* nach wie vor staatlich geregelt, es gibt aber bereits eine ganze Reihe von – teuren – Privatkliniken. Außerhalb der Städte gibt es kleinere medizinische Zentren *(dom zdravlja)*. Die Ärzte in den Küstengebieten sprechen häufig (aber nicht immer) eine Fremdsprache, meist Englisch. Eine private Reise- und Auslandskrankenversicherung ist auf jeden Fall abzuschließen, da es – noch – keine Übereinkommen auf Gegenseitigkeit (und Krankenkassen-Scheine) gibt. Doch aufpassen: Die Versicherung schließt in den meisten Fällen sog. gefährliche Aktivitäten wie Tauchen oder Drachenfliegen aus, gerade jene also, mit denen Montenegro vorrangig wirbt!

Autofahren

Promillegrenze: 0,5
Pannenhilfe: s. Umschlagklappe vorn
Straßenzustand: Die regionalen Verbindungsstraßen sind recht gut ausgebaut, wenn auch oft meist kurvenreich. Nächtliche Obstruktionen durch Bauernkarren sind so selten geworden wie diese selbst. Große Schlaglöcher allerdings sind wie Baustellen nicht gekennzeichnet, und das macht das nächtliche Fahren besonders in den Städten zum Hazard, da man nie weiß, ob man nicht in einem offenen Kanaldeckel zum Stehen gebracht wird.
Verhalten im Verkehr: In Montenegro wird riskant gefahren, Überholen in gefährlichen Situationen gilt als völlig normal. Bunt geschmückte Kreuze an den Straßen erinnern an die zahllosen Verkehrstoten. Vorfahrtsregeln sind nur gültig, wenn sie einen selbst betreffen. Auch in kniffligen Situationen wird zu schnell gefahren, Minimalabstände werden nicht eingehalten. Wer vorsichtig fährt und einen Respektabstand zum Vordermann hält, hat binnen Kürze einen Überholer vor sich. Bei Busfahrern kann man lernen, wie man in Montenegro auf kurvenreichen Bergstraßen steuert: das Handy in der rechten Hand am Ohr, die Zigarette in der linken und den rechten Ellenbogen am Lenkrad. Das reicht vollauf für sicheres Fahrverhalten.
Verkehrsregeln: Höchstgeschwindigkeit in Orten 40 km/h, außerhalb Ortschaften 80 km/h, auf Schnellstraßen (nur Podgorica–Nikšić) 100 km/h. Die polizeilichen Strafen für Übertretungen kosten je nach Anlass und Polizist zwischen 10 und 100 €.
Reparaturen, Unfall: Das allfällige Abschleppen in die Werkstatt übernehmen spezialisierte Abschleppdienste, auf Bergstrecken im Lande sind die Telefonnummern der *auto šleps* alle paar Meter auf seitliche Felsen oder Tafeln aufgemalt. Die Preise für Werkstattleistungen und (meist gebrauchte) Ersatzteile sind für Mitteleuropäer sehr billig. Bei Unfällen ist unbedingt eine polizeiliche Unfallbestätigung einzuholen (am sinnvollsten verwendet man den ›Europäischen Unfallbericht‹). Dies ist wichtig nicht nur für die Versicherung, sondern vor allem auch wegen eines Protokolls, das man für die Ausreise benötigt, sollten noch sichtbare Schäden bestehen.
Tanken: Benzin ist billig und manchmal noch nicht bleifrei *(bezolovni)*, Diesel oft stark verunreinigt. Im Binnenland ist mit großen Abständen zwischen den Tankstellen rechnen (zwischen Pljevlja und Mojkovac auf 83 km keine Tankstelle!).
Polizeinotruf: Tel. 92

Behinderte

Montenegro ist nicht speziell auf Behinderte eingestellt, öffentliche Einrichtungen und Hotels sind in den wenigsten Fällen behindertengerecht ausgestattet. Die Website www.movado.de/tourist/reiseanb.htm listet in Deutschland tätige Anbieter von Reisen für Behinderte.

Diplomatische Vertretungen

Anfang 2007 hatte Montenegro bereits eine Botschaft in Deutschland eröffnet, aber noch nicht in Österreich und der Schweiz. Umgekehrt hatten zu diesem

Zeitpunkt Deutschland und Österreich ihre bisherigen Generalkonsulate bereits zur Botschaft aufgewertet, die Schweiz hat ihre Vertretung nach wie vor in Belgrad.

Botschaft der Bundesrepublik Deutschland
Hercegovaćka 10
81000 Podgorica
Tel./Fax 00381-81-66 72 85
aussenstelle_pg@cg.yu
Rechts- und Konsularaufgaben oder Visaangelegenheiten werden vorläufig noch von der Botschaft in Belgrad wahrgenommen:
Kniza Miloša 74–76
11000 Belgrad
Tel. 00381-11-30 64-300
Fax 00381-11-30 64-303
gememba@eunet.yu

Botschaft der Republik Österreich
Kralja Nikole 104
81000 Podgorica
Tel. 00381-81-60 15 80
Fax 00381-81-62 43 44
podgorica-ob@bmaa.gv.at

Österreichisches Honorarkonsulat
Hotel Mogren, Mediteranska 1
85310 Budva
Tel./Fax 00381-81-40 33 24
oesterreich_counc@cg.yu

Botschaft der Schweiz in Serbien
(zuständig auch für Montenegro)
Bircinovica 27
11001 Belgrad
Tel. 00381-11-306 58 20
Fax 00381-11-265 72 53
www.eda.admin.ch/belgrade

Botschaft der Republik Montenegro in der BRD
Rudolf-von-Gneist-Gasse 6
10785 Berlin
Tel. 0049-30-25 29 19 96
Fax 0049-30-25 29 23 34
abidc@cg.yu

Ein- und Ausreisebestimmungen

Staatsbürger der EU und der Schweiz benötigen für die Einreise in die Republik Montenegro einen gültigen Reisepass. Für Aufenthalte bis 90 Tage ist ein Visum nicht erforderlich. Wer länger bleiben möchte, muss vor Ort eine Aufenthaltsgenehmigung beantragen. Der Einreisende muss innerhalb 24 Std. polizeilich gemeldet sein, die Meldung übernimmt das beherbergende Unternehmen (Hotel, Pension etc.; der Pass wird nicht mehr einbehalten). Autofahrer haben neben den Fahrzeugpapieren die Grüne Versicherungskarte mitzuführen. Sie muss die Eintragung SCG (Serbien/Crna Gora) oder YU (Jugoslawien), in Zukunft MNE (Montenegro) aufweisen. Größere Beträge sollten bei Einreise nach Montenegro deklariert werden, da bei der Ausreise nur Bargeld bis höchstens 2000 € ausgeführt werden darf.

Ein- und Ausreise über Serbien: Bei Transitreisen auf dem Landweg ist das bis 2005 übliche Visum (›Tourist Pass‹) zum Preis von 320 Dinar (ca. 5 €) derzeit nicht nötig. Last-Minute-Änderungen der Bestimmungen auf den Seiten
www.auswaertiges-amt.de
www.bmaa.gv.at
www.eda.admin.ch

Feiertage

Mit der 2006 erklärten Unabhängigkeit werden sich möglicherweise einige Feiertage ändern, insbesondere ist der Tag der Unabhängigkeitserklärung von 2006, der 3. Juni, ein heißer Tipp. Man erkundige sich vor Ort.

1. Januar Neujahr

7. Januar Orthodoxes Weihnachtsfest

Ostersonntag und Ostermontag Nach orthodoxer Zeitrechnung meist eine Woche nach dem Osterfest westlicher Rechnung

1. Mai Tag der Arbeit

9. Mai Tag des Sieges (Ende des Zweiten Weltkriegs in Europa)

13. Juli Nationalfeiertag (Unabhängigkeit 1878, Beginn des Aufstandes 1941).

FKK

Obwohl Montenegro als ehemaliger Teil Jugoslawiens mit der ›Freikörperkultur‹ bereits in den 1950er-Jahren konfrontiert wurde, ist es nie ein besonders beliebtes Ziel von FKK-Anhängern geworden, und die etwas prüdere Sicht des neuen Montenegro wird das auch kaum ändern. Einen großen FKK-Campingplatz gibt es in Ada Bojana ganz im Süden, einige Hotels haben eigene FKK-Strandabschnitte. Außerhalb klar als Nacktbadestrände ausgewiesener Strandabschnitte sollte man sich auf gar keinen Fall zum Nacktbaden hinreißen lassen, wenn man nicht übergroße Aufmerksamkeit oder gar – etwa im muslimischen Ulcinj – Ärgernis erregen möchte.

Fotografieren

Herkömmliches Fotomaterial ist teurer als in Mitteleuropa und die Auswahl ist sehr gering, Diafilme sind nicht zu bekommen. In den Tourismushochburgen an der Küste sowie in Podgorica und Nikšić hat man keine Probleme, in spezialisierten Geschäften CDs seiner Digitalaufnahmen brennen oder Fotos von einer CD drucken zu lassen, anderswo ist dies normalerweise nicht möglich. In Museen und Kirchen darf nicht immer fotografiert werden, das Verbot wird aber i der Regel recht lasch gehandhabt. Widerstände der Bevölkerung sich fotografieren zu lassen, gibt es auch in muslimischen Gebieten (Ulcinj, Pljevlja, Plav, Rožaje) nicht. Der Autor fand im Gegenteil, dass sich überall in Montenegro die Portraitierten dafür bedankten, dass man von ihnen ein Porträt gemacht und es auf dem Display der Kamera gezeigt hatte.

Geld und Banken

Die Landeswährung ist der Euro, den Montenegro, das vorher die D-Mark als Landeswährung hatte – in bewusstem Gegensatz zu Serbien – ganz selbstverständlich übernahm. Da die Europäische Zentralbank diese Entscheidung zwar duldet, aber Montenegro kein offizielles Euro-Land ist, kommt es besonders beim Kleingeld zu Engpässen. Es empfiehlt sich bereits bei der Einreise kleine Scheine bei sich zu tragen, mit einer 100-Euro-Banknote zu zahlen, ist ziemlich aussichtslos.

Die Anzahl der EC-Automaten wächst noch rascher als die der Bankfilialen, auch in kleineren Orten gibt es mittlerweile Automaten. Es können jeweils bis zu 200 € abgehoben werden. Reiseschecks werden in Wechselstuben, die es an der Küste in allen, auch kleineren Orten gibt – meist als Nebenaktivität eines Reisebüros – gegen Kommission eingetauscht. Kreditkarten sind bisher nur in (nicht allen) Hotels, einigen wenigen Restaurants und teuren Boutiquen einsetzbar. Visa ist weniger verbreitet als MasterCard und Diners, American Express ist eher schwach vertreten. In vielen Hotels kann mit einer der üblichen EC-Karten (und PIN) bezahlt werden, die Gebühren sind jedoch hoch (bis 5 € je Zahlung).

Haustiere

Hund und Katze dürfen mit, wenn in den Internationalen Impfpass die letzte Tollwutimpfung eingetragen ist, die mindestens 15 Tage, längstens sechs Monate alt sein muss. Hunde als Haustiere (im Gegensatz zu Hofhunden und Hütehunden) sind außerhalb der großen Städte erst im Kommen, die wenigsten Hotels sind auf Haustiere eingestellt: Lassen Sie sich also schon bei der Buchung bestätigen, dass der Golden Retriever und die Siamkatze willkommen sind.

Informationsstellen

Derzeit gibt es weder eine spezielle Touristen-Information noch eine Niederlassung in einem deutschsprachigen Staat. Anfragen sind zu richten an:

National Tourism Organisation of Montenegro
Rimski trg 10
81000 Podgorica
Tel. 00381-81-23 51 55, -23 51 58
Fax 00381-81-23 51 59
www.visit-montenegro.com

Infos im Internet

Angaben zu Montenegros Internetseiten sind nicht immer verlässlich, da Seiten immer wieder den Besitzer wechseln. So ist durmitor.org nicht die erwartete Informationsseite über den Nationalpark Durmitor, sondern eine private Werbeseite, dasselbe gilt für skadarlake.org, durmitor.com bringt auf einer ebenfalls kommerziellen Seite ein paar Mini-Infos zum Park. Auch bei den unten angegeben Seiten – vielleicht mit Ausnahme der staatlichen – ist nicht ausgeschlossen, dass sie plötzlich Besitzer und Inhalt wechseln.

www.visit-montenegro.com
Sehr informative Seite der montenegrinischen Fremdenverkehrswerbung samt einem Unterkunftsregister.

www.gom.cg.yu
Seite der Regierung Montenegros (auch in Englisch), bringt u. a. die wichtigsten Montenegros Regierung betreffenden Ereignisse in Kurzdarstellungen mit Bild.

www.gradovi.cg.yu
Beschreibungen archäologischer Ausgrabungen und alter Orte sowie Ruinen mit Bild, einige von ihnen sind nur von lokaler Bedeutung.

www.heritage.cg.yu/sve.htm
Kurzbeschreibungen der Kultur- und Kunstdenkmäler, Museen und Ausgrabungsstätten Montenegros mit Bild.
www.weather-montenegro.com
Wetterseite, übernommen von einer internationalen Seite.
www.nparkovi.cg.yu
Seite der montenegrinischen Nationalparks.
www.krstarica.com/dictionary
Onlinewörterbuch Deutsch/Englisch/Serbisch, umständlich zu bedienen.

Mit einem nicht an den eigenen PC gebundenen E-Mail-Provider kann man überall an die eigenen **E-Mails** heran. Das ist z.B. von den zahlenmäßig ständig zunehmenden Internet-Cafés und PC-Buden (etwa jenen am Strand von Budva) aus möglich, die allerdings meist nur einen oder zwei freie PCs haben, da der Rest von Kindern und Jugendlichen für Computerspiele genutzt wird. Die montenegrinische Websprache ist bisher nur in geringem Maße Englisch, aber man kann immerhin froh sein, dass fast ausschließlich das lateinische Alphabet verwendet wird. Nicht immer können E-Mail-Anhänge geöffnet werden, Ausdrucke sind gelegentlich, das Speichern auf Datenträger eher selten möglich.

Die Trennung von Serbien bedeutet, dass das Land eine eigene Domäne benötigt (derzeit teilt es sich gemeinsam mit Serbien die **Landeskennung** .yu und als Montenegro cg.yu). Als Landeskennung steht .me vor der Tür (man vergleiche das Register nationaler Internetdomänen bezüglich Änderungen).

Literaturtipps

Ivo Andrić: Die Brücke über die Drina, Frankfurt/Main (Suhrkamp) 2003. Die ›Wischegrader Chronik‹ (so der Untertitel) des Literatur-Nobelpreisträgers schildert fast 400 Jahre Geschichte Bosniens am Beispiel von Višegrad in Bosnien nahe der serbischen Grenze, 65 km jenseits der Grenze Montenegros bei Pljevlja, das Bosniens Geschicke bis 1878 teilte.
Živko M. Andrijašević und Šerbo Rastoder: The History of Montenegro, Podgorica (Montenegro Diaspora Library) 2006. Kritische Darstellung der Geschichte des Landes, vor Ort in einigen Buchhandlungen erhältlich.
Ernst Benz: Geist und Leben der Ostkirche, Hamburg (Rowohlt) 1957. Noch immer ein Standardwerk für alle, die mehr über die orthodoxen Kirchen erfahren wollen – in einem auch für Laien lesbaren Stil. Besonders relevant Kap. V zu den Nationalkirchen.
Milovan Djilas: Land ohne Recht, Köln/Berlin (Kiepenheuer & Witsch) 1958. Autobiografie, Familienepos und neuere Geschichte Montenegros in einem ist dieses Buch des Politikers und Schriftstellers, der mit Stalin und Tito am Tisch saß.
Edgar Hösch, Karl Nehring und Holm Sundhaussen (Hrsg.): Lexikon zur Geschichte Südosteuropas, Wien/Köln/Weimar (Böhlau) 2004. Nicht nur wegen der direkt auf Montenegro bezogenen Schlagworte Cetinje, Montenegro, Montenegriner, Petrović-Njegoš u. a. ein nützlicher Band für alle, die etwas mehr über die Geschichte des Landes wissen wollen.

Reinhard Hootz (Hrsg.): Bildhandbuch der Kunstdenkmäler Jugoslawiens I und II, München/Berlin (Deutscher Kunstverlag) 1981. Das einzige Nachschlagewerk, in dem alle Kunstdenkmäler des früheren Jugoslawien aufgeführt sind.

Zoran Konstantinović: Deutsche Reisebeschreibungen über Serbien und Montenegro – Südosteuropäische Arbeiten 56, München (R. Oldenbourg) 1960. Zusammenstellung deutscher Reiseberichte seit dem Mittelalter, trocken, aber voller Literaturhinweise für den, der sich näher mit dem Land befassen will.

Peter P. Njegoš: Der Bergkranz, München 1963; Deutsche Übersetzung des Originals von 1850, nur in großen öffentlichen Bibliotheken und evtl. antiquarisch.

Louis Passarge: Dalmatien und Montenegro, Leipzig (B. Elischer) 1904. Wilhelminischer Reiseschmöker – der Autor war ein heute noch bisweilen zitierter Geograf – mit kleinem lesenswertem Teil zu ›Cattaro‹ und einem ›Maibesuch in Montenegro‹, in Uni-Bibliotheken zu finden.

Doris Pollet-Kammerlander (Hrsg.): Europa erlesen Montenegro, Klagenfurt/Celovec (Wieser) 2003. Zusammenstellung einer Fülle von Ausschnitten aus Publikationen über Montenegro, die bisher entweder kaum zugänglich oder noch nicht übersetzt waren.

Bato Tomašević: Montenegro – Eine Familiensaga im Jahrhundert der Konflikte, Frankfurt/Main (Campus) 2000. Biografie einer nicht ganz durchschnittlichen Familie.

Michael W. Weithmann: Balkan Chronik – 2000 Jahre zwischen Orient und Okzident, Regensburg/Graz/Wien/Köln (F. Pustet/Styria), 3. erw. Auflage 2000. Eine gut lesbare, wenn auch streckenweise etwas dünne Zusammenfassung der Balkangeschichte, dargestellt vor allem im Hinblick auf Zusammenhänge zwischen früheren und gegenwärtigen innerbalkanischen Konflikten.

Rebecca West: Schwarzes Lamm und grauer Falke, Berlin (Verlag Klaus Bittermann) 2002. Reisebuchklassiker aus der Zeit vor dem Zweiten Weltkrieg, zwar relativ wenig direkt zu Montenegro, ist das Buch dennoch sehr interessant (und amüsant) zu lesen.

Nachtleben

Das Nachtleben spielt sich vor allem in den zahllosen Kaffe-Bars ab, die so lange geöffnet sind, wie es Gäste gibt. Beliebt ist der späte Drink, oft ein Espresso, die letzte halbe Packung Zigaretten, ein nach-mitternächtlicher Plausch im Straßencafé, dazu laute bis ohrenbetäubende Disco-, Techno-Serbo-Pop-Beschallung. Für Discos, Night Clubs und Casinos haben die meisten Montenegriner nicht das Geld. Es gibt sie vor allem an der Küste, wo sie vor der dort etwas affluenteren Jugend besucht werden, und in Podgorica, wo sich die Reichen und Schönen konzentrieren. Spezialisierte Szene-Kneipen, in denen man eine bestimmte soziale Gruppe (Studenten, Kunst-Groupies, Schwule) trifft, gibt es nicht (sieht man von ein oder zwei in Podgorica und Cetinje ab). In der Sommersaison haben die größeren Hotels auf ihren Pool- oder Restaurantterrassen fast täglich Openair-Musik und -Tanz zu bieten.

Pauschalreisen

Einige der Küstenhotels haben Verträge mit mitteleuropäischen Reiseunternehmen, die bei Aufenthalten von mindestens einer Woche erhebliche Preisvorteile gegenüber dem Selbstbuchen bringen: Es lohnt sich daher, in den Katalogen von TUI, Neckermann, ITS und DERTour nachzuschlagen.

Post

Briefmarken gibt es in Postämtern und im Kiosk. Briefe ins Ausland werden an allen Postämtern angenommen, desgleichen Pakete, die nicht billig sind. Von jedem Postamt kann auch gefaxt werden. Die Preise sind wesentlich niedriger, als wenn man das Fax vom Hotel senden lässt.
Portogebühren: Brief innerhalb der EU 0,51 €, Postkarte 0,46 €.

Radio und TV

Fast alle Dreisterne-Hotels aufwärts haben ihre Zimmer mit Radio und Sat-TV ausgestattet, meist sind auch RTL, PRO 7, Eurosport und SAT 1 zu empfangen. Die staatlichen TV-Sender RT CG 1 und 2 und die privaten Sender wie NTV Montena und RTV bieten für ausländische Gäste wenig Interessantes. Ausländische Filme werden immer in Originalsprache mit serbischen Untertiteln gezeigt, sodass man schon mal auch ein deutschsprachiges Programm erwischt. Die zahlreichen nationalen (Radio Crne Gore – 95,5 MHz) und regionalen Radiosender bringen unablässig einen Mix aus Gedudel und Werbung.

Rauchen

In Montenegro wird im Vergleich mit Mitteleuropa sehr viel geraucht und zwar in allen Situationen. Nichtraucherecken gibt es keine. Angenehme Oasen sind die Busse, in denen nicht geraucht werden darf und – bis auf den Fahrer – auch nicht geraucht wird. Zigaretten sind billig und werden überall angeboten, die nicht versteuerten am Straßenrand sind übrigens kaum billiger als die aus dem Kiosk.

Reisekasse und Preise

In Montenegro entsprechen die Preise der für Urlauber wichtigen Produkte und Dienstleistungen in etwa mitteleuropäischem Standard. Billiger sind einheimische Lebensmittel, die Qualität ist besonders bei Obst und Gemüse oft besser. Dienstleistungen sind deutlich günstiger, weil die Tageslöhne in Montenegro etwa deutschen Stundenlöhnen entsprechen.
Preisbeispiele:
Privatzimmer: DZ/FR ab 7 € DZ/FR
Mittelklassehotel (**/***): DZ/FR ab 35 €
Vier-Sterne-Hotel: DZ/FR ab 60 €
Flasche Bier/0,3 l Wein: 0,70–1,50 €
Essen im Restaurant: ab 7 €/Pers. (ohne Getränke)
Espresso: 0,40–1 €
Taxifahrt (3 km): 7 €

Sicherheit und Grenzverkehr

Montenegro ist für Touristen ein sicheres Land, Diebstähle sind selten, Überfälle praktisch nicht existent, und sieht man von den unversteuerten Zigaretten ab, die einem an jeder Straßenecke angeboten werden, ist Betrug ebenfalls selten. Wie auch in anderen Staaten sollte man nicht unbedingt in der Nähe der Grenze zu einem Krisengebiet wandern. Das betrifft den Grenzbereich zu Bosnien-Herzegowina und dem Kosovo, dagegen ist die Grenze zu Albanien kein Sicherheitsrisiko: Im Bergland des Prokletije kann man die Gipfel, die in Albanien liegen, ohne Kontrolle durch Grenzpolizei erreichen. An anderen Grenzstellen, etwa östlich von Podgorica, ist die Grenze durch montenegrinische Polizei und Militär abgesperrt. Minengebiete wie in anderen Staaten Ex-Jugoslawiens gibt es in Montenegro nicht.

Souvenirs

Nimmt man nicht mit massenproduzierten Trachtenpüppchen vorlieb, so kommen eigentlich nur ess-, trink- und riechbare Mitbringsel in Frage. Kräuter wie Salbei, Oregano, Thymian zum Kochen, für den Kleiderschrank und für Tees werden vor allem an der Küste verkauft. Noch besser, man sammelt sie selbst bei einem Spaziergang oder auf einer Wanderung. Die einheimischen Weine Montenegros wie Vranac und Krstac eignen sich auch zum Transport, besonders die besseren Qualitäten wie der Vranac Pro Corde von Plantaže. Der berühmte Käse und der Schinken aus Njeguši, getrocknete Feigen von der Küste, Olivenöl etwa aus Bar (achten Sie darauf, dass es kalt gepresst ist) sind köstliche Mitbringsel.

Strom

220 V, 50 Hz Wechselstrom, die Buchsen entsprechen denjenigen in Mitteleuropa. Die Stromversorgung besonders kleinerer Orte und abseits der Küste ist gelegentlich unterbrochen, was auch zu Wasserausfällen führen kann. Die Taschenlampe im Handgepäck ist bei Reisen ins Landesinnere keineswegs überflüssig.

Telefonieren

Die **Ländervorwahl** für Montenegro ist derzeit noch 00381, eine Änderung ist noch 2007 zu erwarten (damit können Serbien und Montenegro, die bisher noch eine gemeinsame Vorwahl haben, ihre Netze komplett trennen). Aus Montenegro erreicht man Deutschland mit der Vorwahl 0049, Österreich mit 0043, die Schweiz mit 0041. Telefonzellen, von denen man direkt ins Ausland durchwählen kann, gibt es nur noch wenige in den größeren Orten und an der Küste, denn das Land hat sich ziemlich komplett auf Mobilfunk umgestellt.

Telefonkarten fürs Handy bekommt man im Kiosk, für das Festnetz – vielleicht – bei der Post. Das Land ist sehr gut durch Funknetze erschlossen, das Handy hat einen regelrechten Siegeszug angetreten. Da Ge-

spräche mit ausländischem Handy im Lande wie ins Ausland enorm teuer sind, empfiehlt es sich, eine Prepaid-Karte in einem der vielen Handy-Läden zu erwerben, das Telefonieren im Lande kostet dann nur noch ein paar Cents, ins Ausland telefoniert es sich dann ab etwa 1 €/Min. Die Stromanschlüsse in den Hotels und Privathäusern sind normalerweise für Handy-Ladegeräte geeignet.
Hinweis: Bitte beachten Sie, dass die mit 06 beginnenden Vorwahlen Handy-Nummern sind, für die im Kontakt mit ausländischen Telefonen – egal, ob Handy oder Festnetz und ob sie sich im Inland oder Ausland befinden – sehr hohe Minutenpreise bezahlt werden müssen!

Toiletten und sanitäre Zustände

Nicht wenige Balkan-Reisende berichten von verheerenden sanitären Zuständen. Sie waren dann aber nicht in Montenegro, wo die Toiletten in den meisten Fällen (auch an so kritischen Orten wie Busbahnhöfen) sauber sind. Auch in Billigquartieren ist nicht zu befürchten, dass man das Bett mit unerwünschten Mitschläfern teilen muss. Dennoch lohnt sich das Mitnehmen eines leichten (Seiden-) Bezugs oder Schlafsacks, da zwar die Laken, aber nicht die Decken auf den Betten ausgewechselt werden – Bettbezüge wie in Mitteleuropa sind kaum bekannt (Ausnahme in einigen guten Hotels). Die Toiletten für Männer sind mit *muški*, die für Frauen mit *ženski* gekennzeichnet.

Trinkgeld

Trinkgeld ist in Montenegro nicht unbedingt üblich, wird aber in den Küstenorten von Touristen mehr und mehr erwartet. Man rundet am besten etwa wie in Deutschland oder Österreich auf, 10 % Trinkgeld gibt man nur, wenn man wirklich außergewöhnlichen Service bekommen hat. Auch Taxifahrer erwarten kein Trinkgeld, dem Autor wurde von einem Fahrer in Podgorica das Trinkgeld zurückgegeben, da man ja einen bestimmten Preis vereinbart habe.

Trinkwasser

Das Wasser aus Wasserhähnen ist normalerweise trinkbar, es ist an der Küste aber häufig stark gechlort. Der Wasserdruck schwankt, bei Stromausfällen kann es auch, besonders in kleineren Orten, zu Wasserausfällen kommen. Vor allem in Touristenorten an der Küste herrscht im Sommer Wasserknappheit, und oft wird für einige Stunden des Tages das Wasser abgedreht. Montenegro produziert gutes Mineralwasser, das wie auch importierte Ware (sehr gut das Knjaz Miloš aus Serbien!) in jedem Laden zu bekommen ist.

Unterkunft

Montenegro macht ein vielfältiges wie heterogenes Unterkunftsangebot, das sich vor allem auf die einzig touristisch relevante Küstenregion und auf die Hauptstadt Podgorica bezieht. Derzeit dominieren noch die größeren Hotels aus der sozialistischen Zeit, einige von ihnen nur teilweise renoviert, andere komplett umgebaut und modernisiert. Dazu kommen einige wenige Neubauten. **Privatzimmer** gibt es fast nur an der Küste, einen eigenen Katalog bringt nur Herceg Novi heraus, anderswo muss man sich entlang der Straßen nach den Schildern ›*Sobe*‹ richten oder über private Agenturen buchen. Während im Hotelpreis immer das Frühstück inbegriffen ist, wird dies bei Privatzimmern im Regelfall nicht inklusive sein. **Apartments** mit Küche werden noch sehr wenige angeboten.

Hotels

Hotels sind in fünf Kategorien klassifiziert, ein Stern ist die niedrigste, fünf Sterne die höchste Hotelkategorie. Die Klassifizierung erfolgt nach genau definierten Ausstattungskriterien. So kann ein Haus mit Zimmern ohne Bad maximal einen Stern bekommen, ein Fünfsterne-Haus muss ohne Ausnahme alle Kriterien erfüllen. Die Zimmer müssen z.B. sowohl Minibar und Safe als auch einen beleuchteten Kosmetikspiegel besitzen), in der Wirklichkeit sieht alles ein wenig anders aus. Eine Liste ist bei den Fremdenverkehrswerbungen erhältlich, sie enthält nur die Adressen und weder Hotelbeschreibungen noch Preise.

Seit 2004 hat Montenegro einen privaten Hotelverband (Udruženje Hotela Crne Gore, Barski put bb., 85300 Petrovac, Tel. 086-40 29 08, Fax 086-40 29 09, www.visit-mha.org), der eine Hotelliste mit Beschreibungen und Preisen herausgibt, die jedoch keineswegs vollständig ist, da sie nur Mitglieder umfasst. Insbesondere private Zimmeranbieter sind in keiner Broschüre und keinem Verzeichnis zu finden, selbst bei den touristischen Agenturen sind sie meist nicht registriert.

Im Buch benutzte Abkürzungen:
DZ/FR: Doppelzimmer mit Frühstück
HP: Halbpension
TN: steht für Turistićko naselje, Feriendorf oder Feriensiedlung, die aus Bungalows, Ferienwohnungen, meist einem Zeltplatz, oft einem Hoteltrakt, Sport- und Freizeiteinrichtungen auf größerem Gelände besteht. Bekanntestes Beispiel ist TN Slovenska Plaža in Budva mit mehr als 3000 Betten (s. S. 109).

Camping

Die sog. *autokamps* sind rar und werden eher weniger als mehr, da die Strandgrundstücke, um die es dabei meistens geht, für andere Nutzungen begehrt sind. An der Küste kommt man dank einiger großer Plätze (etwa dem FKK-Platz Ada Bojana bei Ulcinj) mit Camping einigermaßen durch. Im Landesinneren ist nur wildes Campen, das außerhalb der Nationalparks geduldet wird, möglich. Eine Verbesserung der Situation ist vorläufig nicht zu erwarten, Montenegro dürfte auch in Zukunft nicht auf Campen setzen.

Verkehrsmittel

Bus

Das in Montenegro meistverbreitete öffentliche Beförderungsmittel ist der Bus. Das Streckennetz wirkt dicht und ist es auch auf den Hauptrouten. Die entlegeneren, kleineren Orte werden jedoch meist nur durch ein, zwei Busse pro Tag angefahren, die Zeiten sind dann für Touristen meist nicht gerade angenehm (Abfahrt vom Dorf etwa um

5 Uhr früh...). Das Streckennetz wird nicht durch einen großen Betreiber bedient, sondern durch viele kleine und kleinste Unternehmen, die teilweise nur eine einzige Strecke befahren. Das trifft vor allem auf die Busunternehmen zu, die ihren Sitz in Podgorica und Nikšić haben. In Bussen darf nicht geraucht werden (der Busfahrer macht eine Ausnahme). Die Preise sind niedrig, die Preispolitik ist erratisch.

Preisbeispiele: Žabljak–Pljevlja 7 €; Pljevlja–Tarabrücke (Đurđevica Tara) 3 €; Podgorica–Žabljak 8,60 €; Podgorica–Virpazar 2,50 €; Podgorica–Herceg Novi über Kotor 5 €, aber Risan–Podgorica (eine kürzere Strecke) mit einem anderen Unternehmen 5,50 €.

Zug

Die Bahn zwischen Belgrad und Bar verkehrt ab Bijelo Polje auf montenegrinischem Gebiet und gehört zu den weltweit landschaftlich spektakulärsten Strecken. Besonders Podgorica und Bar sind häufig durch Züge verbunden, nach Bijelo Polje fahren noch fünf Züge. Das Bahnfahren ist sehr billig (es kostet etwa 30–50 % einer Busreise), die Geschwindigkeit nur als langsam zu bezeichnen. Die eingesetzten Waggons sind zwar nicht in sonderlich gutem Zustand, aber immerhin gepolsterte Abteilwagen mit sechs Sitzen. Das Zugunglück am 23. Januar 2006 zwischen Bijelo Polje und Podgorica (bei Bioca 15 km nordöstlich Podgorica), als ein Zug in eine 100 m tiefe Schlucht stürzte (44 Tote und 200 Verletzte) wurde auf Bremsversagen zurückgeführt. Bis auf dieses Unglück ist die Unfallstatistik der Bahn in Montenegro aber ausgesprochen günstig.

Zeit

In Montenegro gilt die MEZ, im Frühjahr werden die Uhren wie in Deutschland, der Schweiz und in Österreich auf Sommerzeit umgestellt.

SPRACHFÜHRER

Lateinisches, kyrillisches Alphabet, deutsche Aussprache

A, a	А, а	a
B, b	Б, б	b
C, c	Ц, ц	ts (z)
Č, č	Ч, ч	tsch
Ć, ć	Ћ, ћ	tschj
D, d	Д, д	d
Đ, đ	Ђ, ђ	dsch (wie in Dschungel)
Dž, dž	Џ, џ	dschj
E, e	Е, е	e
F, f	Ф, ф	f
G, g	Г, г	g
H, h,	Х, х	zwischen h und ch
I, i	И, и	i
J, j	Ј, ј	j
K, k	К, к	k
L, l	Л, л	l
Lj, lj	Љ, љ	lj (wie in Kanaille)
M, m	М, m	m
N, n	Н, н	n
Nj, nj	Њ, њ	nj (wie in Champagner)
O, o	О, о	o
P, p	П, п	p
R, r	Р, р	gerolltes R
S, s	С, с	scharfes (wie in Kuss)
Š, š	Ш, ш	sch
T, t	Т, t	t
U, u	У, у	u
V, v	В, в	v
Z, z	З, з	s (wie in Rasen)
Ž, ž	Ж, ж	sch (stimmhaft wie in Genie)

In Montenegro wird Montenegrinisch gesprochen, das sich vom Serbischen praktisch nicht unterscheidet. Eine eigene Grammatik oder auch nur ein montenegrinisches Wörterbuch gibt es nicht. Da Sprache aber auf dem Balkan immer ein Politikum ist, wollen wir hier ein paar Hinweise auf das Montenegrinische geben (ein serbisches Sprachbuch und Wörterbuch nach Montenegro mitzunehmen, schadet aber nicht). Sowohl lateinische als auch kyrillische Schrift werden in Montenegro verwendet, wobei letztere in ihrer Bedeutung stark abnimmt.

Allgemeines

Guten Tag!	Dobar dan!
Guten Abend!	Dobra veče!
Auf Wiedersehen!	Doviđenja!
bitte	molim
Bitte sehr!	Izvolite!
Danke!	Hvala!
hallo/tschüß	zdravo
Verzeihung!	Oprostite!
ja / nein	da / ne
Nein, danke!	Ne, hvala!
Guten Appetit!	Prijatno!
Prost!	Živeli!
Wie geht's?	Kako ste?
Ich verstehe Sie nicht.	Na razumijem Vas.
Herr	gospodar
Frau	gospodža
Gute Reise!	Sredan put!

Unterwegs

rechts	desno
links	lijevo

geradeaus	prabo
zurück	nasad
Straße	ulica
Ufer (-straße)	obala
Auto	auto
Versicherungskarte	karta osiguranja
Reifen	guma
Öl	ulje
Licht	svjetlo
Zündkerze	svećica
Autowerkstatt	vulkanizer (automehaničar)
Tankstelle	benzinska stanica
Motorroller	skuter
Fahrrad	bicikl
Bahn, Bus	voz, autobus
Schiff, Fähre	brod, trajekt
täglich	dnevno
werktags	radni dani
außer	osim
Polizei	policija
Wo ist der ...?	Gde je ... ?
Bahnhof	željeznička stanica
Busbahnhof	autobusna stanica
Hafen	luka
Flughafen	aerodrom
Wann fährt der Zug nach ... ab?	Kada polazi voz za ...?
Ist das die Straße nach ...?	Je li ovo ulica za ...?
Wo kann ich hier telefonieren?	Gde tu mogu telefonirati?
Ich habe eine Panne	Imam kvar na kolima
Wo ist der/die/das nächste ...?	Gde je najbliži/-a ...?
Arzt	doktor
Zahnarzt	zubar
Fieber	temperatura
Schmerzen	boli
Allergie	alergija
Krankenhaus	bolnica

Übernachten

Wo ist das Hotel…?	Gde je hotel ...?
Haben Sie Zimmer frei?	Da li imate slobodne sobe?
… mit zwei Betten	… za tri kreweta
Toilette	toalet
Badezimmer	kupatilo
Wieviel kostet das Zimmer?	Koliko košta soba?

Zeit

wann?	kada?
gestern / heute	juče / danas
morgen	sutra
jetzt	sada
Sonntag	nedjelja (Abk. ned)
Montag	ponedjeljak (pon)
Dienstag	utorak (uto)
Mittwoch	srijeda (sri)
Donnerstag	četvrtak (čet)
Freitag	petak (pet)
Samstag	subota (sub)
Feiertag	praznik
am Morgen	u jutru
am Mittag	u podne
am Abend	u veče
bei Nacht	noću
langsam / schnell	spor / brz (-o)

Einkaufen

gut	dobro
wieviel?	koliko?
Wie viel kostet …?	Koliko košta …?
viel	mnogo
wenig	malo
teuer	skupo
genug	dosta
Geld	novac
Kreditkarte	kreditna kartica
Markt	tržnica
Bäckerei	pekara
Reisebüro	putnička agenicija

In der Stadt

Stadtplan	plan grada
Touristen-information	turistićka informacija
Altstadt	stari grad
Museum	muzej
Kirche	crkva
geöffnet	otvoreno
geschlossen	zatvoreno
Bank	banka
Postamt	pošta
Briefmarke	poštanka marka
Ich hätte gerne …	Želio bih (sagt der Mann), Željela bih (sagt die Frau) …
Rechnung	račun
Bezahlen, bitte!	(Za) platiti, molim!

Zahlen

0	nula	16	šestnaest
1	jedan	17	sedamnaest
2	dva	18	osamnaest
3	tri	19	devetnaest
4	četiri	20	dvadeset
5	pet	21	dvadeset-jedan
6	šest	30	trideset
7	sedam	40	četrdeset
8	osam	50	pedeset
9	devet	60	šezdset
10	deset	70	sedameset
11	jedanaest	80	osamdeset
12	dvanaest	90	devedeset
13	trinaest	100	sto
14	četrnaest	200	dvjesto
15	petnaest		

Kulinarisches Lexikon

Speisekarte	jelovnik, menu
Frühstück	doručak
Mittagessen	ručak
Abendessen	večera
Suppe	supa, čorba
Vorspeise	predjela
Hauptgericht	glavno jelo
Dessert	desert
Glas	čaša
Tasse	šolja
Löffel	kašika
Messer	nož
Gabel	viljuška
Salz	so
Pfeffer	biber
Essig	sirće
Öl	ulje
Zucker	šećer
Bier	pivo
Wein	vino
Mineralwasser	kisela voda
Kaffee	kafa
Tee	čaj
Rindfleisch	govedina
Schweinefleisch	svinjetina
Hühnerfleisch	piletina
Hackfleischröllchen	čevape
Schinken	pršut
Karpfen	šaran
Forelle	pastrmka
Ukelei	ukljeva
Zackenbarsch	zubatac
Seeteufel	grdoba
Scampi	škampi
Dorade	orada
gegrillt	sa roštilja
gekocht	kuvano, lešo
gebraten	pečeno
gefüllt	punjeno
Brot	hleb
Pommes frites	pomfrit
Kartoffeln	krompiri
Reis	riža
Käse	sir
Salat	salata
Kuchen	kolaći
Eis	sladoled

REGISTER

REISEATLAS

LEGENDE

1 : 200.000 — 0 … 5 km

1 : 800.000 — 0 … 25 km

2 Wichtige Hauptstraße mit Nr.	Hafen; Yachthafen
Hauptstraße	Flughafen international; regional
Nebenstraße	Sehenswürdigkeit
Fahrweg	Wasserfall
Fußweg, Pfad	Kirche; Kloster
Fähre	Moschee
Nationalparkgrenze	Burg
Campingplatz	Höhle
Aussichtspunkt	Leuchtturm
Information	Denkmal
Museum	Berggipfel; Höhenpunkt
Badestrand	Grenzübergang

A
B
C
1
2
3
4
S. 238
Subra
1679 m
Gradac
1073 m
Petijevići
Bani
Mokrine
Odijevo
1571 m
Dobraštice
Kabao
1467 m
Bastik
1391 m
Padez
1165 m
Poljice
Vitoglav
Ivovići
Vukićevići
Vukasovići
Ubli
Strp
Rubodo
1452 m
Radanovići
Prijevor
Kovači
Rustovo
Mojdež
Mandići
Bunovići
G. Morinj
D. Morinj
Lipci
Risanski zaliv
Sv. Đorđe
Kostanjica
Kameno
Zlijebi
Bakoći
Sutorina
Trebesinj
Lastva
Repaji
Kruševice
Ljuta
Sušćepan
Tušupi
Podi
Presjeka
Devesilje
775 m
Kamenari
Lepet
Đurinići
Višnjice
Kuti
Vala
Metale
Meljine
Rujevo
Igalo
Molunat
Mišletići
Savina
HERCEG NOVI
Zelenika
Bijela
Lučica
Zvinje
D. Lastva
Hercegnovski zaliv
Miočevići
Baošići
Bezboge
Vitalina
Njivice
Kumbor
Đenovići
TIVAT
G. Kraj
Rose
Kumborski tjesnac
Stražnik
217 m
Turško
Mandegaj
Mitrovići
Tivatski zaliv
Rt Žiganat
Rt Kobila
Mrkovi
Sv. Marko
HRVATSKA
Ušće Bačvica
Rt Dobrec
Franciskovići
Otok
Ušće Prevlaka
Bratešići
Eraci
Krašići
Milovići
Radovići
Babunći
Bogišići
Mamula
Zambelići
Brguli
Oštri rt
Rt Mirišta
Merdari
Plavi Horizont
Pržno
Luštica
Begovići
Rt Zakolje
Plava Špilja
Mačka
172 m
Zaliv
Zlatna luka
Rt M. gora
Rt Kamenova
Ušće Vesic
Trašte
Dobra luka
Rt Veslo
Rt Mačka
Rt Kočište
Rt Trašte
Ušće Žabica
Rt Žuk
Jadransko More
2

D
E
F
S. 238
S. 234
S. 234
1
2
3
4
Krajišta
Dobra Voda
Potočine
Ravan
Vilinjak
1003 m
Predi
Liješev Stub
Popale
1145 m
Velje Selo
Sanik
877 m
Jasikovica
Plate
Ublice
Dormi Do
Srpski vrh
1046 m
Stepen
D. Orahovac
Jezer
Dolovi
Dub
Resna
1152 m
Plešivac
1241 m
Kotorski
zaliv
D. Stoliv
G. Stoliv
Ljuta
M. Zalazi
1227 m
Dragomi Do
Gomilice
Uba
Brezova glav
1025 m
V. Čelinac
1316 m
Lješkova pe
1241 m
Sela
Marovici
Radimiri
V. Zalazi
Vuči Do
Kućišta
Vojkovići
Mikulići
Pršanj
Sv. Ilija
766 m
Lastva
Kalac
Bogojeva glav
1253 m
Kranji Do
Milijevići
Visoka glav
1113 m
Dobrota
Gačevići
Bukovica
Brda
Planinica
Muo
Vrba
Njeguši
Petrov Do
Bogdašići
KOTOR
Krstac
Kopito
Raićevići
Čekanje
Jabuka
Košarica
Njegoš
Skaljari
Vući do
Nacionalni park
Lovćen
Dubovik
Gnjijevi Do
Sinjarevo
44 m
Kavač
Štirovnik
1748 m
Njegošev
mauzolej
Bajice
Vrbica
Krtoli
Dubrava
Suvodo
CETINJE
Cr. Greda
Dobršik
928 m
Cetinjski
manastir
Dub
Mirac
Ivanova
Korita
Rožac
1174 m
Gornje
Sutvara
Dolovi
Naljezići
Bjeloši
Leševići
Tvrdi Kabao
1344 m
Donje Selo
Vranovići
Radanovići
Šišići
Poda
Ormogrk
1332 m
Poljana
Očinići
Lopi
Bigovo
Pelinovo
Podbrđe
Majstori
Ceklinšta
Bratešići
Kožunske grede
Ukropći
Mezalini
Hum
1415 m
Ugnji
Lazarevići
Bogetići
Glavatičići
Trešnjica
Široka strana
Grabovik
1265 m
Vrela
Vignjević
Čolani
Kralj
Zečevo Selo
Kubasi
Račara
Krapina
Lapčići
Kovači
Obzovica
Popovići
Podostrog
Martinovići
Rukovik
Ušće Nenn
Lastva
Rt Kostovica
Zagora
Mazići
Stanišići
Kosmač
Ušće Komin
Višnjeno
Podmaine
Krimovica
Prijevor
Sv. Srđa
Goli vrh
1087 m
Kunjići
Njegalica
BUDVA
Bečići
Jaz
Rafajlovići
Kuljače
Sv. Andrija
Duljevo
Ušće Trsteno
Ušće Jaz
Rt Jaz
Sv. Nikola
Rt Zavala
Pržno
V. Trojica
1131 m
Rt Platamuni
Budvanski
Čelobrdo
Sv. Nikola
Miločer
Praskvica
Denaši
Rt Školj
Sv. Stefan
Proseno
709 m
zaliv
Vrba
Tudorovići
Velja glav
769 m
Debeli rt
Paštrovići
Ušće Slana luka
Rijeka
2
2-3

A
B
C
1
2
3
4
S. 238
S. 233
S. 236
Jabuka
Gnijevi Do
Bajice
Vrbica
CETINJE
Cetinjski manastir
Cr. Greda
Bokovo
Kosijeri
749 m
Podsoko
Vodnik
664 m
Gomile
Progonovići
Komansko-Brdo
Granica
Dalci
Buronji
Kruse
Draževina
Popratnica
Kornet
Staniseliči
Gradac
Zagora
Podstrana
Markov Do
Papale
585 m
Dobršik
928 m
Češljari
Peleši
Dobrska Župa
Parci
Gojan
Bigor
Brežine
Lješnje
Goljem
Grubani
Kašice
Piperi
G. Ulići
Ulići
G. Brova
Meterizi
D. Brova
Bjeloši
Dobrsko Selo
Petrovići
Rvaši
Pipac
Bride
Begova Glavica
Sinjac
Lopičići
G. Ceklin
Rijeka Crnojevića
Obod
Grab
Drušici
Bobija
Očinići
Ceklinštak
Začir
Lipovik
Rijeka Crnojevića
Maležine Zgrade
Rogani
Kraćedo
Ugnji
Mracelji
Riječani
Velja Bobija
434 m
Režavac
Vignjevići
Ljubotinj
Trnovi Do
Prevlaka
Dodoši
Vrela
Šabani
Dubovo
Kramolin
449 m
Karatuna
Račarade
Smokovci
Boguti
Selo
Mihajlovići
Obzovica
Njive
Kom
Rukovik
Poseljani
M. Morača
Ceklinsko polje
Morača
Kosmać
Prekornica
Podosmin
Šišovići
Trnovo
Zaboj
Relja
Niegalica
Debela glav
766 m
Gadi
Komarno
Goli vrh
1087 m
Kuljače
Duljevo
V. Trojica
1131 m
Gradani
V. Laštik
668 m
Radomir
Lesendro
Vranjina
Sv. Nikola
Čelobrdo
Popratnica
Kruševica
Utrk
Dupilo
Debeli rt
Denaši
Rodgor
Milovići
Proseno
709 m
Tomići
Ovtočići
Vrba
Orahovštica
Virpazar
Tudorovići
Velja glav
769 m
Brijege
Orahovo
Obida
171 m
Gmožur
Brčeli
Sotonići
Zaliv Lučica
Pristan
Drobnići
M. Rasova
914 m
Bukovik
Zabes
Bistrica Crmnica
Boljevići
Godinje
Rijeka-Katun
Novoselje
Reževići
Paštrovići
Perazića Do
Fijernje
D. Selo
Seoca
Krnjic
Petrovac-na Moru
Kaluderac
D. Kraj
Kapa
741 m
Golik
998 m
Buljarica
Durovići
Jasen
Reljići
Ušće Buljarica
Plavnik
960 m
Limljani
Karuči
Kolac
Zubac
Sv. Petka
Bješkeza
Dubovica
Maručići
Mišići
Popovdo
Martinići
Čanj
Brežani
Široka strana
1185 m
Rt Stolac
Ušće Čanj
velji Grad
497 m
Sutorman
805 m
Zankovići
Sutorman
Rt Sapavica
Zgrade
Sutomore
Miljevći
Sto
851 m
Brca
Tuđemili

1 cm = 2 km 1 : 200.000
0
5 km
D
E
F
S. 239
S. 237
1
2
3
4
Tolosi
Potkrajnic
Bojčin
235 m
Kućišta
PODGORICA
Beri
Gori
N. Selo
Omerbožovi
Lopari
Rudine
Suka
1214 m
Sitnica
2-3
Farmaci
Dinoša
Dajabe
18
Pikalja
Lovka
Selište
Tijesak
G. Kokoti
D. Kokoti
Ržanički most
Rogami
130 m
D. Mileš
Hadžaj
Cijevna
Lekiči
Morača
Veljí Brijeg
Rakića Kuće
Krševo
G. Mileš
Nabom
Botun
Gurec
Cijevna
Srpska
Paškala
Tuzi
Arza
Mitrocići
Skorac
Barlaj
greda
Grbavci
Špičanik
60 m
Mahala
Spinja
Role
Vladini
Sv. Nikola
Dušići
Vuksanlekići
Mojanovići
Vatnikaj
Krezna
Golubovći
Vukovici
Goričani
Ploča
Hasanoj
Drume
Balabani
Vranj
18
Ponari
Humsko blato
Drešaj
Mataguži
Božaj
Kurioci
Sušunja
Kotrabudan
Podhum
Berislavci
Hotsko Jezero
Gostilj
Bijelo Polje
rilo
Ljeskat Grabovnica
Gostiljska
Plavnica
G. Plavnica
Iva
Pleonice
Aliaj
Pietro
Kamicë-Flakë
Jubicë
Petrova ponta
Brod
Skadarsko Jezero
stijepovići
Podvrat
Starčevo
Starčeva Gorica
Draćevica
Duravci
Golubovo O.
Lukići
Beška
D. Murići
V. Gorica
G. Murići
Gorica e Omerit
Vesir
1011 m
Bes
Moračnik
Moračanik
Pinčići
Liqeni i Shkodrës

A
B
C
1
2
3
4
S. 234
Sutomore
Miljevći
Sto
851 m
Tuđemili
Brca
Zupci
Crni rt
Ušće Maljavik
Rt Krčevac
Spičanski
zaliv
Rt Ratac
Carević
Sustaš
Kunteljar
935 m
Šušanj
Marovići
M. Mikulići
Barski
zaliv
BAR
Burtaiši
Stari Bar
Rt Volujica
Bartu
Rt Bigovica
Filin tuz
259 m
Zaljevo
Dobra
Ušće Utin potok
Bijela Glavica
Rt Meret
Ušće pod Meret
Rt Komina
Ušće Masline
Bušat
Rt Ademov
Rt Karastanov
St. Ulcinj
Ušće Krude
Rt Marjan
Rt Rep
Ušće Valdanos
Rt Mendra
Rt Debeli
Jadransko More

D
E
F
S. 235
1
2
3
4
Liqeni i Shkodrës
Moračnik
Moračanik
Pinčići
Livari
Dobreci
Bljaca
Bobovište
G. Briska
D. Briska
Rumija
1594 m
Brisan
1435 m
Tejani
Dragovići
Runja
Hustići
Planiku
Gorica Skut
Martići
Manastir Prečista Krajinska
Mali Ostros
Veli Ostros
Kostanica
Đenaševići
Arbneš
Ckla
Kozjak
1428 m
V. Mikulići
Madguši
Debelin
1205 m
Zogaj
Međureč
SHQIPËRIA
Crna Brt
951 m
Lunje
Dranvosh
Brkanovići
Dabezići
M. Kaliman
Bojke
Rstiš
G. Kosići
Grdovći
Leskovac
Kosići
Brajše
Krute
Muriqan
Vukici
Spahići
Sukobin
Oblikë
M. Gorana
G. Klezna
Vladimir
Selita
Pelinkovići
Lisnobon
Bojana
Nikezići
Midanska
Dajc
D. Klezna
Šaske crkve
Šas
Obot
Kruče
Metanovići
Brisko polje
Ambula
Kobilica
622 m
Gigovići
Međurečka
Rushkull
Šasko jezero
Salc
Briska gora
Belaj
Sukë-Dajc
Fraskanjel
Možura
Šumata glav
134 m
Malji Beljali
Pentar
Kolonza
Pistula
Sv. Đorđe
Stani i Dumit
Idanos
Bratica
Zoganj
Darza
Bregi i
Bijela gora
Ćurke
Kneta e Casit
Civlak
Malji i Bajsit
113 m
Sutjel
ULCINJ/ ULQINI
St. Brdela
Pinješ
Ulcinjska solana
Kodra Dake
Reč
Luarz
Ćafa e Štitnit
Ušće Ulcinj
Malji i Rečit
166 m
Rec
V. Laza
D. Stoj
Rt Đeran
Bregovija
Kneta e Bišaljčnit
Velika Plaža
G. Stoj
Suka e Puljajve
Velipojë
Sv. Nikola
Ceret
Pulaj
Bregdet
Zapadno ušće
Ada Bojana
Ušće Bojane

A
B
C
1
2
3
4
Krbljina
Zelomići
Šivolji
Odžaci
Kuta
Kalinovik
Dračе
Daničići
Sušješno
Miljevina
Bistrica
Foča
Slatina
Trpinje
Metaljka
Potkovač
Jelašca
Brod
Dragočava
Trešnjevica
Obalj
Strane
Ulog
Obrnja
Lelija
2032 m
Palez
Zakmur
Mješaji
Drina
Zavait
Vikoč
Ćeotina
Rađevići
Boljanići
Čestin
Šula
Gradac
Vrbnica
Prijedel
Orlovac
1971 m
Rastovac
Zelengora
2015 m
Popov Most
Bastasi
Hum
Tjentište
Čelebići
Donja Bijenja
Planinice
BOSNA I
1576 m
1802 m
Nacionalni park Sutjeska
Jabuka
Luka
Vučevo
Piva
Tara
Meštrevac
Hoćevina
Kruševo
Slivlja
Pluzine
Kifino Selo
Rilja
Ribari
Mratinje
Nikovići
Slatina
Bobovo
Kanjon Tare
Ljubišnja
Zvijani
1695 m
Fojnica
Čemerno
1293 m
V. Vitao
2397 m
HERCEGOVINA
Nadinići
Uđinje
Orlovac
1985 m
Pivsko jezero
Unač
Trsa
Nacionalni park Durmitor
Podgora
Đurđevića Tara
Gacko
Stabna
Ledena Pećina
Žabljak
Crno jez.
Podkula
1867 m
Avtovac
Smriječno
Plužine
Bobotov kuk
2523 m
Virak
Donji Lukavac
Baba
1737 m
Kula
Lipnik
Osojni Orah
Goransko
Pivski manastir
Cernica
Dobrelica
1892 m
Ružica
1945 m
Rudnice
Rioca
Torine
1033 m
Stepen
Dobrelji
Gatačko polje
Bijeljani
Divin
Fatnica
Bezuje
Korita
Troglav
1554 m
Vratkovići
G. Bukovica
D. Bukovica
Donja Meka Gruda
Baјovo Polje
Komarnica
G. Čarode
Komarnica
Simijova
Kobilja gl.
1419 m
Lađevići
Donja Crkvice
Zlostup
D. Brezna
Slatina
Timar
Plana
Krivača
Jasikovica
Duži
Šavnik
Prenka
1065 m
Vojnik
1997 m
Pridvorica
Granica
Bijela Rudina
Crni Kuk
Rauna gl.
1721 m
D. Bijela
Tisac
1328 m
V. Vardar
1130 m
Jasenovo Polje
Praga
Čeranića gora
Podosoje
Bileća
Duga
Šipačno
Gvozd
Jelovica
1284 m
Domaševo
Vračenovići
Bilećko jezero
Brezovik
Rastovac
Ždrijelovići
D. Trepča
Krupačko jez.
Tupan
Kita
1240 m
Kuside
Nikšić
Lug
Petrovići
Kamensko
Slansko jez.
St. Slano
Trebišnjica
Leotar
1229 m
Mosko
Dubočani
Bročanac
Maočići
Rudine
Orlina
Liverovići
Ozrinići
Morakovo
Hum
Jasen
1076 m
Vilusi
Podbožur
Trubjela
Brćanac-Nikšićki
Brestica
Gračanica
Trebinje
Lastva
Spila
Jabuke
Pusti Lisac
1476 m
Bogetići
Ostrog
Kula
1927 m
Duži
Vlastica
909 m
Bihovo
1088 m
Grahovo
Bijele Poljane
Cerovo
Rošca
Konjsko
Trešnjevo
Svračine
1098 m
Dubac
Zagorak
Poljica
Mlini
Stravča
Grab
Izvori
Cavtat
Uskoplje
Snježnica
1234 m
Jablan Do
Orjen
1895 m
Han
Lastva
Kopitnik
1171 m
Slatina
Danilovgrad
Pridvorje
Vrbanje
Crkvice
Ledenice
Orja Luka
Markovina
Konavle
Ljuta
Čilipi
Dubravka
Grab
Čevo
S. 232/233
Velji Garač
1436 m
Crnci
Popovići
Radovčići
Vodovada
Risan
Resna
Lazarev Krst
Spuž
Grbe
Gruda
Kameno
Perast
Siljevica
968 m
Milati
Pločice
Savina
Kamenari
Dobrota
Lepetani
Prčanj
Busovnik
624 m
Molunat
Igalo
Herceg Novi
Rose
Bijela
Tivat
Kotor
Njeguši
Orasi
Kosijeri
Lovćen
1749 m
Krašići
Nac. park Lovćen
Cetinje
G. Kokoti
HRVATSKA
Radovići
Luštica
Prevlaka
Rijeka Crnojevića
Morača
E 65
E 80
18
8
20
6
2
223
516
2-3

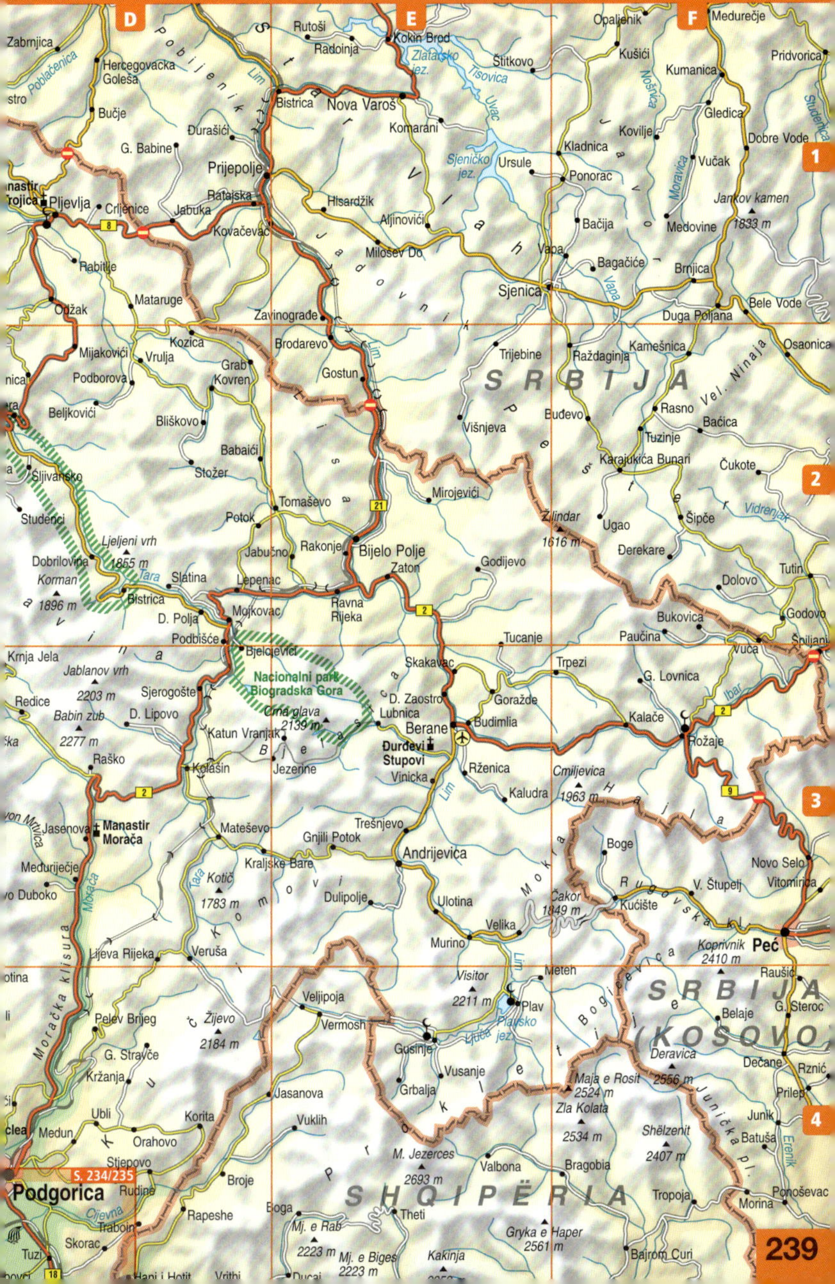
D
E
F
1
2
3
4
Zabrnjica
Poblaćenica
Hercegovačka Goleša
Bučje
G. Babine
Pljevlja
Crljenice
Jabuka
Rabitlje
Odžak
Mataruge
Rutoši
Radoinja
Kokin Brod
Zlatarsko jez.
Štitkovo
Tisovica
Uvac
Bistrica
Nova Varoš
Komarani
Đurašići
Prijepolje
Ratajska
Kovačevac
Hisardžik
Aljinovići
Miloševo Do
Sjeničko jez.
Ursule
Opaljenik
Kušići
Meduredje
Pridvorica
Kumanica
Gledica
Kovilje
Dobre Vode
Kladnica
Ponorac
Vučak
Moravica
Jankov kamen
1833 m
Medovine
Bačija
Bagačiće
Brnjica
Vapa
Sjenica
Bele Vode
Duga Poljana
Zavinograđe
Brodarevo
Gostun
Lim
Trijebine
Raždaginja
Kamešnica
Osaonica
SRBIJA
Vel. Ninaja
Rasno
Bačica
Buđevo
Tuzinje
Višnjeva
Karajukića Bunari
Čukote
Mirojevići
Vidrenjak
Žlindar
1616 m
Ugao
Šipče
Đerekare
Tutin
Dolovo
Godijevo
Kozica
Mijakovići
Vrulja
Grab
Kovren
Podborova
Beljkovići
Bliškovo
Babaići
Stožer
Sljivansko
Studenci
Tomaševo
Potok
Rakonje
Bijelo Polje
Zaton
Jabučno
Ljeljeni vrh
1855 m
Dobrilovina
Korman
1896 m
Tara
Slatina
Lepenac
Bistrica
D. Polja
Mojkovac
Ravna Rijeka
Podbišće
Bjelojevići
Bukovica
Paučina
Godovo
Špiljani
Vuča
Tucanje
Krnja Jela
Jablanov vrh
2203 m
Nacionalni park Biogradska Gora
Skakavac
Trpezi
G. Lovnica
Redice
Sjerogošte
Babin zub
2277 m
D. Lipovo
Crna glava
2139 m
D. Zaostro
Lubnica
Goražde
Budimlia
Berane
Kalače
Ibar
Rožaje
Katun Vranjak
Bjelasica
Đurđevi Stupovi
Raško
Kolašin
Jezerine
Vinicka
Rženica
Kaludra
Cmiljevica
1963 m
Hajla
Jasenova
Manastir Morača
Mateševo
Trešnjevo
Gnjili Potok
Andrijevica
Boge
Novo Selo
Vitomirica
Međurječje
Kraljske Bare
Kotič
1783 m
Komovi
Dulipolje
Čakor
1849 m
Mokra
Rugovska kl.
Kućište
V. Štupelj
Morača
Moračka klisura
Ulotina
Velika
Murino
Kopnivnik
2410 m
Peć
Ljeva Rijeka
Veruša
Meteh
Visitor
2211 m
Plav
Plavsko jez.
Rašić
SRBIJA
(KOSOVO)
G. Steroc
Belaje
Veljipoja
Vermosh
Gusinje
Vusanje
Grbalja
Ljuča
Bogićevica
Pelev Brijeg
Žijevo
2184 m
G. Stravče
Kržanja
Jasanova
Prokletije
Deravica
2656 m
Maja e Rosit
2524 m
Zla Kolata
2534 m
Dečane
Rznić
Prilep
Junik
Batuša
Erenik
Junička pl.
Shëlzenit
2407 m
Ubli
Korita
Vuklih
Medun
Orahovo
Stjepovo
M. Jezerces
2693 m
Valbona
Bragobia
Tropoja
Ponoševac
Morina
S. 234/235
Podgorica
Rudine
Broje
SHQIPËRIA
Cijevna
Traboin
Rapeshe
Boga
Theti
Mj. e Rab
2223 m
Mj. e Biges
2223 m
Kakinja
Gryka e Haper
2561 m
Bajram Curi
Skorac
Tuzi
Vrithi
Dučaj
Hani i Hotit

Abbildungsnachweis
Bilderberg, Hamburg: S. 8, 36, 205 (Jakob); S. 1, 10, 21, 47, 84, 95, 111, 123, 129, 169, 174/75, 190, 210 (Knoll)
Ralf Freyer, Freiburg: Umschlagklappe vorn, S. 115, 153, 158
Dietrich Höllhuber, Erlangen: S. 71, 199, 203, 208
Huber, Garmisch-Partenkirchen: S. 43 (Grandadam)
laif, Köln: S. 51, 194 (Barth); S. 2/3, 56, 68/69, 77, 80, 88/89 (Hémisphères/Gardel); Umschlagklappe hinten, S. 44, 106, 166, 200, (Le Figaro Magazine/Gladieu); S: 14/15, 142/43 (Tjaden); Titelbild, S. 32, 58, 65, 100, 136, 147, 162/63, 181, 184/85 (Zahn)
Mauritius, Mittenwald: S. 148 (Imagebroker.net); S. 83 (Mayer); S. 132 (World Pictures)
Schapowalow, Hamburg: S. 87, 121 (Doormann); S. 23 (Schröder)

Abbildungen
Titelbild: Altstadt von Budva
Umschlagklappe vorn: Plaža Mogren in Budva
Umschlagklappe hinten: In der Altstadt von Kotor
S. 2/3: Crno jezero bei Žabljak

Zitat
S. 9: aus Louis Passarge, ›Dalmatien und Montenegro‹, B. Elischer, Leipzig 1904.

Kartografie
DuMont Reisekartografie, Puchheim

Danksagung des Autors
Mein besonderer Dank gilt Frau Kirsi Hyvärinen (CIM/NTO of Montenegro, Podgorica), Dr. Sylvia Drovs (CIM/Ministry of Development), Alma Henić-Strahinja und Danica Ćeranić (beide NTO of Montenegro), Anka Kujović (Ministry of Tourism), Brano Perović (Mountaineering Association of Montenegro), Branko Božović (Bergsteigerklub Podgorica) sowie Prof. Milutin Praščević (›Mičo‹) und seiner Tochter Daniela (beide Plav).

1. Auflage 2007

Grafisches Konzept: Groschwitz, Hamburg
Druck: Rasch, Bramsche
Buchbinderische Verarbeitung: Bramscher Buchbinder Betriebe